大美国学

老子

季旭昇　总策划

文心工作室　编著

中央编译出版社
Central Compilation & Translation Press

京权图字 01-2023-0400 号

中文经典 100 句：老子
中文簡體字版ⓒ2023 由中央编譯出版社發行
本書經城邦文化事業股份有限公司商周出版事業部授權，
同意經由中央编譯出版社，出版中文簡體字版本。
非經書面同意，不得以任何形式任意重製、轉載。

图书在版编目（CIP）数据

老子／文心工作室编著. —北京：中央编译出版
社，2023.7
（大美国学）
ISBN 978-7-5117-4282-7

Ⅰ.①老… Ⅱ.①文… Ⅲ.①《道德经》–通俗读物
Ⅳ.①B223.1-49

中国版本图书馆 CIP 数据核字（2022）第 176666 号

老子

责任编辑	苗永姝	
责任印制	刘　慧	
出版发行	中央编译出版社	
地　　址	北京市海淀区北四环西路 69 号（100080）	
电　　话	（010）55627391（总编室）	（010）55625179（编辑室）
	（010）55627320（发行部）	（010）55627377（新技术部）
经　　销	全国新华书店	
印　　刷	佳兴达印刷（天津）有限公司	
开　　本	880 毫米×1230 毫米　1/32	
字　　数	258 千字	
印　　张	12.5	
插　　图	10	
版　　次	2023 年 7 月第 1 版	
印　　次	2023 年 7 月第 1 次印刷	
定　　价	69.00 元	

新浪微博：@中央编译出版社　微　　信：中央编译出版社（ID: cctphome）
淘宝店铺：中央编译出版社直销店（http://shop108367160. taobao. com）
　　　　　（010）55627331

老子注　　　　道家類

提要

臣等謹按老子注二卷舊本題河上公撰晁

公武讀書志曰大史公謂河上丈人通老子

再傳而至益公益公即廥相曹參師也而葛

洪謂河上公者莫知其姓名漢孝文時居河

之濵侍郎裴柱言其通老子孝文詣問之即

（授素書道）經兩說不同當從太史公云案

晁氏所引乃史記樂毅列傳贊之文敘述源

流甚怨然隋志道家載老子道德經二卷漢

文帝時河上公注又載梁有戰國時河上丈

人注老子經二卷七則兩河上公各一人兩

老子注各一書戰國時河上公書在隋巳亡

今所傳者實漢河上公書耳明朱東光刻是

書題曰秦人益未詳考惟是文帝駕臨河上

親受其書無不入秘府之理何以劉向七畧

載注老子者三家獨不列其名且孔頴達禮

記正義稱馬融爲周禮注欲省學者兩讀故

具載本文後漢以來始就經爲注何以是書

作于西漢注已散入各句下唐書劉子元傳

稱老子無河上公注欲廢之而立王弼前此

陸德明作經典釋文雖敘錄之中亦採葛洪

神仙傳之說顚失辨正而所釋之本則不用

此注而用王弼注二人皆一代通儒必非無

據詳其詞旨不類漢人殆道流之所依托與相

傳已久所言亦頗有發明姑存以備一家可耳乾隆

四十二年十月恭校上

總纂官臣紀　臣陸錫熊臣孫士毅

總校官臣陸費墀

老子道德經原序

老子體自然而然生乎太無之先起乎無因經歷天地

終始不可稱載終乎無終窮乎無窮極乎無極故無極

也與大道而倫化為天地而立根布炁於十方抱道德

之至淳浩蕩蕩不可名也煥乎其有文章巍巍乎其

有成功淵乎其不可量堂堂乎為神明之宗三光恃以

朗照天地稟以得生乾坤運以吐精高而無民貴而無

位覆載無窮闡教八方諸天普弘大道開闢以前復下

為國師代代不休人莫能知之匠成萬物不言我為玄

之德也故衆聖所共尊道尊德貴夫莫之命而常自然

惟老氏乎周時復託神李母剖左腋而生生即皓然號

曰老子老子之號因玄而出在天地之先無衰老之期

故曰老子世人謂老子當始於周代老子之號始於無

數之劫其窈窈冥冥眇邈久遠矣世衰大道不行西遊

天下關令尹喜曰大道將隱乎願為我著書於是作道

德二篇五千文上下經焉夫五千文宣道德之源大無

不包細無不入天人自然經也余先師有言精進研之

則聲參太極高上遙唱諸天歡樂則攜契玄人靜思期

真則衆妙感會內觀形影則神炁長存體洽道德則萬

神震伏禍滅九陰福生十方安國寧家就能知乎無為

之文淓之不辱飾之不縈撓之不濁澄之不清自然也

應道而見傳告無窮常者也故知常曰明大道何為哉

弘之由人所以尊妙可不極精乎粗述一篇唯有道者

寶之太極左仙公葛玄譔

或問曰六經之後諸子之書出焉今獨行五子何與余

應之曰老莊極道之玄者也荀揚文中子明道之要者

也焉得而不行曰吾嘗聞之荀子著書辯儒墨也揚子

法言象論語也文中子論六經又所以昭先王之道也

若老子道德生乎無先終乎無極其流也寂莊子寓言

一物我齊死生其失也誕抑可與推明聖道者並論哉

余曰不然道有精粗學有本末大易無思無為自窮理

盡性始大學能靜能定自格物致知始由本而至末由

粗而造精荀揚文中三子之講學是也不觀象心其易
不踐形性其天言精而遺其粗舍本而求其末老莊之
談玄是也聖賢之學大概從頭徹底做出老莊只直截
說從向上處去故葛玄謂其為天地立根蓋體道之自
然郭象謂其明內聖外王之道皆曠然自得茲豈淺淺
造道者所能至哉夫學至道而止道至精而止學者倘
自荀書儒道而推明之則可以至王道之無為自揚子
法言而精進之則可以會道德於不言自文中子六經

之學而充廣之又可以富吾中之六經至是則老氏自

然之天莊生自得之境若夫欲觀其書當觀其心景定

改元蒲節前三日石廬龔士禼序

目　录

美言市尊——诚恳说话的智慧　365

大美国学

老子

《老子》作品
背景介绍

　　老子，是道家思想的创始者，其生平事迹历来众说纷纭，后人多数采信的说法大致为，老子姓李，名耳，字聃（一字或曰谥伯阳），春秋时期楚国人，生卒年不可考，大约比孔子的年纪稍长，曾担任周朝守藏室史官，负责管理国家藏书与文书档案；后见周朝衰微，决心离开，出关前应关令尹喜（或言关尹）的要求，写了五千多字关于"道"与"德"的论述便扬长而去，其留下作品为《老子》，又名《道德经》。

　　《礼记·曾子问》记载孔子问礼于老聃之事；另见《庄子》书中多处出现孔子拜访老聃并向其问道，还以"龙"拟比之，显见孔子对老聃的崇敬仰慕。西汉史家司马迁在《史记·老子韩非列传》提到，孔子来到周地向老子问礼，离开后便告诉学生说："鸟，吾知其能飞；鱼，吾知其能游；兽，吾知其能走。走者，可以为罔（用网捕捉）；游者，可以为纶（用钓线去钓）；飞者，可以为矰（用箭去射）。至于龙，吾不能知，其乘风云而上天；吾今日见老子，其犹龙邪！"司马迁根据古籍资料，大胆推论曾与孔子言礼的老聃和曾与孔子论道的老聃为同一人，也就是撰写

《老子》的作者。

《礼记》中那位被孔子称作"老聃"的人，是否即为道家始祖老子？亦或是孔子对当时某位长者的尊称？各方对此仍无一致共识；至今唯一没有争议的是，《老子》一书对后世产生极大的影响，其学说在中国思想史、政治史上绝对占有重要的一席之地。后出之《庄子》、《吕氏春秋》、《荀子》、《韩非子》等先秦诸子的著作中，皆有针对《老子》文本进行探讨或予以评论；后来的君王、诸侯、地方首长，也多有人乐于施行老子的"无为之治"，当作他们化育黎民百姓的方式。换言之，理解《老子》短短五千言所阐述的深远意旨，将其灵活运用在面对人生的态度，并作为处世的依据，相信比致力于考证老子此人的生平更具意义。

《老子》的思想主轴为"道"与"德"两大概念。道，可以说是自然的规律、万物的根源、普遍永恒的理念；德，可以说是天生禀赋所得、自律的行为规范。此外，书中一再强调无为、柔弱、谦退、不争、少言、弃智、祸福相倚、物极必反等观念，呼吁世人效法大自然无私的精神，收敛个人占有的欲望，体会有形万物在自然规律中的流变无常；如此一来，便能化解不必要的巧夺纷争，涵养生命内在的情趣，回复到人们最初淳朴真实的本性。

无为而治

——领导管理的智慧

道可道，非常道；名可名，非常名

道可道[1]，非常[2]道；名可名[3]，非常名。无，名[4]天地之始；有，名万物之母。故常无，欲以观其妙[5]；常有，欲以观其徼[6]。此两者，同出而异名，同谓之玄[7]。玄之又玄，众妙之门。

——第一章

完全读懂名句

1. 道可道：第一个"道"字是名词，宇宙的本源，即创生天地万物的总原理；第二个"道"字是动词，意为"说出来"。2. 常：恒久、不变。3. 名可名：第一个"名"字是名词，事物的称号；第二个"名"字是动词，称说、命名。4. 名：动词，定名称。5. 妙：精微莫测。6. 徼：边界，引申有"广大无际"的意思。7. 玄：幽远奥妙。

语译："道"，如果可以用言语来解说的话，就不是永恒不变

无为而治——领导管理的智慧

3

的"道";"名",如果可以用名称来界定的话，就不是永恒不变的"名"。"无"，称作天地形成的本始；"有"，称作万物创生的根源。所以常处于"无"，想要观照道体的奥妙莫测；常处于"有"，想要观照道用的广大无际。"无"和"有"，虽然名称不同，却都来自于道，都是幽远奥妙。幽远奥妙到了极点，就是所有的道理和一切变化的根本了。

名句的故事

黄帝在位十九年，教令通行天下。有一次他听说老子住在崆峒上，便前去拜访他并问道："我听说您已经达到道的境界，是否能请教您：道的精华是什么？如果我想运用天地的精气来助长五谷的成长好养育百姓，也想利用调和阴阳来掌控万物的话，应该怎么做呢？"老子回答道："你所要问的，是万物的本质，可是你想要做的，却是摧残万物。像你这样狭劣的想法，又怎能了解道的境界呢？"（《庄子·外篇·在宥》）由此可见，老子认为"道"就是天地万物的本质，也是宇宙创生的根源。

然而，虽然姑且称之为"道"，但老子却认为"道"的玄妙是无法用任何语言文字来形容，正如佛家认为佛的境界是无法用言语来比拟故有"佛曰不可说"一样，老子也认为语言文字有局限、穷尽的时候。

因此，战国时期庄周也曾经质疑："当你我辩论时，若你胜了我，那么你的见解果然就对了，而我的见解肯定就错了吗？如我胜了你，那么我的见解就一定对，而你的见解就一定错了吗？到底我们两个是有一人对，有一人错，还是两个人都对或者都错了？也许我们两个人不够聪明，那么该请谁来做公正的评判？假使请见解和你相同的人来评判，那么他既然和你有相同见解，又怎么能评判？倘若请见解和我相同的人来评判，那么他既然和我有相同见解，又怎么能评判？如果请见解和我们都不一样的人来评判，那么他既然和我们的见解都不相同，又怎么能评判？若是请见解和我们都相同的人来评判，那么他既然和我们的见解相同，又怎么能评判？这样，不论你我或其他人都不知道谁是谁非，又如何评判？"（《庄子·内篇·齐物论》）既然世间没有绝对的是非标准，那么又如何断定是非？与其强作解人，还不如放下执着，以免局限一隅。

✿ 历久弥新说名句 ✿

　　春秋时期，某日齐桓公正在读书时，一旁制造车轮的工匠轮扁突然放下锥凿向桓公问道："请问您读的是什么书呢？"桓公回答说："我读的是圣人所写的书。"轮扁又问："写书的圣人还活着吗？"桓公回答："已经死了。"轮扁便说："那么这书里所写的只不过是圣人的糟粕罢了！"桓公脸色一变，生气地骂着："我正在读书，而你这个工匠怎么能对我如此讥讽呢？你如果能说出个道理来就算了，否则我就要判你死罪。"轮扁说："好，我有道理要说。姑且就拿我制作车轮的事情来说明：当我砍削车轮时，椎

无为而治——领导管理的智慧

眼小，就会太紧，轮辐就滞涩而无法嵌入；椎眼大，就会太松，轮辐就松松滑滑而不牢固。我的技术可以做到嵌辐时既不松滑也不滞涩，手里做的和心里想的是一致的，并且可以做到最好。但我却不能把这套技能教给我的儿子，我的儿子也无法继承我的手艺，所以如今我已经七十岁了，却还一直在制作车轮。现在也是同样的情形，圣人和他所无法传承的经验，都已经消灭，不在人间了，那么圣人所写的书，不正是圣人所留下来的糟粕吗？"（《庄子·外篇·天道》、《淮南子》卷十二《道应》）

由此可见，有些事很难用语言文字来传达，有的可意会不可言传，有的甚至连意会也做不到，因此老子才会说："道可道，非常道；名可名，非常名。"

殷中宗曾经问："天是自然运转的吗？地是自然静止的吗？日月竞逐是为了什么？谁是天地的主宰？我猜想，是某个机关因为不得已而做的吧？也或许真的是自然不得不运转的吧？布云是为了下雨吗？还是下雨是为了布云？是谁降雨施云呢？究竟是谁在鼓动的呢？风起自北方，有的吹西、有的吹东、有的旋转而上？这又是谁鼓动的呢？"中宗的宰相袑，也是位神巫，他回答道："让我来告诉您。天有上下四方，称为六极，又称六合，另有金木水火土五行，也称为五常或五性，自古帝王顺应这个自然法则，那么天下就会太平；若是违背自然法则，那么天下就会大乱。倘若九州的人事，治理成功，道德具备，监察照临下界，天下都拥戴，这就叫作上皇，也就是自然的帝王呀！"（《庄子·外篇·天运》）

殷中宗曾经困惑天地万物究竟是如何运行，于是猜测宇宙间必然有一股主宰的力量，所以宰相诏便告诉他，那股主宰的力量就是"自然"，也就是"道"。因此，帝王治理天下时就应该遵循自然法则，才能得到天下人的拥戴。从前，宋国有个人将花了三年时间用象牙刻成的楮木叶献给国君，他刻得十分精美，连枝茎和叶上的纤细绒毛都刻出来了，就算把它混杂到真正的楮叶中也无法辨别。列子知道后便说："假使让天地三年才能生出一片叶子，那么万物中长有叶子的植物就很少了。天地在化育万物时，嘘一口气就生出它们，吹一口气它们就衰落了，哪里会这样辛勤、劳苦呢？"（《韩非子》卷七《喻老》、《列子·说符》）

大自然化育万物，浑然天成，丝毫不见刻凿之工，十分玄妙；而人类，尽管自诩为万物之灵，可以巧夺天工，刻出与真实楮叶一模一样的叶子来，然而所耗费的力气却是数倍于自然，可见违背自然法则的结果，只是徒劳憔悴罢了。

大美国学
老子

圣人处无为之事，行不言之教

名句的诞生

天下皆知美之为美，斯恶[1]已。皆知善之为善，斯不善已。故有无相生、难易相成、长短相形[2]、高下相倾、音声[3]相和、前后相随。是以圣人处无为[4]之事，行不言[5]之教。万物作焉而不辞[6]、生而不有、为而不恃、功成而不居。夫唯弗居，是以不去[7]。

——第二章

完全读懂名句

1. 恶：即丑，相对美而言。2. 相形：相较。3. 声：回声。4. 无为：顺任自然而为。5. 言：指声教法令。6. 辞：言语。7. 不去：不泯灭，不朽。

语译：当天下人都知道美之所以为美时，丑的观念也因而产生，一旦美丑相较后，那就不美了。当天下人都知道好之所以为

8

好时，不好的观念也因而产生，一旦好坏相争时，那就不好了。所以有无相辅相成、难易互相转化、长短相较互现、高下彼此倾倚、声音与回声互相配合、前后相互成序，这些相对的观念，常使世间纷扰不安。所以圣人以"无为"的态度来处事，实行"不言"的教化。顺任万物自然生长而不加干预、生养万物而不占为己有、化育万物而不自恃其能、成就万物而不自居其功。正因不自居其功，所以其功绩反而永垂不朽。

名句的故事

尧帝时期，贤人齧缺向老师王倪请教："您知道万物所以相同的道理吗？"王倪回答："我怎么知道呢？"齧缺又问："您知道自己不清楚吗？"王倪又答："我怎么知道呢？"齧缺再问："那万物都是无知的吗？"王倪再答："我怎么知道我所讲的'知道'不是不知道呢？又怎么知道我所讲的'不知道'是真的不是知道呢？我且问你：人睡在潮湿的地方就会不舒服，但泥鳅也会这样吗？人住在树上就会担心害怕，但猿猴也会这样吗？那么究竟谁才会知道最好的住处呢？人爱吃牛、羊、猪肉，麋鹿爱吃草，蜈蚣爱吃蛇脑，猫头鹰和乌鸦爱吃死老鼠，那么究竟谁才会知道真正的美味呢？所以，依我看来，仁义的标准、是非的判断，杂然错乱，又怎么能够分辩呢？"齧缺接着问："您不知道利害，难道圣人也不知道利害吗？"王倪接着回答："圣人是极神妙。大草原燃起烈火也不能使他热，江河结了坚冰也不能使他冷，疾雷振动

无为而治——领导管理的智慧

高山和巨风掀翻大海也不能使他震惊，这样的圣人，连生和死的变化也影响不了他，又何况利害这种枝微末节的小事呢？"啮缺听了，豁然开朗，高兴得跳了起来，从此抛开各种预设标准和烦恼困惑。（《庄子·内篇·齐物论》）

舜曾经问尧："天子的用心是如何呢？"尧回答："不欺侮顽愚的人民，不抛弃贫穷的百姓，悲伤安慰死者，劝勉幼儿，哀怜孤寡妇人。就是我的用心。"舜说："好固然好，却不足以称作伟大。"尧问："那么应该如何呢？"舜回答："天子的用心应该与上天合德，虽然事迹显著而内心宁静，像日月照耀，四时无休，像昼夜循环不已，像布云下雨一般地自然。"尧笑着说："您的用心，与天德相合；而我的用心，是与人事相合啊！"（《庄子·外篇·天道》）可见，古代圣王治理天下，都是顺应万物自然发展，所以他们的功绩才能永垂不朽。

历久弥新说名句

春秋时期，晋献公晚年宠爱妃子丽姬，改立丽姬之子奚齐为太子，并杀了太子申生，而献公另外两个儿子重耳和夷吾则流亡国外。献公死后，不久夷吾回国夺得君位，却也想除掉重耳，重耳只好继续流亡。

有一次因为饿了好几天，重耳的随行大臣介之推便割下自己腿上的肉，用火烤熟给重耳吃，重耳知道后非常感动。

十九年后，重耳回到晋国，做了晋文公，而随他流亡的臣子也得到赏赐，但介之推却没有得到封赏。介之推说："上天还不想断绝晋国的国祚，所以安排国君来掌管，可是那些人却认为是自己的功劳，不是太欺骗人了吗？偷取别人的钱财，还会被人叫作盗贼，更何况是贪取天上的功劳作为自己的功劳呢？在下位的人把贪天之功为己功的过错视为正当的，而在上位的人还对他们加以赏赐，这样上下相互欺骗，我实在很难再跟他们相处了啊！"介之推的母亲说："你为什么不去求赏赐？如果不去追求，又能怨谁？"介之推回答说："既然我认为这是不对的，如果再去追求，那不是错得更离谱了吗？况且都说了怨恨的话，就不应该再接受赏赐。"介之推的母亲问："让国君知道这件事好吗？"介之推回答："我就要退隐了，还需要表白吗？如果我告诉了国君，就表示也想得到显达呀！"介之推的母亲说："那么我和你一起隐居吧！"于是介之推背着母亲躲进了绵山。

等到晋文公派人来找介之推时，已经找不到了，于是有人建议放火烧山逼出介之推母子，不料最后只发现介之推母子俩抱着死在一棵烧焦的大柳树下。晋文公觉得非常遗憾地把绵山上的田作为介之推的封田，并说："用这来记下我的过失，并且表扬好人。"于是介之推功成不居、晋文公勇于认错的君臣形象便永驻民心。

战国时期，楚国令尹子发率兵打败了蔡国，楚宣王高兴地到郊外迎接，并赏赐他土地及爵位，但子发却推辞不肯接受地说："治理国家、制定政令，使诸侯归顺，这是君王的德行。发号施令，军队还未交战，敌军就溃散，这是将军的威力。士兵在战场

上打败敌人，这是平民的力量。如果我因为百姓的功劳而取得爵位、俸禄，便不是仁义的做法。"所以老子说："大功告成却不占有功劳。正因为不占有，所以功劳便不会离开他。"

圣人之治，虚其心，实其腹，
弱其志，强其骨

名句的诞生

不尚贤[1]，使民不争。不贵[2]难得之货，使民不为盗。不见可欲[3]，使民心不乱。是以圣人之治，虚其心，实其腹，弱其志，强其骨；常使民无知[4]、无欲，使夫[5]智者不敢为也。为无为，则无不治。

——第三章

完全读懂名句

1. 尚贤：即崇尚贤才或具备特殊专长者。2. 贵：重视。3. 可欲：足以引起欲望、贪念的事物。4. 无知：因虚心而来的不执着成见。5. 夫：音福，发语词。

语译：不特别标举崇尚贤德的名号，使人民不因名声而斗争。不尊贵稀有难得的财货，使人民不因此而偷盗。不显露能引

起贪欲的事物，使人民的心不因之纷乱。因此圣人治国的原则，是排除人民心中秉持的各种成见，满足他们的温饱需求，软化人民的执着意志，并使他们筋骨强韧，能够自立自足；使人民不执着、没有贪欲，使自作聪明的人不敢轻易妄为。从事不为达到什么目的的作为，自自然然就能无所不治。

名句的故事

人性对于难得的事物，总会兴起贪念，想要得到更多，而欲望往往是纷争的来源。因此老子认为，要平息世间的乱象，最根本的做法，就是从人民的心灵改造起：不被外在的虚名所迷惑，使心里头能够得到长久永恒的平静，自然就不会有纷乱。

《孟子·告子下》中有一段用以激励人心的名言，与本章名句"虚其心，实其腹，弱其志，强其骨"结构相似，即："天将降大任于是人也，必先苦其心志，劳其筋骨，饿其体肤，空乏其身，行拂乱其所为；所以动心忍性，曾益其所不能。"上天若要将重责大任托付给某个人，必定先使他的心志受到磨炼，使他的筋骨受到劳累，使他的身体忍耐饥饿，还要使他穷困贫乏，做事总不能随心所欲；用这样的方式来摇动他的志向，强韧他的性格，增长他的各种才能。

《孟子》的"天"，是为了增益人的心志，而用种种考验，使他的肉体受到磨难，借此训练性格的独立，以成就大事业。和《老子》本章"圣人之治"的所作所为看似有着异曲同工之妙，但两者诉求的理想并不一样。

历久弥新说名句

道家的老子认为的"圣人之道"，是要令百姓无知、无欲；那么法家的"圣人之道"又是如何呢？

《韩非子》记载了这样一段对话。赵襄子看到自己国家的城墙破败没有修治，粮仓中没有粮食，府中没有金钱，库房中没有兵器，都邑中没有守具，在这样的状况下，要如何对付敌人的攻击？赵襄子深感恐惧，于是找来张孟谈，问他该如何是好？张孟谈说："臣闻圣人之治，藏于臣不藏于府库，务修其教不治城郭。"圣人是将财货藏于臣民百姓之家，而不藏于府库，致力于用礼乐、教育来感化人民，而不重视城墙的修治。因此张孟谈请赵襄子下令，让百姓留下足用三年的粮食钱财，余下的全数送入府库，有空闲或异能者，便参与城郭的修缮。这样的政令刚颁布下去时，"仓不容粟，府无积钱，库不受甲兵"，然而才过了五日，竟"城郭已治，守备已具"。

而在战国时代商鞅及其后学的著作汇编成的《商君书》中，则深谙人民的习性，知道他们对于事物的想法：在尺度之后取其长者，秤衡之后取其重者，权量之后便懂得索利。倘若明君懂得观察这三个要点，则容易治国。"国之所以求民者少，而民之所以避求者多"，国家若是不常要求人民尽责任或义务，万一有了需求，人民就多半不会逃避国家的要求，而乐于为国家效力。

因此又说："圣人之治也，多禁以止能，任力以穷诈，两者偏用则境内之民一。"圣人的治理方式，在事前多方禁止，以防止人民逞能取巧；善于驱使人民做事，以杜绝投机狡诈的举动。如此"多禁"与"任力"两者并用，则国境内的人民就能齐一统治。

对于治理人民的方式，长久以来都有着许多不同的见解，然而相同的，却都是希望百姓容易管理，而求得社会的稳定发展与国家的长治久安。倘若你是统治者，会选择哪一种方式呢？

道冲，而用之或不盈

名句的诞生

道冲[1]，而用之或不盈[2]。渊兮[3]似万物之宗。挫其锐[4]，解其纷[5]，和其光[6]，同其尘[7]，湛兮[8]似或存。吾不知谁之子，象[9]帝之先。

——第四章

完全读懂名句

1. 冲：空虚。2. 盈：盈满、穷尽。3. 渊兮：渊深的样子。4. 挫其锐：收敛锋芒。5. 解其纷：解除纷乱。6. 和光：隐藏光芒。7. 同其尘：混同尘俗。8. 湛兮：隐没无形的样子。9. 象：好像。

语译：道体空虚，它的作用却没有穷尽。渊博幽深，像是万物的根本。它收敛锋芒，解除纷乱，隐藏光芒，混同尘俗，虽然隐没无形，却又像实际存在着。我不知道它是从那里产生的，似

乎在天帝之前就出现了。

名句的故事

"东西用多了就会坏",这个说法适用于大部分的器物,但不是全部,道路就是一个例外。

道路即使被许多人走过,也不会因此被走坏,反而会愈走愈宽,愈走愈好走,"路是人走出来的"讲的就是道路的这种特性。道路之所以能够如此,这是因为它的"以无为体"。什么是"以无为体"?以山路为例,要开辟一条山路,路面的铺设还在其次,最重要的是要除去树木、土石等阻挡在脚步前的一切阻碍。换言之,所谓的道路,其实指的就是前方没有阻碍的状态,可以用"无"字来形容,这就是"以无为体",而去除阻碍的作为就是"无"的工夫。万物都无法永久留存,终将复归于"无",所以用多了、用久了就会坏,唯有道路,既然以"无"为主体,自然就不会被"走坏"了。

"无"不仅可以形成道路,任何器物的制造都可以用"无"来理解。

公元1504年,意大利的雕刻大师米开朗基罗完成了他的代表作——大卫雕像。曾有人问他:"为什么能够雕出身材比例如此完美的雕像?"米开朗基罗回答:"当我第一眼看到这块大理石时,大卫已经在里面了,我不过是把他身上多余的部位去除掉而已。"去除掉多余的部分也是一种"无"的工夫。

"无"的工夫就像剪纸，只要剪去多余的部分，就能剪出万物的样貌。从这个角度来看，万物无不是从"无"中生成。

老子领悟到这个道理，将之命名为"道"。"道"不只是道路，因为道路仍属有形，而"道"是无形的，即是绝对的"以无为体"。老子以"冲"字形容"道"，"冲"即是空虚，即是"无"。"无"是没有穷尽的，而"道"的作用也同样没有穷尽之时。

历久弥新说名句

"道冲而用之或不盈"可以有两种断句方式。一种是"道冲，而用之或不盈"，另一种是"道冲而用之，或不盈"，两种断句方式都可以言之成理。

较早的说法是后者，即"冲"和"而用之"连读。汉代的《淮南子》在解释这句话时，引孔子的力大而不以之闻名为例，强调不求盈满的道理。魏晋时代的王弼在解释这句话时也是把重点放在"不盈"上，而提出"穷力举重不能为用"的道理。

古代除了文学有科举制度以外，武术也有科举制度。科举制度在考武术时有一道考题是举重，只是当时的举重不同于近代的举重。近代的举重强调个人要竭尽全力举起一个重物，古代的举重则不仅要举重物，还要能够挥舞它。既然要能够挥舞，相对来说，这重物就会比较轻，否则竭尽全力才能举起它，一旦挥舞起来必定会发生意外。据说三国时关云长所持的青龙偃月刀重达八

十二斤，但他一定能举起比青龙偃月刀还重的东西，否则又怎能将之运用自如呢？这就是"穷力举重不能为用"。

《淮南子》和王弼的说法虽也符合老子谦冲自牧的思维，但毕竟不够周全，未能展现"道"的全貌，所以今人多采"道冲，而用之或不盈"的断句方式。

"道冲，而用之或不盈"点出了"冲"或"无"是道的本体，也因此，其作用是没有穷尽的。

天地不仁，以万物为刍狗

天地不仁[1]，以万物为刍狗[2]；圣人不仁，以百姓为刍狗。

——第五章

完全读懂名句

1. 不仁：没有仁恩。引申为不偏私。 2. 刍狗：用草扎成的狗，祭祀时，被视为珍贵之物而盛饰奉上；祭祀完毕后就被弃之不用，毫不爱惜。

语译：天地不偏私，把万物视为刍狗，一视同仁，无爱无憎，顺任万物自然生灭；圣人不偏私，把百姓看作刍狗，不妄加干预，任凭百姓自然发展。

名句的故事

商朝太宰荡向庄子问仁的道理。庄子说："虎狼就有仁道。"

荡疑惑地问："这话怎么讲？"庄子回答："虎狼父子相亲，怎么会没有仁道呢？"荡又问："我想请问什么是至仁？"庄子回答："至仁无亲。"荡不解地问："我听说，无亲则不爱，不爱则不孝，那么说至仁是不孝，可以吗？"庄子回答："不是这样的。至仁是最高的境界，孝不足以用来说明。譬如到楚国郢都的人，向北便看不到冥山，这是为什么？因为离开太远了，所以说，用有形的恭敬行孝容易，用无形的爱心行孝困难；用勉强的爱心行孝容易，孝心出于自然而忘掉是亲情困难；勉强让孝心出于自然而忘掉是亲情容易，让双亲忘掉是我在行孝困难；勉强让双亲忘掉是我在行孝容易，兼忘天下困难；勉强兼忘天下容易，使天下自得兼忘我困难。有像尧舜般的德行却自然无为，利益恩泽施惠于万世，天下却没有人知道，这哪里是赞叹而谈仁孝的人所能企及的呢？所谓孝悌仁义，忠信贞廉，都是用来勉励自己而矫役自己德性的呀，实在不足以说明至仁。因此，至贵，是连国家爵位都摒弃了；至富，是连国家财库都摒弃了；至乐，是连个人的名誉都摒弃了。所以大道是恒久不变的。"（《庄子·外篇·天运》）

由此可见，一旦仁义礼智变成了修身或治国的方法（或手段），那么就有其目的性，因此为了达到目的，难免会有所矫揉造作，反而容易受到阻碍，而迷失本来的面目。

历久弥新说名句

春秋末年卫国人子贡去拜见老子并问道："三王五帝治理天

下的方法虽然不同，但都得到了好名声，为什么只有您认为他们不是圣人？"老子问："你所说的不同是什么？"子贡回答："尧让位给舜，舜让位给禹，夏禹治水用劳力得到天下，商汤吊民伐罪用武力得到天下，所以说不同。"老子便说："让我告诉你吧！尧治理天下时，使民心孝亲，如果有人因为双亲被杀而去杀人，别人也不会说他错了。舜治理天下时，使民心相竞，有孕妇十个月生孩子，孩子出生五个月就会说话，于是孩子都还没有成为儿童便已经知道人我的差别了，而人也开始有夭折的了。禹治理天下时，使民心大变，人民开始有机心以为杀伐是顺天应人，于是诛杀盗贼不算是杀人。所以，三王五帝治理天下，名义上称为治理，其实祸乱太大了，他们的智慧违逆了自然，使人无法安养本性，如果还自以为是圣人，那不是太可耻了吗？"子贡听了，惊怵地变了脸色，最后坐立难安离去。（《庄子·外篇·天运》）

周朝贤大夫崔瞿曾经向老子请教："若不去治理天下，如何使人心向善？"老子回答："你要小心不要伤害人心，人心容易摇摆不定，排斥不得志，而喜欢得志，因此自累自苦，不能安适。追求声誉，伤害本性，顺心时则热如焦火，失意时则寒若冰雪，心情的变化，像在极短的俯仰之间就到了四海之外。平居心志不动，像深渊般静寂，一旦心念突起，像高悬天际一般。愤怒骄矜而不能禁制的，恐怕就只有人心了吧？从前，黄帝开始用仁义来鼓舞人心，尧舜竞相仿效，以至于五内忧愁来勉行仁义以为规矩，矜苦心志来树立法度以为楷模，虽然这样劳苦，却还是不能改变天下人的心志，仍有欢兜、三苗、共工等人作乱。到了夏商

周三代，更使天下扰乱惊惧，一方面有夏桀、盗跖的残暴，一方面又有曾参、史的德行，于是各家议论纷起，互相批评攻讦，纠纷不止，天下风气因而衰败了，所以贤能的人都隐居在高山深岩里，而国君在朝廷上总是恐惧忧虑的呀！"（《庄子·外篇·在宥》）

所以，上古的容成氏、大庭氏、伯皇氏、中央氏、栗陆氏、骊畜氏、轩辕氏、赫胥氏、尊庐氏、祝融氏、伏羲氏、神农氏等帝王时代，人民结绳记事，鼓腹而游，风俗纯朴，居住安适，邻国相望，鸡犬相闻，百姓直到老死都不需要互相往来，像这样美满的时代，才是真正的太平。

玄牝之门，是谓天地根

谷神[1]不死，是谓玄牝。玄牝[2]之门，是谓天地根[3]。若存，用之不勤[4]。

——第六章

完全读懂名句

1. 谷神：指道。谷，形容道的虚无。神，形容道的神妙。
2. 玄牝：不可思议的创生力。牝，指雌性的动物。3. 根：根源。
4. 用之不勤：作用无穷无尽。

语译：虚无而神妙的道，具有不可思议的创生力，所以称为"玄牝"。"玄牝"的门户，是天地的根源。道体幽微，似有若无，但是作用却无穷无尽。

无为而治——领导管理的智慧

❧ 名句的故事 ❧

相传上古伏羲氏以阴（--）、阳（—）两种符号画成八卦，进而推衍出一套完整的哲学系统。这套哲学系统后来被写为《易经》一书。《易经》这部书被许多人尊为古代经典之首，就连孔子也经常钻研它，甚至于书破了又一再重新装订，因而留下了"韦编三绝"这个成语。

阴、阳是什么？阳象征男性、太阳、上天、刚强等；阴象征女性、月亮、大地、阴柔等。阴、阳代表着两种相反而相成的力量与特性。

先秦时代，以阴、阳学说为理论基础的学派是以邹衍为代表的阴阳家。阴阳家在当时并不是很兴盛，可是到了汉代，阴阳观念深深影响了许多学者，从那之后，学者就喜欢用阴阳观念来比附一切人事现象及道理。

如果我们也学汉代学者，以阴阳观念来说明老子的哲学思维的话，定会将老子哲学归为"阴性"的哲学。这是因为老子谈柔、谈弱、谈慈，这些在传统观念中，都是属于"阴性"的。他创出"玄牝"这个词来说明天地的根源，其中"牝"字也是代表雌性的动物。

我们不必过度解释，误将老子视为女性主义者，因为在他那个年代，女性主义还没有发展的条件。不过，我们却可以从老子的哲学理论中学到一点，那就是：女性并非弱者。即使是看似柔弱的传统女性，也在男尊女卑的传统社会中，扮演着创生孕育的重要角色。岂不见，自古以来最重要的思想家如孔子、孟子等，大文学家如欧阳修等，不都是由母亲一人独力养大？他们的思想往往也深受母亲的影响，孟母三迁及画荻教子的故事就是最明显的例子。

历久弥新说名句

在远古的母系社会中，民知其母而不知其父。传说中，商的始祖契是因其母简狄吞燕卵而生，周的始祖弃则是因其母姜嫄踏巨人脚印而生，都是知其母而不知其父的显例。据后世学者研究，"姓氏"的"姓"字之所以从"女"部，也是母系社会的遗留。

随着族群冲突的增加，力量通常大于女性的男性逐渐成为社会的主体，以适应争斗日增的环境，从此进入了父系社会。

老子所处的春秋战国时代已是父系社会，和他同一时代的孔子就曾说过"唯女子与小人为难养也"这种带有歧视女性的话（当然，孔子话中的女子是有特定对象，而不是泛指一切女性），这是因为时代的氛围如此，所以也毋须为古人讳。然而，正因为当时的氛围如此，强调"守其母"、"守其雌"的老子也就显得更加特别。只是老子在提到"雌"字时，往往与"卑"字、"弱"字等量齐观，仍不免带有父系社会的思维，所以不宜轻率地以女性主义视之。

女性主义逐渐成为一股思想潮流应始自十八世纪的启蒙时代。争取女权是女性主义的共同特征，但如何争取女权则存在着歧见。较激烈的看法是以女权取代男权，以原始的母系社会取代传统的父系社会。

从某个角度来看，这种看法其实是以女性来取代男性原本的地位，这种争强的意识仍跳脱不出父系社会的思维，换句话说，这样的女性即使具有女性的身体，但心灵仍是男性的。

若从老子的哲学来诠释女性主义，或许会有不同的见解。激烈的女性主义要求和男性"争强"，而老子强调的是"守柔"。"柔"才是母性社会的特征。远古时期之所以重视女性，是因为女性负担了完全的生育及抚养责任，所以人们只会认识母亲而不会认识父亲。时至今日，当然不须回到那男性完全不负责任的时代，男性反而应该多承担一些责任，也就是说，女性不应该学习男性的特质，男性反而应该多学一些女性的特质，以"守柔"的社会取代"争强"的社会，如此一来，不仅男女的权利义务相等，社会也会多了一股创生的力量。

无状之状，无物之象，是谓惚恍

名句的诞生

视之不见名曰夷，听之不闻名曰希，搏¹之不得名曰微。此三者不可致诘²，故混而为一。其上不皦³，其下不昧⁴，绳绳⁵不可名，复归于无物。是谓无状之状，无物之象，是谓惚恍⁶。

——第十四章

完全读懂名句

1. 搏：攫取、拾取，在这里是用手摸的意思。2. 致诘：追究、区分。3. 皦：洁白明亮。4. 昧：昏暗不明。5. 绳绳：无边无际的样子。6. 惚恍：混沌不清。

语译：看却看不见的叫作夷，听却听不到的叫作希，摸却摸不到的叫作微。这三种形态无法彻底区分明白，因此它们被混合为一，称为"道"。在道产生以前混沌而不清楚，在道产生以后也不模糊，它绵延不绝，无法给予一个称呼的名字，然而它终究

无为而治——领导管理的智慧

要复归到没有形体的状态。道就是这种没有形体、没有物象，无法确切形容，也无法具体表象的惚恍状态。

名句的故事

在本章中，老子说"（道）其上不皦，其下不昧"，道的出现，令世界开始有了光亮，也代表文明的起始。但《老子》首章说："道可道，非常道；名可名，非常名。"道是一种不可名说的状态，若可以形容得出，就不是一般的道。正因为道就是这种没有形体、没有物象，无法确切形容，也无法具体表象的惚恍状态，是无色、无声、无形的，因此为了要称呼它，不得不勉强给予它一个统一的名称，叫作"道"。《老子》首章中又言及："无，名天地之始；有，名万物之母。"天地开始时尚且找不到名称来指称它，而后生出的一切名称，都是为了要让万物有所依归。名，是人们认识世界的媒介。

莎士比亚曾经说过："玫瑰不叫玫瑰，亦无损其芳香。"名称只是用来方便指涉事物的工具，即便名称改换，仍旧无损事物的本质。古人对于无法以言语描述的事物或者抽象概念，常用"无以名之"或"无以名状"一词表达。

奥地利音乐家舒伯特是早期浪漫主义音乐的代表人物，同时他的创作力旺盛，在短短的三十一载生命中，留下六百多首作品，展现了惊人的才华。舒伯特向来以曲中自然流露的纯真清丽旋律而闻名，被称为"歌曲之王"。然而有心理小说大师之称的英美文学作家亨利·詹姆斯有一句名言："生命中总有连舒伯特也无言以对的时刻。"意思是说，当人生走到困顿瓶颈，连擅长以抒情旋律抒发感受的舒伯特，也无法轻松抚慰这生命中的沉重与苦难。台湾乡土文学作家王祯和的小说《嫁妆一牛车》，也在开场时引用了这句话，仿佛为小说中贫困百姓的悲喜人生，下了个注脚。

🌀 历久弥新说名句

"无状"一词，除了指事物或概念无法描述之外，尚有"不肖"或"无善"的意思。西汉的著名文学家贾谊，就曾自伤"为傅无状"，因而悲痛至死。

贾谊在少年的时候便博通诸家经典，因而在汉文帝时被拔擢为博士，但因为时常上疏直陈政事，受到朝臣嫉妒，因此备受谗言所短，后以"少年初学，专欲擅权，纷乱诸事"被贬长沙。不久，文帝召贾谊回洛阳，贾谊原以为文帝要向他咨询国家大事，没想到文帝却不断以鬼神之事请教贾谊，直至夜半，还兴致勃勃，不断将座席向前挪近贾谊。而后，文帝因为儿子梁怀王喜欢读书，于是延请博学的贾谊担任梁怀王的太傅。太傅是负责辅导教育太子或从旁辅助皇帝的官，主要的任务在使皇帝无过失。可惜过了几年，梁怀王不幸坠马而死，贾谊痛惜怀王之逝，并认为自己没有尽到当老师的责任，终日悲哭，过了一年多便忧郁病卒，年三十三岁。

　　贾谊自伤"为傅无状"，虽是指没有尽到辅助的责任，或者认为自己表现不佳，因而时常哭泣。但其实这些流不尽的悲伤眼泪，或许如同唐代诗人李商隐诗《贾生》所说的："可怜夜半虚前席，不问苍生问鬼神。"正是因为伤痛于自己怀才不遇，又失去最后可以一展长才的舞台，因而潸泪不止。

太上，不知有之

太上[1]，不知有之[2]；其次，亲而誉之；其次，畏之；其次，侮[3]之。信不足焉，有不信焉。悠兮其贵言[4]，功成事遂，百姓皆谓：我自然。

——第十七章

完全读懂名句

1. 太上：在上位的统治者。2. 不知有之：在下的人民不知道有统治者的存在。有版本作"下知有之"，百姓只知统治者的存在，而不曾有机会见到。3. 侮：轻慢、轻贱。4. 贵言：以言为贵，即不轻易发号施令。

语译：最高明的统治者，人民不觉得有他的存在；次一等的，人民爱戴他、赞誉他；再次一等的，人民畏惧他；又次等的，人民轻视他。统治者的诚信不足，便得不到人民的信任。悠

无为而治——领导管理的智慧

悠然地实行统治，而不要轻易地发号施令。大功告成，事情顺遂，人民都说：那是我自然而然就完成的。

名句的故事

牙疼了，才会察觉那一颗作怪的蛀牙在整排牙床中的确切位置；胃痛时，才会意识到揪紧的胃确实存在于腹部深处，正令全身的痛觉神经紧绷；感冒鼻塞的时候，才会发现原来鼻子不只是脸上的装饰，而是维持体内空气畅通的重要管道。这些身上的器官唯有疼痛了，才会让人意识到有该器官的存在，否则它的存在与运行，仿佛都是本该如此，是那么自然而然。

在上位的统治者，往往被要求必须与民亲近，认为如此才能体察民心，得知百姓疾苦。但老子却认为，统治者应该是隐而不见的，令人民只知有其人而不觉察其存在，却让政事规矩依序运行，不干扰人民的生活，获得政局长治久安，百姓也得以安居乐业。若有人要问百姓如何达到这样的境界？百姓会想到那首古歌谣《击壤歌》："日出而作，日入而息……帝力于我何有哉？"于是回答："我自然而然就这样了。"老子认为这种不扰民的行为，才是最高明的统治方式，乃道家主张的无为而治，在《老子》本章中可见阐扬。

在公元1973年出土的《帛书老子》乙本第三十四章这样说道："道氾呵，其可左右也。成功遂事而弗名有也。"意思是说，自然间的大道弥漫泛流啊，充斥在天地的上下左右之间，无所不在。因道而建立的事业大功告成了，它却从不标榜是自己的功劳。老子所要标榜的，就是"道"这种不居功的态度，这样隐而不显，将成就的都归给自然而然；这正是老子期盼统治者所能做到的——就如同"道"一般。

历久弥新说名句

《左传》中有所谓的"三不朽"，标榜了可以永垂千古的三样典范。鲁襄公二十四年春天，鲁国的叔孙豹拜访晋国，范宣子出来迎接他。范宣子问叔孙豹："古人有言曰，死而不朽，何谓也？"怎样叫作"死而不朽"？叔孙豹没有回答，范宣子接着说："昔之祖，自虞以上为陶唐氏，在夏为御龙氏，在商为豕韦氏，在周为唐杜氏，晋主夏盟为范氏，其是之谓乎。"历代都是贵族，这样就可以算是死而不朽了吧？叔孙豹说："以豹所闻，此之为世禄，非不朽也。"这样只能够叫作世禄，不是不朽。那什么是不朽呢？叔孙豹又说："鲁有先大夫曰臧文仲，既没，其言立，其是之谓乎。"鲁国从前有一个大夫叫作臧文仲，虽然已经死去了，但他的言论还被长久保存下来，必须得要这样才可以算是不朽吧！

叔孙豹接着又引述了他所听到的道理："太上有立德，其次有立功，其次有立言，虽久不废，此之谓不朽。"最高的是立下德行，作为后代仿效的典范；其次则是创建功绩，令世世代代得以享用；再次的乃是留下言论或文字，好让后人参酌。这三种情

形都是经过再久远的时间，也不会被抹灭的，因此可以称之为"不朽"。倘若只是守着香火，图谋家族的延续，那么没有一个国家、没有一个朝代不灭亡或者改朝换代，家族也会因此而断绝对祖先的祭祀，虽然享受了极大的荣华富贵，也无法称得上是不朽。

"太上有立德，其次有立功，其次有立言，虽久不废，此之谓不朽"说明了人在时代的潮流中，该如何为自己的生命树立价值；范宣子所说的，只是血缘、后嗣的承继不灭，而叔孙豹所提出的"三不朽"，却是一种永不磨灭的精神存在。

六亲不和有孝慈，国家昏乱有忠臣

大道废，有仁义[1]；智慧出，有大伪[2]；六亲[3]不和有孝慈[4]，国家昏乱有忠臣。

——第十八章

完全读懂名句

1. 大道废，有仁义："大道"和"仁义"的区别在于大道无为，仁义有为。大道自然，仁义造作，如果大家都遵循大道，都在大道之中，那么便不会显现出仁义；但因为大道被废弃了，才显出了仁义。2. 智慧出，有大伪："智慧"在此指诡巧、投机。追权夺利、投机取巧的智慧出现后，就会有狡诈和虚伪。3. 六亲：指父、子、兄、弟、夫、妇。4. 孝慈：王弼曰："六亲、父子、兄弟、夫妇也。若六亲自和，国家自治，则孝慈忠臣不知所在矣。鱼相忘于江湖之道，则相濡之德生也。""孝慈"与"六亲不和"，"忠臣"与"国家昏乱"互为需求的关系。当六亲不和

无为而治——领导管理的智慧

时，才会显现出孝慈的价值；国家昏乱时，更突显出忠臣的重要。

语译：大道被废弃了，所以才会显示出仁义；追逐权力、投机取巧的诡巧出现后，有了狡诈和虚伪；家庭失和以后，才产生孝慈；国家昏乱以后，才产生忠臣。

名句的故事

在家庭中所谓的六亲便是父母、兄弟、夫妇，如果彼此间和睦相处，各个都是孝子贤孙，根本用不着标榜出谁不孝；相反地，如果彼此间有了矛盾、冲突，相对之下，便有孝子与不孝之人。像是拥有大孝美名的舜，处在一个问题重重、是非不断的家庭中，但他还是孝顺父母，友爱弟弟。然而一个不好的家庭衬托出孝子的好，那却是悲哀的，若每个家庭都能和乐幸福，不是更好吗？

同样的道理，"国家昏乱有忠臣"，当一个国家里出现太多忠臣义士，并不是一个好现象。在历史上的忠臣，岳飞、文天祥、史可法等都为大众所景仰，他们对国家民族忠心耿耿，连个人宝贵的生命都可以牺牲，然而这些可歌可泣的忠臣背后都代表着一个个历史混乱、生灵涂炭的悲惨时代。有忠臣，相对就反映了一代老百姓的苦难，若国家风调雨顺、国泰民安，人人自重自爱，岂不个个是好人、个个是忠臣了吗？

老子谈"六亲不和有孝慈，国家昏乱有忠臣"就字面上粗浅一看，似乎反对儒家提倡的仁义道德，但我们必须注意到老子当时的年代，正是春秋时期，是一个社会面临种种变动与转型的时代，一个新社会型态逐渐形成，这过程中产生许多病态的现象，在这样病态的社会中，老子才会有这样的人生哲学，乍看下像是在唱反调，但仔细研究将发现它呈现出一股更深沉的期待与盼望，希望普天下六亲皆和，受尽辛苦的孝子行为就不再有必要；放眼望去政治一片清明，投海撞柱的忠臣义士就没有表现死节的必要啦！

历久弥新说名句

老子和孔子为春秋的两大文化名医。

孔子，这位儒家医生为当时社会的疑难杂症把脉，投以对症的药石，尝试去解决问题。因为不孝之举太多了，所以大声疾呼提倡"孝道"为良药；不仁不义之行层出不穷，所以用心良苦地提供"仁义"的药方，"孝道"与"仁义"都是希望对社会有所改善。

老子是个研究医理的医生，认为药吃多了容易有副作用，讲仁义道德，反而做出假仁假义、欺世盗名之事，反而弄巧成拙！所以他说："大道废，有仁义。智慧出，有大伪。六亲不和有孝慈，国家昏乱有忠臣。"认为凡事一体两面，智慧与奸诈、聪明与狡猾，用对了是为人类谋福利，若使用不当，也会适得其反。

与世界文化相比较，"孝道"是中国文化里特有的优点，"二十四孝"的故事流传已久，然而不孝之事多矣！闽南话中有句俚语："养子不算，养父母算顿。"意思是说，父母照顾子女时，不眠不休，煞费苦心；但子女在奉养父母时，却餐餐计较！在一个寓言故事里说到，有个孩子问父母为何给年迈的祖父用便宜木碗吃饭，而自己却用名贵的瓷碗？母亲回答："爷爷年纪大了，手会发抖，用瓷碗会打破。"天真的孩子接着说："那等你们老了，我也要让你们用木碗吃饭。"母亲一听，心头一震，不再给老祖父用木碗。若遇见不孝的子女辛酸道不尽啊！现今谑称"孝子"、"孝女"为"孝顺子女者"，这对讲求孝道的中国文化真是讽刺啊！

淡兮其若海，飂兮若无止

俗人昭昭[1]，我独昏昏[2]。俗人察察[3]，我独闷闷[4]。淡兮[5]其若海，飂兮[6]若无止。众人皆有以[7]，而我独顽且鄙[8]。我独异于人，而贵食母[9]。

——第二十章

完全读懂名句

1. 昭昭：明白通达的样子。2. 昏昏：不辨是非的样子。3. 察察：分别清楚的样子。4. 闷闷：不知事理的样子。5. 淡兮：恬淡的样子。6. 飂兮：风吹的样子。7. 以：才能。8. 顽且鄙：愚钝而鄙陋。9. 食母：生养万物的道。

语译：世人都明白通达，唯有我不辨是非。世人都分别清楚，唯有我不知事理。得道的人就像大海一样恬淡广阔，就像风的吹拂一样没有止境。众人都很有才能，只有我愚钝而鄙陋。唯有我和他人不同，我只重视生养万物的道。

名句的故事

孔子说："仁者乐山，智者乐水。"老子确如孔子所言，是个"乐水"的"智者"。他经常以水为譬喻，来说明道的根本道理，如"上善若水"、"天下莫柔弱于水，而攻坚强者莫之能胜"等。庄子说："天下之水，莫大于海。"水象征着道的根本道理，道的实践者自然是海，因为海是众水汇归之处。

水的特质是柔弱，风的特质也是柔弱。风无所不在，忽然而起，忽然而终，没有形迹可寻。风是无为而无象的，得道的人也是如此。

孔子在见过老子后对弟子说："鸟，吾知其能飞；鱼，吾知其能游；兽，吾知其能走。走者可以为罔（网），游者可以为纶，飞者可以为矰。至于龙，吾不能知，其乘风云而上天。吾今日见老子，其犹龙邪！"鸟类可以飞翔，但是可以用弓箭加以射杀；鱼类可以游水，但是可以用钓竿加以获取；兽类可以奔跑，但是可以用罗网加以捕捉。唯有龙，见首不见尾，乘着风而飞腾至天际，任谁也无法抓到它。

在孔子眼中，老子就像龙一样无法捉摸。这是因为老子能体会无为的道，所以他超越礼乐等表象的制度而直探道的本质。表象的制度会随时间而迁变，道的本质却是永恒不变的。只要能掌握恒常的道，就无须倚赖变动的制度，就像一切水流都将汇归于辽阔的大海，一切制度也都将汇归于恒常的道。

历久弥新说名句

除了老子以外，庄子也曾以风及海来譬喻道，知名的《齐物论》、《秋水》等文章就是如此。

《齐物论》以风来说明道。南郭子綦因聆听"天籁"而入神，他的弟子颜成子游因而向老师询问"天籁"的道理。南郭子綦认为音乐是所谓的"人籁"，风则是所谓的"地籁"。风吹过各种不同的孔穴，便发出不同的声音，看似全然不同，但其根源却是相同的。万物也是一样，看似不同，其根源也是相同的。这相同的根源可以称为"天籁"，也就是所谓的"道"。

《秋水》以海来说明道。水神河伯原先以为自己所管辖的河水是最广大的，但是当他见到了北海若所管辖的北海，才发现自己的无知。北海若描述海是"万川归之，不知何时止而不盈；尾闾泄之，不知何时已而不虚"，即使有再多的水流入或流出，海里的水却不会溢满或减少。即使是这么广大，和天地相比，一样是微不足道。庄子借北海若之口说明所谓的道是"因其所大而大之，则万物莫不大；因其所小而小之，则万物莫不小"，无论是大或小，都是相对的，全凭我们所选取的标准而定。

庄子的文章影响了后世的苏轼。苏轼在《赤壁赋》中发挥《秋水》所阐明的道理，他从水和月的变化中领悟到："盖将自其变者而观之，天地曾不能以一瞬；自其不变者而观之，则物与我

皆无尽也。"意思是，如果从变动的角度来看，那么天地万物没有一刻不在变化；从不变的角度来看，那么万物和我都是无穷无尽的。所以事物的变化与否是依据我们选取的角度而论，同样是变动的。

除了道家的老子、庄子，儒家的孔子也曾因为看到水而大叹"逝者如斯"，并将君子的德行譬喻为"风"而留下"风行草偃"的成语。其实，即使见解不完全相同，儒家的孔子或是道家的老子、庄子，都是如"海（水）"或如"风"的有道之士。

惚兮恍兮，其中有象；恍兮惚兮，其中有物

道之为物，惟恍惟惚[1]。惚兮恍兮，其中有象[2]；恍兮惚乎，其中有物。窈兮冥兮[3]，其中有精[4]。其精甚真，其中有信[5]。

——第二十一章

完全读懂名句

1. 惟恍惟惚：似有若无、不可辨认的样子。2. 象：形象。3. 窈兮冥兮：深远昏暗的样子。4. 精：生命的原质。5. 信：可验证的。

语译：道这种东西，说无却有，说实还虚。似有若无，但是涵藏着各种形象；若无似有，但是可以演变成各种事物。深远昏暗，其中具有生命的原质。其中的生命原质是非常真实而可验证的。

无为而治——领导管理的智慧

名句的故事

天地刚开始的时候是什么样子，谁也不知道，但是好奇心强烈的古人，还是试图用想像或推理，试图找到答案。

远古的神话把天地比喻成鸡蛋，天地之中浑沌不分，盘古孕育其间。后来盘古打破浑沌的状态而开辟了天地。他的身体随着时间的流逝而逐渐成长，一天长一丈。经过一万八千年，盘古的身长也已到六百多万丈。当盘古的生命结束，他把左眼变成太阳，右眼变成月亮，四肢变成山岳，血液变成江河，肌肉变成泥土，毛发变成草木，而鸟兽与人类就是寄生在盘古身上的小虫。这个神话故事后来被记录在三国时候徐整所著的《三五历记》里，他说："天地浑沌如鸡子。盘古生在其中。"

如果把这个神话故事和鸡蛋孵化的过程相比较，可以明显看出两者的相似之处。天地的浑沌状态就像鸡蛋里的蛋白和蛋黄，盘古自然等同于蛋里的小鸡。小鸡破壳而出，就如盘古打破浑沌。此外，鸡蛋孵化的时间大约只比十八天多一点，而盘古的成长过程则是一万八千年。

在老子眼中，天地刚开始的时候，也是一片浑沌。虽然看似浑沌，但万物的形态都是从中变化而成。若以鸡蛋为喻，小鸡的筋骨羽毛等都是从蛋黄变化而成，但是从蛋黄的样貌里，却找不到一点形迹。先秦名家的"卵有毛"理论就是由此而来，他们认为，鸡蛋里可以孵出有羽毛的小鸡，所以鸡蛋本身一定藏有羽毛的特质，所以说"卵有毛"。

老子把天地刚开始的浑沌状态称为"道"，和远古的神话相比，已加入了理性思辨的色彩。老子的说法是否符合事实，无人可知。但老子从浑沌理论发展出来的人生哲学，却是可以用生命验证的。

历久弥新说名句

老子认为天地万物无不生于浑沌之中，他的这种理论为许多思想家所采纳，如《周易大传》的作者。

《史记》说《周易大传》是孔子晚年的作品，但后人大多以为是孔子后学所作，大约成书于战国中、晚期。《周易大传》提出"太极"生成天地万物的学说。"太极"即是天地未分的浑沌状态。由"太极"生成"两仪"，"两仪"生成"四象"，"四象"生成"八卦"，再由"八卦"演化而为万物。

汉代的《淮南子》主张的是"虚廓生宇宙"的理论。书中说："天坠（地）未形，冯冯翼翼，洞洞浊浊，故曰'太始'。道始于虚廓，虚廓生宇宙，宇宙生气。"气是形成天地万物的根本。"冯冯翼翼，洞洞浊浊"则是浑沌无形之意。

略晚于《淮南子》的《易纬·乾凿度》进一步发挥了《淮南子》的主张，将天地万物生成的过程分为几个阶段："夫有形生于无形，乾坤安从生？故曰，有太易，有太初，有太始，有太素也。太易者，未易气也；太初者，气之始也；太始者，形之始也；太素者，质之始也。气、形、质具而未离，故曰浑沦。"简单来说，天地万物莫不是由气而生形貌，由形貌而生实体，推究其根本，还是浑沌的状态。

相较于古希腊的泰勒斯以水为万物之源，老子等古代思想家显然倾向于抽象式的说法。到目前为止，人类尚无法探知万物的起源，不过，凭借着旺盛的探究精神，相信终有一天，人类一定能发掘真相。

天下神器，不可为也，不可执也

将欲取[1]天下而为之，吾见其不得[2]已[3]。天下神器[4]，不可为也，不可执[5]也。为者败之，执者失之。

——第二十九章

完全读懂名句

1. 取：得到。2. 不得：不可能。3. 已：也，句末语助词。4. 神器：神圣贵重的器物。5. 执：掌控。

语译：想要得到天下，并有所作为地治理天下，我知道那是不可能办到的。天下，是神圣而贵重的，对待它，不能有所作为，也不能掌控。如果特意有所作为的话，一定会失败；如果坚持掌控的话，一定会失去天下。

无为而治——领导管理的智慧

49

名句的故事

　　黄帝要到具茨山拜见修道人大隗，便由方明担任驾车、昌寓陪在车右、张若和諮朋在先头引马、昆阍和滑稽随从车后出发。到了襄城的郊野，七名随从都迷路了，还好遇见牧马童子，便向他问路："你知道具茨山在哪里吗？"童子回答："知道啊！"又问："你知道大隗住在哪里吗？"童子回答："知道啊！"黄帝说："多奇特的小牧童呀！不但知道具茨山在哪里，居然也知道大隗住在哪里。那么，我请问你：该怎么治理天下呢？"童子回答："治理天下不过就是这样罢了，又哪里需要做什么事呢？从小我就到处游历，因为我有晕眩的毛病，所以便有长辈教我：'你就像坐着太阳的车子，日出而作、日入而息地住在襄阳城的郊野吧！'现在我的病好些了，又可以到处游历。我想治理天下也是这样吧！又何必多事呢？"黄帝又问："虽然治理天下，实在不是你的事情，不过还是想请问你如何治理天下？"小童辞谢，黄帝再问，小童只好说："我想，治理天下和牧马有什么不同吗？只是除去害群之马罢了。"黄帝深拜叩头，尊称天师而离开。（《庄子·杂篇·徐无鬼》）

　　天下，不是个人所能拥有，因此若想凭机智而有所作为的话，只会背离天下。因此，治理天下的人，应该珍惜所拥有的政权、疆土及百姓，把它们视为自己的一部分，才能成为它们尊贵的主人。

☙ 历久弥新说名句 ☙

　　尧帝时期，贤人齧缺遇见了他的弟子许由，便问他："你要到哪里去？"许由说："我要逃避我的弟子尧。"齧缺问："为什么？"许由说："像尧，勤劳地在行仁义，我恐怕他将被天下所讥笑。我想后世天下大概就要人与人互相残杀了呀？百姓并不难聚集，爱他便亲近、有利给他就归顺、赞誉他就勤勉、给他所厌恶的事就会离散。如果爱与利是出自于仁义，那么捐弃仁义的就会很少，而以仁义为利的就会很多，所以仁义的行为，哪里只是不诚实的表现而已？还是作为凶狠贪求人的工具。因此，一个人断制天下，就好像切割一般。尧只知道贤人有利天下，而不知道贤人有害天下，这个道理只有超越贤智界限的人才会明了了。"（《庄子·杂篇·徐无鬼》）国君对待天下，若是视为一己所有，极力穷兵黩武、横征暴敛，固然容易引起民怨，甚至失去天下；然而以仁义行天下，若是只出于利益考量，而非君王德性自然的感化，那么百姓为了趋利避害，也只是虚衍应付，而不是真的有利天下啊！战国时期，楚国贤人肩吾有一次遇见了狂人接舆。接舆便问肩吾："你的老师日中始先生对你说了些什么呢？"肩吾说："他告诉我，做国君的，只要自己定出法则制度，谁敢不听从而受感化呢？"接舆不以为然地说："这不是真实的德性。像这样治理天下，就好像在大海里凿河、叫蚊虫背负大山一样。难道圣人治理天下，是治理表象而已吗？圣人治理天下应该是先端正自己以后才能感化别人，最主要的是能让百姓各安其命而不是去强人所难啊！鸟尚且知道高飞以躲避网和箭的伤害，鼠尚且知道深藏在社坛底下以躲避烟熏和铲掘的祸害，难道人民会比这两种动物更无知吗？"（《庄子·内篇·应帝王》）

　　战国时期，魏武侯问李克："吴国会灭亡的原因是什么呢？"李克回答："因为它们打过很多的仗而且又得到胜利的缘故。"魏武侯又回："多次打仗又多次获胜是国家的福气呀！吴国却因为这个原因而灭亡，这是什么缘故呢？"李克回答："多次打仗会使百姓疲困，屡次获胜就会使国君骄傲，让骄傲的国君来驱使疲困的百姓，而国家却不灭亡是很少见的。因为国君一旦骄傲就会行为放纵，一放纵就会耗尽财物；而百姓一旦疲困就会怨恨，一怨恨就会费尽思虑。像这样君民上下的力量都耗尽了，可见吴国的灭亡还算晚的，所以夫差才会在干遂（今江苏省）自杀身亡。"

以道佐人主者，不以兵强天下

以道佐[1] 人主者，不以兵强[2] 天下。其事好还[3]。师[4] 之所处，荆棘生焉。大军之后，必有凶年。

——第三十章

完全读懂名句

1. 佐：辅佐。2. 强：称霸。3. 还：报复。4. 师：军队。

语译：以道来辅佐君主的人，是不需要用兵力来称霸天下的。因为用兵这种事容易引起报复。军队所在的地方，庄稼会废弛而使遍地生满荆棘。大军过后，一定会发生收成不佳的荒年。

名句的故事

春秋战国的历史，几乎完全是用战争写成的。在春秋时代，

无为而治——领导管理的智慧

53

光是亡国的大战就有一百多起，更何况还要加上许许多多的小战争。到了战国时代，战争更加频繁，几乎每年都会有大小不等的战争，而愈到后期，战争数量愈多，规模也愈庞大、愈惨烈，有时候光是一场战役就会有数十万人死伤，例如战国末期的长平之役，秦军就坑杀了四十万赵军。

除了次数众多与规模庞大以外，牵连复杂也是此一时期战争的特征。以城濮之战为例，原本是楚国攻打宋国，而宋国向晋国求援。晋国便率领齐国、秦国联军和楚国交战，楚国则联合陈国、蔡国加以迎击。这次战争是由晋国联军击败楚国联军，赢得这场战争。不过，楚国后来又在邲之战击败晋国，报了战败之仇。

类似的事件在历史上层出不穷，掌管国家典籍的老子早就看出兵力强盛的大国，在彼此争斗下必然逐渐衰败，甚至灭亡，于是沉痛地说出："以道佐人主者，不以兵强天下。"因为"其事好还"，意即以兵力服人，很容易引起报复。

历久弥新说名句

俗语说："冤冤相报何时了。"老子就是明白这个道理，所以反对以武力服人。他也指出战争带来的许多祸害："师之所处，荆棘生焉。大军之后，必有凶年。"军队所到之处，农田荒芜，遍地荆棘。军队过后，往往会引起疾疫灾祸，使收成不好，产生荒年。

只要用兵，就必然会产生灾祸，即使是军事专家的孙子也不得不正视这件事。他在《孙子兵法》里说："夫钝兵挫锐，屈力殚货，则诸侯乘其弊而起，虽有智者，不能善其后矣。"由于战争会消耗兵力及财力，使别国趁虚而入，所以孙子说："百战百胜，非善之善者也，不战而屈人之兵，善之善者也。"

兵家谈"不战而屈人之兵"，着眼在外交战、经济战、宣传战、心理战、反间战等军事手段。军事手段只可收效于一时，真正最高明的办法则是彻底收服人心。

孟子说："'汤始征，自葛载'，十一征而无敌于天下。东面而征，西夷怨；南面而征，北狄怨，曰：'奚为后我？'民之望之，若大旱之望雨也。"商汤征伐夏桀，从葛国开始，攻打东方的国家时，西方的人民就怨恨："为什么不先来打我们？"攻打南方的国家时，北方的人民也同样怨恨："为什么不先来打我们？"并不是他们喜欢被攻打，而是因为夏桀的暴政使得他们期待新政权的来临。商汤就这样轻易地打下夏朝的十一个属国，并取得最后的胜利。

孟子说："不嗜杀人者能一之。"国君如果能爱惜人民的生命，那么人民自然愿意归附他。又说："仁者无敌。"意指有仁德的人才能无敌于天下。老子说："以道佐人主者，不以兵强天下。"老子和孟子的说法反映了当时人民厌战的心理，也展现了透视战争本质的高度智慧。

大美国学

老子

天地相合，以降甘露，民莫之令而自均

　　道常无名，朴[1]，虽小，天下莫能臣[2]也。侯王若能守之，万物将自宾[3]。天地相合，以降甘露，民莫之[4]令[5]而自均[6]。

——第三十二章

完全读懂名句

　　1. 朴：质朴。2. 臣：轻视。3. 宾：归服。4. 之：代名词，指甘露。5. 令：指使。6. 均：均衡。

　　语译：道体虚无，没有一定的名称，质朴自然，虽然隐微，天下没有人能轻视它。主政的人如果能持守它，万物都将自动归服。天地的阴阳二气相合，就会降下甘霖，人们不须指使它，它就会达到均衡的状态。

商汤的时候发生了一场大旱灾，不仅河川干涸，连草木也都被烤焦了。商汤感受到人民的痛苦，于是向天祈雨。他问上天："是我太过奢侈，使人民痛苦吗？是官员贪污贿赂的风气太过猖獗吗？是施政者专横跋扈，不知节制吗？"商汤的话还没说完，上天就立刻下起大雨。

古人相信上天会反映民意，只要国君施政不当，国家就会发生重大的天灾。可是，尧、舜在位期间，发生了为期九年的大水灾，商汤在位时，发生了为期七年的大旱灾，既然尧、舜、商汤都是著名的贤君，为什么还是会发生严重的天灾呢？

老子说："道常无名，朴，虽小，天下莫能臣也。"天地之道，一切依顺自然，没有任何能人能加以操纵。人的作为并不能影响天的作为，无论为善或为恶都一样。天地之道不仅不能加以操纵，还须加以顺应持守，老子说："侯王若能守之，万物将自宾。"持守天地之道，则万物自然归服。

天地之道是什么？就是自然无为。自然无为才能无私。甘霖普降大地，不会私厚某物，同样地，君王治理天下，也不应私厚某人某地。若回过头来审视商汤的自省内容，全都是分配上的问题。君主太过奢侈，那么天下的财富集中于一人，这是有私；官员贪污贿赂，那么财富集中于有权力的人身上，也是有私；至于施政者专横跋扈，不理会民意，那更是有私。

商汤以无私之道反省自己，就能适当分配资源，以解除百姓的灾祸。对百姓而言，就如同天降甘霖，至于上天是否真的降下大雨，就反而是次要的事了，因为在位的若是暴君，百姓因暴政所受的苦，只怕会远远大于因旱灾所受的苦。

历久弥新说名句

有一年，宋国发生了大水灾，鲁国派遣使者对宋国国君说："最近贵国发生了水灾，收成也受到影响，我国君主为你们感到担忧，特地派我来慰问你们。"宋国国君回答："我没有才干，祭祀不够虔诚，治理国家不够用心，所以上天才降下灾害。我没能尽到自己的责任，还让贵国为我们担忧，真是过意不去。"有位贤能之士听到宋国国君所说的话，很感慨地说："宋国应该很快就会兴盛了吧！"旁人问他："这是为什么呢？"那位贤能之士回答说："以前夏桀和商纣不愿承认自己的过失，所以很快就灭亡了。商汤和周文王、周武王能够知道自己的过失，所以国家很快就兴盛了起来。知过能改，就等于是没有犯过错。所以说，宋国应该很快就能兴盛起来了。"宋国国君听到这些话，就立志改过，每天很早就上朝，很晚才退朝，用尽心思照顾百姓。果然不出三年，国内政治稳定，百姓的生活也有很大的改善。

上面的故事出自刘向所著的《说苑》，另外，《孟子》书中也提到另一件和水灾有关的事。梁惠王在位时也曾多次遇过水灾，只要是国内的河东地区发生灾害，他就把河内地区的粮食运往河东，并把河东地区的人民迁往河内。如果是河内地区发生灾害，他也会同样用运粮、移民的方式解决问题。可是百姓并不因此而感激他。

为什么两位国君同样用心解决水灾的问题，但是一个成功，另一个却不见成效呢？主因在于前者以提升百姓的生活水准为主，百姓的生活水准提升后，水灾对他们的影响就很有限了。至于梁惠王自以为劳心费力地处理水灾的问题，但百姓的生活仍然受到水灾的重大影响，且梁惠王的措施同时影响到了未受灾的地区，又怎能不引起民怨呢？老子强调政治上的无为，无为就是要让百姓感受不到政府的存在。如果政府没有作为而让天灾危害到百姓，百姓自然会怨恨政府，这就不能算是无为；如果政府的作为可以让天灾完全不会影响到百姓的生活，让百姓不会意识到天灾的危害，自然也不会留意到政府的作为，这才是真正的无为。

执大象，天下往

名句的诞生

执大象¹，天下往²。往而不害³，安⁴平太⁵。

——第三十五章

完全读懂名句

1. 大象：大道。2. 往：归附。3. 害：侵扰。4. 安：通"焉"，于是。5. 平太：太平康乐。

语译：君主秉持大道，天下的人就会归附他。使天下归附而不加以侵扰，于是天下就会太平康乐了。

名句的故事

古公亶父是一个小国的国君，他在豳地发展农业，使百姓享有幸福的生活。附近的戎狄见到豳地的富庶，非常眼红，就率兵前来攻打。古公亶父认为他们要的不过是财物而已，就给了他们，以免除可能的战争。过了不久，戎狄又来攻打，这次他们指定要人民及土地。豳地的人民非常愤怒，想要对抗敌人。古公亶父说："君主的存在，本来就是为人民谋福利。现在戎狄来攻击我，目标是我的土地及人民。但是人民属于我或是属于他们，又有什么区别呢？如果让人民为了我的缘故而战斗，那就难免会有死伤。不但不能为人民谋福利，反而伤害了人民，这就失去当君主的意义了。我不忍心这么做。"于是他离开了豳地，渡过漆、沮二水，越过梁山，定居在岐山之下。

豳地的人民感念古公亶父的恩德，就扶老携幼，跟随着他来到岐山，而其他地区的人民，听到古公亶父的仁爱，也纷纷前来归附他。所以古公亶父的势力就强大了起来。古公亶父去世后，季历继位。季历去世后，姬昌继位，也就是后来的周文王。

古公亶父以谦下柔弱的态度得到天下之人的归附，真可以说是能秉持大道的人，所以老子说："执大象，天下往。"就是指古公亶父这样的人。

历久弥新说名句

庄子说过一个故事：黄帝在赤水的北面游玩，登上昆仑山而向南方眺望。回去的时候，遗失了"玄珠"。他派"知"去寻找，派"离朱"去寻找，派"吃诟"去寻找，都找不到。于是他派"象罔"去寻找，这才找到了玄珠。

"玄珠"就是大道，"知"是心智，"离朱"是耳目，"吃垢"是言辩，"象罔"就是无心。只有无心才能得道。老子在形容能使天下归附的"大象"或称"大道"时说："道之出口，淡乎其无味，视之不足见，听之不足闻，用之不足既。"正因大道超越耳目心智之上，所以才能发挥无穷的作用。

列子说过另一个关于黄帝的故事：黄帝即位的前十五年时间，全心放在耳目的享乐上，结果使自己身心憔悴，于是黄帝花了十五年的时间，全心放在天下的统治上，结果还是使自己身心憔悴。黄帝于是放下政务三个月，整天只是休息睡觉，在梦中，他来到华胥之国。在华胥之国中，黄帝领悟到无为的道理。醒来后，他说："我已经领悟到最高的道超越于所有情感知觉之上，而且无法用言语诉说。"他花了二十八年的时间，用无为的道来治理天下。在黄帝过世后二百年，天下仍然非常安定。

如果没有抓住重点，即使花再多心力劳力，也是枉然。治理天下如此，做任何事都是如此。

为学日益，为道日损

名句的诞生

为学日益，为道日损。损之又损，以至于无为，无为而无不为。取天下常以无事，及其有事，不足以取天下。

——第四十八章

完全读懂名句

语译：做学问一天比一天增加（知见），修道是一天比一天减少（情欲）。一直减少到"无为"的境地，人如果能不勉强作为，那就没有什么事情做不成的了。治理国家要常清静不扰攘，至于政举繁苛，就不配治理国家了。

名句的故事

为学与求道是两种不同的途径，做学问学习知识讲求一点一滴地下工夫，希望像盖房子叠砖头一样，层层积累，每天都有新

的收获，不断增加经验与新知识。求道则是透过直观体验以把握事物未分化的状态，这种工夫做得愈深，私欲妄见的活动愈减损。

同属道家学派的庄子曾提到以"坐忘"的方式，来达到道的境界。庄子在书中特别安排了孔子和颜回当临时演员，演了一场道家的戏码。戏中又占了儒家的便宜，不但要孔子和颜回砸了儒家"仁义礼乐"招牌，还让当学生的颜回的道行比他的老师孔子更高明。在《庄子·德充符》中记载：颜回对孔子报告他的学习心得。颜回说："我有进步了。"仲尼说："怎么说呢？"颜回说："我已经忘掉仁义了。"仲尼说："这样可以，可是还不够。"过了几天，颜回又来向孔子报告："我有进步了。"仲尼说："怎么说呢？"颜回："我已经忘掉礼乐了。"仲尼说："这样可以，可是还不够。"再过了几天，颜回又来向孔子报告："我又有进步了。"仲尼说："怎么说呢？"颜回："我已经'坐忘'了。"孔子惊讶地问说："什么叫作'坐忘'？"颜回说："堕肢体，黜聪明，离形去知，同于大通，此谓'坐忘'。"

忘掉仁义，忘掉礼乐，忘掉自己的形体，摒除聪明的作用，离开形体去掉机智，以至于和大道相合。庄子的"坐忘"就是一种，不断地减损，"损之又损，以至于无为"。至于"无为而无所不为"则是老子更深一层的目标了。

历久弥新说名句

"为学日益"所学的是经验的知识，是可以不断累积、不断增加各种生活的能力与谋生的技艺。诸葛亮的《诫子书》上云："非学无以广才，非志无以成学。"意思是说，不学习就不能增长才干，没有志向就不能完成学业。

唐代诗人孟郊有首《劝学诗》云："人学始知道，不学非自然。"人应该学习才能通晓事物的道理。这个"道"和老子所说的"道"，意思不相同，主要是指人生处事的道理，不过，诗句主要在强调"学习"的重要性。北宋的理学家张载认为"为学大益，在能变化气质"，透过学习可以改变一个人的气质，让不好的品性转而向善。

明朝大儒顾炎武云："人之为学不日进则日退。"（《与友人书》）为学讲究的是每天的日积月累，努力不懈。俗语说"学如逆水行舟，不进则退"，如果学习只是"一曝十寒"，"三天打鱼，两天晒网"，学习时间不连续、强度不够，将会使学习的效果大打折扣。

圣人在天下，歙歙焉；为天下，浑其心

圣人在天下，歙歙[1]焉；为天下，浑其心。百姓皆注其耳目，圣人皆孩之[2]。

——第四十九章

完全读懂名句

1. 歙歙：无所偏执的样子。歙，一致。2. 孩之：将他们都视同婴儿。

语译：圣人治理天下是用公正无私的态度，使天下百姓都能完全回归自己的本心，使人民都能善用自己的耳朵、眼睛，发挥他们的聪明，圣人将使他们回复到孩子般的样子。

名句的故事

老子在本章一开始说："圣人无常心，以百姓心为心。"圣人没有特定的心意，通常是以百姓心中的意见为意见。所以老子又说："善者，吾善之；不善者，吾亦善之；德善。信者，吾信之；不信者，吾亦信之；德信。"亦即心怀善念者就善待他，心存不善者也还是善待他，这样可以促使人人向善；守信的人要信任他，不守信的人也还是信任他，这就能鼓励人人愿意守信。换句话说，圣人治理百姓是敞开胸襟，将百姓当作小孩般教诲，不管他们有什么样的意志，都以最正面的力量去看待、引导，最后让百姓的德行都回归到像婴儿般朴质单纯。

我们在这里认识到老子的慈悲，"德善"、"德信"，要是没有足够的包容力，是很难做到的。这点其实和儒家强调的"老吾老以及人之老；幼吾幼以及人之幼"是有些差距的。儒家的作风是"教化习性"去改变一个人；老子的作风则是"顺应习性"去感化一个人。另外，老子强调让百姓"皆注其耳目"，在当时事事占卜、事事请示上级的春秋时代，此见解很难得，等于是鼓励人民发展自己的主见、智慧。

历久弥新说名句

阎崇年在《正说清朝十二帝》一书中，提到康熙皇帝勤政爱民的一个小故事。康熙常常出外访查，有次查访途中，遇到一个人倒卧地上。挡住圣驾可是非同小可呀，护卫人员正打算要吆喝时，康熙马上阻止，命令人员先搞清楚状况。一问之下才知道，这位老兄名叫王四海，是个雇佣，回家路上竟然饿晕了。康熙马上指示护卫不要吓着王四海，还命人赶快给他一碗热粥。王四海喝了热粥后清醒过来，并与康熙闲话家常。康熙了解王四海家境艰困后，又送他盘缠，让他可以回家。王四海内心感激不尽，便到处宣传这件事，歌颂当今皇帝爱民如子。这就是康熙的"德信"与"德善"。

"歙歙"这个词倒有另外一个意思，即朋比为奸、众口附和的样子，这也是一种一致性。《汉书·刘向传》记载，刘向因汉元帝时期权臣当政，因而被废官十多年，他曾向朝廷献策，认为如果朝廷可以学商汤任用伊尹这样的贤才。自然可以汇聚贤才、奸臣也自然会远离朝廷。他还说："今佞邪与贤臣并在交戟之内，合党共谋，违善依恶，歙歙訿訿，数设危险之言，欲以倾移主上。如忽然用之，此天地之所以先戒，灾异之所以重至者也。"訿，诋毁的意思。刘向的意思是，现在朝廷中，不管是奸臣还是贤臣，都有同流合污、结党营私、朋比为奸、互相诋毁的行为，目的就是要蒙蔽皇上的视听。这可就不是老子的"德信"与"德善"了。"歙歙訿訿"就是朋比为奸、互相诋毁的样子。

行于大道，惟施是畏

名句的诞生

使我¹介²然有知，行于大道，惟施³是畏。

——第五十三章

完全读懂名句

1. 我：有道的执政者。2. 介：微小、有一点。3. 施：是"斜"的古字，就是斜行的意思。

语译：只要让统治者对道有一点点的认识，他就会去实行大道，唯恐害怕走到斜道上。

名句的故事

本章要传达的旨意是，如果知道有大道的存在却不去实践，等于就是不知道；知道了，还要能去做，才是真正的知道呀！这

句话其实也是明朝王阳明所提倡的"知行合一"，当人具备智慧时就应该要去行动，这才是真知。

老子接续本句说："大道甚夷，民甚好径。朝甚除，田甚芜，仓甚虚；服文采，带利剑，厌饮食，财货有余；是谓盗夸，非道也哉！"这里的"民"也是比喻统治者。老子的意思是，大道本身是非常平坦的，但是君王还是舍弃它，选择了旁门歪道。因为统治者本身也没有选择正道，导致朝廷的吏治非常败坏，田里的耕种也荒芜了，粮仓也非常地空虚；君王开始喜欢艳丽的服饰，佩戴锋利的宝剑，饱足的饮食，有多余可堆积的财富；这些都是用不正当的手段取得的，就是所谓的强行夺来，不是正道呀！

这其实是老子痛骂当时社会风气的败坏，君王本身就是强盗，运用手中的权力到处挥霍，百姓的生活反而未尽心去照顾。所以老子说，只要让统治者有一点点认识大道的道理，他们就有努力实践的机会，这就是他在春秋时代面对乱世的期待呀！

历久弥新说名句

岑朗天先生的新书《行者之错步》，该书的副标题是："误解老子·悟解老子"，这是一个非常有趣的注脚，不论是"误"还是"悟"，都给古今中外的《老子》读者有莫大的游离空间。特别是作者本人在诠释的过程中，也没有呈现绝对的主导力量，充分发挥老子大道的"适用性"。岑先生自己说："当我们拿着《老子》五千言，并不是回到他那曾经实实在在的一次，我们没有时空穿梭的能力。那只是一次示范，就在进入这示范的过程中，我们也可当上行者，'介然有知'，自行上路，让真实跟我们相遇。"意思是说，任何人只要对老子的道理有那么一点点理解、认识，就可以展开实践的旅程，在真实的生活中体会老子的大道。

申荷永先生在其新书《心理分析：理解与体验》中，将"心理分析"放在中国文化心理学的层面，重新赋予其内涵，跟西方心理学界站在弗洛依德或是荣格的心理学理论基础上，是很不一样的。作者认为，写这本书的历程对他而言是一种学习，因为他从自己多年研究弗洛依德、荣格的架构中，蜕变出属于东方思考的心理分析方式。申先生在该书的引论中说，他是抱着"使我介然有知，行于大道，惟施是畏"的精神，心存敬畏地将理论与实际经验结合一起。申荷永是中国大陆取得荣格心理分析师资格的第一位，他站在西方与东方的交会点上，还是抱着"介然有知"、"惟施是畏"的精神，这点非常值得莘莘学子的学习。

"行于大道，惟施是畏"用通俗的方法来理解，就是做人做事要行于正途、正道，不要心存投机、取巧，社会风气自然就能端正，我们的子子孙孙也才有良好的生活环境。

无为而治——领导管理的智慧

我无为而民自化，我好静而民自正，
我无事而民自富，我无欲而民自朴

名句的诞生

以正治国，以奇[1]用兵，以无事取天下。吾何以知其然哉？以此：天下多忌讳，而民弥贫；人多利器，而国家滋[2]昏；人多伎巧，奇物滋起；法令滋彰，盗贼多有。故圣人云："我无为而民自化，我好静而民自正，我无事而民自富，我无欲而民自朴。"

——第五十七章

完全读懂名句

1. 奇：这里的奇，和诡诈邪怪的意思不同，而有"不同于平常"的意思。老子以用兵为不祥，为"不得已"而用的，故崇尚"恬淡"，又如此和一般观念不同，故称之为"奇"。2. 滋：更加。

语译：以清静之道治国，以奇巧的方法用兵，以不扰动人民的方式来治理天下。我如何知道应该如此？是因以下的事实：天下的顾忌禁令一多，人民反而愈贫穷；政府的权谋太多，互相勾心斗角，国家反而愈昏乱；人民的技巧机心太多，邪恶的事便接连发生；刑罚政令愈烦琐复杂，偷盗窃贼反而大为增加。所以圣人说："我自然无为，人民便自然化育；我喜欢安静，人民便能自然纯正；我不制造事端，人民便能自得富足；我无所贪求，人民便能自归素朴。"

🌀名句的故事

在那混乱的时代里，老子眼见许多诸侯国国君因"尚贤"、"贵难得之货"、"见可欲"（《第三章》），而大有作为、固执所有，于是他不同于儒家服行者般大声疾呼地推广仁义观念，反从反向思考，主张"无为而治"，说明"天下神器，不可为也，不可执也，为者败之，执者失之"（《第二十九章》），落实而言便是"绝圣弃智"、"绝仁弃义"、"绝巧弃利"、"少私寡欲"（《第十九章》）。但主张看似相反的两者，其实并不相冲突。因为道体不变，规律循环常在，而此道理落在人的身上，儒家主张彰而显之，老子则主张归而返之，如此而已。至于在上位者治理天下，固然也应该循此法则而行。所以此章前半部明示国家种种要素，因刻意有为而引发各种负面结果，后半部终于得出名句所言之结论，老子一贯的政治思想在此又得到更为详尽全面的解释。

这是老子的理想。紊乱的世代容易干扰人们的思维，左右人们的视听，燃烧人们的欲念。常常是在尚称承平之时，才有汉初

文景之治主张减田税、废肉刑，与民休息的措施。初唐谏臣魏征在《谏太宗十思疏》最后也说，若唐太宗能做到他提出的"十思"，便能"鸣琴垂拱，不言而化"，无所为而天下治。而以上两者最终的成功，正为名句极佳的例证。

历久弥新说名句

战国时代，孟子眼见天下危难当前，于是效法孔子游历各国，以流利的口才和贴切的譬喻宣扬仁政的思想、王道的主张。在《孟子》一书中，孟子与梁惠王和齐宣王之间的谈话记录最为丰富详细，由此亦可见得孟子政治思想的实践要项。

一次，齐宣王再度接见孟子，请教有关齐桓公、晋文公两位霸主的一些故事。孟子于是巧妙地将话题引到"王道"的理念上来，并强调若是能"保护人民而称王"，便无人能敌。之后孟子举了一些例子，循循善诱，除说明仁心的推展外，更为加强齐宣王的信心和决心。

于是，齐宣王透露出他最大的欲望：希望能扩大版图，使当时最强大的秦国、楚国来朝见；进而统治全中国，并安抚四方的蛮夷之邦。但孟子随即否定了齐王的作为"以若所为，求若所欲，犹缘木求鱼也"，如此"尽力而为之，后必有灾"。

齐宣王疑惑了。如果不扩大版图，如何有机会统治天下呢？

孟子再度提出"必行仁政"，使天下的臣子们都想到您的朝中；农夫们都想在齐国国土上耕作；商人们都想将货品储藏在齐国的市场里；旅人们都想走在齐国的道路上；人们讨厌他们国君的，都想向您诉苦。更进一步，还要使人民"有恒产"：若使人民无法永久保有产业，对上不够用来事奉父母，对下不够用来养活妻儿；丰年经常受苦，荒年免不了死亡；这么一来，他们恐怕都无法从死亡中拯救自己，哪里还有空闲讲究礼义呢？

最后明示根本办法：使每户农家在五亩大的住宅上种些桑树养蚕，五十岁的老人，就可以穿着丝织品了；饲养鸡、狗、大小猪只，不错过它们的繁殖期，七十岁的老人，平时就可以吃到肉了；每家配给一百亩田，不要用徭役夺取他们耕作的时间，八人组成的家庭，就可以不用挨饿了。孟子最后强调，能做到这样还无法完成王业，那是不可能的。

同样的道理，孟子也曾向梁惠王劝说，更多了"省刑罚，薄税敛"的主张。以上数点，可说是孟子政治理想落实的重点了。

仔细思考孟子的主张：对于人民，不用徭役夺取他们耕作时间，使免于挨饿，正相当于"我无为而民自化"；若要使人民"有恒产"，就不可课重税、滥刑罚、妄兴事端战争，剥夺他们生财置产的心力和时间，正相当于"我无事而民自富"；如此一来，执政者便能培养发展人民无碍于生理需求缺乏而生发的仁义礼智之心（此心在老子来说即是朴心，不需强调仁义，自然而然）。

至于君王若能做到不兴土木不引发战争，原先的欲望必已消失而体会"百姓足，君孰与不足"的道理，这便是"我好静而民自正"、"我无欲而民自朴"了。由此可知儒、道二家政治理念程度上的相似性，名句的意涵也更明白了。

治大国，若烹小鲜

治大国，若烹小鲜¹。以道莅²天下，其鬼不神³；非其鬼不神，其神不伤人；非其神不伤人，圣人亦不伤人。夫两不相伤，故德交归焉⁴。

——第六十章

完全读懂名句

1. 若烹小鲜：好像烧煮小鱼一样，不敢常常翻动，担心鱼肉碎烂。比喻为政清静无为。鲜，鱼。2. 莅：临、来到。3. 神：玄妙、神奇的作用。4. 德交归焉：一说天性禀赋得以保存；另一说指德全归于人民，引申人民生活安宁。

语译：治理大国，好像烧煮小鱼一样。用道来治理天下，鬼起不了作用；不但鬼起不了作用，神也不会伤害人；不但神不会伤害人，圣人也不会伤害人。神与圣人都不会相互伤害，所以天性禀赋得以保存。

名句的故事

东汉《老子河上公章句》对老子"治大国，若烹小鲜"的注解为："烹小鱼不去肠，不去鳞，不敢挠，恐其糜也。治国烦则下乱，治身烦则精散。"意为烹煮小鱼不用挖出鱼肠，不必去除鱼鳞，不敢任意搅动，深怕鱼肉碎烂不堪。国家的法令烦苛，底下必会发生动乱，管理自身烦苛，精神必然散漫。老子从烹煮小鱼的方法，意识到统治者的施政，当以不扰民为最高原则，避免朝令夕改，保障人民生活安定。简而言之，老子力主清静无为、以简驭繁的治国之道。

借烹鱼为喻，以明治国之义并非老子首创，见《诗经·桧风·匪风》最末一章云："谁能亨鱼？溉之釜鬵。谁将西归？怀之好音。"这四句诗的意思是，谁能够烹煮鲜鱼？我就为他把小锅大锅洗净。谁将要回到西方故土？我便赠言为他祝福。桧国诗人目睹西周覆亡，城都镐京惨遭犬戎摧毁，周平王东迁雒邑，诗人渴望国家出现治国能人，其愿意协助此能人重返故都，振兴西周王朝昔往鼎盛气势。诗中"谁能亨鱼"之"亨"为"烹"的本字，读作 pēng，"亨鱼"在此即是用来比喻治国。

一向务实尚法的韩非，其在《韩非子·解老》里畅论治国与"烹鲜"的关联，他并举日常实例说明之。比如工人经常变换工作，做事便会丧失成效；农人经常迁徙，耕作便会失去效果。一

个人的工作，每天浪费半日，十天便会浪费五个人的功效；一万人的工作，每天浪费半日，十天便会浪费五万人的功效。也就是说，经常改变工作的人愈多，其造成的亏损愈大，这个道理等同国家差遣人民做事，却又屡屡更动法令，改变他们的工作，结果必然少有成功。

韩非又说："烹小鲜而数挠之，则贼其泽；治大国而数变法，则民苦之。是以有道之君贵静，不重变法，故曰：'治大国者，若烹小鲜。'"烹煮小鱼又不断搅动，就会伤害鱼肉的光泽；治理大国又不断变更法令，就会制造人民的痛苦。所以有道的君主崇尚清静，不重视改变法令，这便是老子何以说出治理大国与烹煮小鱼是一样的道理。经由韩非此番诠释，不难发现老子崇尚清静的治国之道，已被韩非转化成重视功效的治国之术。

历久弥新说名句

古来"烹鲜"除了烹煮鲜鱼的本意，也可作为治理国家的代称，亦可比喻简易便民的治国之道。如《后汉书·循吏列传》云："政畏张急，理善烹鲜。"施政最怕像绷紧的琴弦，使人民活在严苛酷政之下；治国最好的理念像烹煮小鱼不要任意翻动，使人民感到生活便利，不受政策的干扰。

东晋文士孙绰，字兴公，曾自诩其《游天台山赋》为"掷地作金石声"的铿锵美文，深得当时名流雅士的推崇。历事东晋三朝的丞相王导去世，孙绰撰写《丞相王导碑》，其中两句碑文为：

"存烹鲜之义，殉易简之政。"意在称许王导一生参与政事，竭力奉行老子无为而治之教义。

唐人李白在他三十岁那年，也就是玄宗开元十八年（公元730年）作了一篇《上安州裴长史书》，信里洋洋洒洒细数自己年少到青年的侠义行为，文章颇受时人肯定，以表其雄才智略。李白写信给安州裴长史的目的，一方面是为了澄清外界对他的毁谤；另一方面是借此自白，希望裴长史向朝廷引荐自己。信中提及他无端遭遇"谤詈忽生，众口攒毁"的责骂，因而担心裴长史"投杼下客"，听信不实谣言；又说假使裴长史相信造谣的人，错怪像他这样优秀的人才，他就要"浴兰沐芳，自屏于烹鲜之地，惟君侯死生"，以其高洁之身，殉于裴长史管理所在的安州也无妨，不然就是"投山窜海，转死沟壑"，从此被放逐偏僻荒野，辗转死于山沟亦无怨悔。

收到信后的裴长史，终究没有举荐李白，但李白也没有因谤言之故，生命受到威胁或遭致流放处分，当年夏天便离开安州，来到长安附近的终南山。可以确定的是，李白早年的言行肯定得罪不少人，他曾多次上书给不同官员推举自己，最后都是石沉大海。信中以"烹鲜之地"比喻裴长史管辖所在，语带对裴长史政治才能的溢美。

欲不欲，不贵难得之货；

学不学，复众人之所过

名句的诞生

是以圣人欲不欲[1]，不贵难得之货[2]；学不学[3]，复众人之所过[4]。以辅万物之自然而不敢为。

——第六十四章

完全读懂名句

1. 不欲：没有欲望。欲，指贪图声色利欲。2. 难得之货：指珍贵的物品。3. 不学：不去学习。学，指学习政教礼法。4. 复众人之所过：帮助众人改过而向道；挽救众人离道失真的过失。

语译：所以圣人的欲望就是没有欲望，不重视珍贵的物品；圣人要学习的就是什么都不学习，挽救众人所犯的错。以此辅助万物的自然发展，不敢有所作为。

◈ 名句的故事 ◈

老子所谓"欲不欲"和"学不学"两语，意在阐释"无欲"与"无智"正是圣人企望的目标；换言之，没有掺杂人为的干涉与巧饰，回复淳朴的本性，才是天下万物本然原始的状态。

"不贵难得之货"的观念，早见于《书经·周书·旅獒》西周之初史官的记载。周武王消灭商朝，平定天下之后，西方有个叫旅的蛮夷国，进贡了数只中原难得一见的獒犬，担任太保的召公奭忧心武王从此玩物丧志，故劝其不可纵情于外物。当时史官便把召公奭的谏言记录下来，其言："玩人丧德，玩物丧志。志以道宁，言以道接。不作无益害有益，功乃成；不贵异物贱用物，民乃足。"戏弄人就是丧德，戏弄物就是丧志。意志要依道来安定，言论要依道来承接。不做无益的事来妨害有益的事，做事就能成功；不重视珍奇宝物来轻贱能用的物品，百姓的用品就能充足。召公奭讲这番话的用意，是希望武王不要看重稀珍异宝，而要重视百姓的实际需求，凡事谨言慎行，勤道修德，才能长保周朝世代为王。

《庄子·天地》中云："古之畜天下者，无欲而天下足，无为而万物化，渊静而百姓定。"古时候养育天下的人，没有欲望而天下自己满足，没有作为而万物自己化生，沉默寂静而百姓自己安定。可知远古时期的君主治理天下，其要做的就是无欲无求，无所作为，只须依循天理而行，便可让天下百姓得到安宁富足的生活。

❧ 历久弥新说名句 ❧

韩非在《韩非子·喻老》各举了一则故事，分别说明"欲不欲，不贵难得之货"以及"学不学，复众人之所过"之义。先是描述春秋宋国贤大夫子罕收到乡下人献上的一块璞玉，子罕不肯接受，乡下人就说："这是宝物，应是属于君子的器物，不适合小老百姓使用。"子罕不以为然地回答："你把璞玉当作宝物，我却把不接受你的璞玉当作宝物。"韩非便以乡下人"欲玉"而子罕"不欲玉"，来解释老子"欲不欲，不贵难得之货"；后人则将子罕以不贪恋宝物为宝的事迹，称作"子罕辞宝"，彰显其辞拒宝物的端正操守。

韩非又写有个叫作王寿的人，背着书袋到周地拜访一个名叫徐冯的人。徐冯见到王寿便说："书籍是人们的言论，言论是由智慧产生的，有智慧的人不需要藏书。现在你为什么要背着书袋出门呢？"王寿顿时领悟，把书全部烧毁，并且还开心地手舞足蹈起来。韩非借由此事，印证明智的人不拿言谈来教导人，聪慧的人不用藏书作为学习；但这些都是众人认为不对的事，因为众人相信学习才是对的，不学习是错误的。所以老子才说"学不学，复众人之所过"，唯有圣人的"不学"之教，能够帮助众人放下学习，回到自己最朴实的本源。

三国魏文帝曹丕，在其名作《典论论文》中写道："古人贱尺璧而重寸阴，惧乎时之过已。而人多不强力，贫贱则慑于饥寒，富贵则流于逸乐，遂营目前之务，而遗千载之功。"古人轻贱长达一尺的璧玉，而看重一寸的光阴，恐惧时间分秒地过去。而人们大都不太努力，贫贱时害怕饥饿受冻，富贵时则放纵安逸享乐，于是就只经营眼前的事务，放弃用文章建立千载不朽的功业。其中"贱尺璧而重寸阴"意近于"不贵难得之货"，然曹丕所要表达的是，时间才是历来有志于文章之人珍视的宝物，以期在有限的生命里，完成传世千古的著述；至于世人眼中价值不菲的璧玉，不过是他们心目中不屑一顾的卑贱物品。

以智治国，国之贼；不以智治国，国之福

名句的诞生

古之善为道者，非以明民，将以愚¹之。民之难治，以其智²多。故以智治国，国之贼³；不以智治国，国之福。

——第六十五章

完全读懂名句

1. 愚：淳朴。2. 智：智巧诈伪。3. 贼：使坏作乱、引发灾祸的人。

语译：从前善于依循道的人，不是以道来使人民聪明巧诈，而是以道来使人民淳朴。人民所以难以治理，是因为他们智巧太多。因而用智巧来治理国家，是国家的灾祸；不用智巧来治理国家，是国家的福气。

名句的故事

　　老子反对统治者使用人为巧诈来治理国家，主张以自然淳朴的天性来导化人民。一般人认知的聪明、识略的"智"，在老子看来，根本就是遮蔽人性本质的祸源，故其提出"以智治国，国之贼；不以智治国，国之福"，期许上位者依循自然法则而行，扬弃心机巧智，社会风气自会趋向良善朴实。

　　《庄子·胠箧》云："上诚好知（智）而无道，则天下大乱矣。"意指位居上位的人，若是喜欢智巧而不循自然法则，天下就会大乱了！其后又举例说明，好比弓箭、鱼网、兽笼这些利用智巧设置的机关工具太多，导致鸟在天空、鱼在水中、野兽在山泽里受到惊吓；相对地，世俗的表饰虚伪、勾心斗角、强词夺理的伎俩变化太多，百姓也会受到惊吓，以至于内心陷入迷惑，难以分辨事物的真伪。文末言道："故天下每每大乱，罪在于好知。"直指"好知"乃扰乱天下的罪魁祸首，提醒上位者抛弃智巧私欲，才能与自然之道相呼应。

　　另见《庄子·天地》尧帝问其师许由说："可否请您的老师齧缺担任天子呢？"许由回答："这样恐怕会危害天下啊！齧缺的为人聪明睿智，机警敏捷，能以人力去成就自然；但要是让他担任天子的话，他将会凭恃人力而摒弃自然，以自我来区分人我，看重智巧且急于应用，容易被外物所驱使牵绊，无法保持常态，他哪里有资格担任天子呢？"最后许由给了尧帝一段话："治，乱

无为而治——领导管理的智慧

之率也，北面之祸，南面之贼也。"治理是引发动乱的原因，是人臣的灾祸，也是君王的祸害。由此可知，顺应自然法则，不用智巧的治国方式，足使举国上下免于祸事，利国福民，正是老子所谓"不以智治国，国之福"。

历久弥新说名句

战国时期，揉合道家、法家的思想家慎到，其在《慎子·逸文》有言："君明臣直，国之福也。父慈子孝，夫信妻贞，家之福也。故比干忠而不能存殷，申生孝而不能安晋，是皆有忠臣孝子，而国家灭乱者何也？无明君贤父以听之。故孝子不生慈父之家、忠臣不生圣君之下。"大意是说，君主开明，大臣耿直，是国家的福气。父亲仁慈，儿子孝顺，丈夫诚信，妻子贞节，是家庭的福气。如同纣王叔父比干忠心却不能在殷商生存，晋献公太子申生孝顺却不能安定晋国，虽有忠臣孝子，国家为何遭致败乱？原因便是没有开明的君主和仁慈的父亲听其劝告。所以才说孝顺的儿子，不会生于仁慈父亲的家里，忠臣不会出现在圣明君主的朝中。换言之，一个国家若只有忠臣而没有明主，终是无法步入正轨，百姓哪里有福祉可言？

西汉刘向采集春秋至汉初的史实编成《新序》一书。其中《节士》描述春秋晋献公太子申生前往灵台途中，车子的左轮被蛇挡住，侍从见状说道："太子快下车祭拜，我听说国君的儿子就是蛇，这表示你快要得到天下了！"申生于是取消行程，返回家里，他告诉侍从说："如果我现在得到天下，将会危害君主的安全。只顾自己得到天下，而忘记君主的安全，那不是为人子的道理；听到能够得到天下，便下来祭拜妖孽，那不是君主的期望。如今你却要我做出不孝又不忠的事！"说完便要拔剑自尽。

侍从连忙阻止，劝告申生说："祭拜妖孽，祈求祥瑞，是上天的道理；恭敬侍奉君主，是人子的行为。现在你见到祥瑞却不祭拜，就是失礼；自杀身死，使君王受到伤害，就是不孝。"申生仍坚持己见地说："不是这样的！我得到天下，就是君主的妖孽，祭拜君主的妖孽不可以说是礼；见了祥瑞即忘记君主的安全，就是国家的贼，怀着贼乱的心替国家做事，不可以说是孝。"随即自刎而死。

申生身为一国储君，本该明了自己肩负国家前途的重任，而他却把出现继位征兆说成是"见机祥而忘君之安，国之贼也"，最后选择自杀以表对父亲的忠诚与孝行，可以说是历史上"愚孝"的代表。这种"愚"，可不是老子所主张的"愚"哟！

天网恢恢，疏而不失

名句的诞生

天之道[1]，不争而善胜，不言而善应，不召而自来，繟然[2]而善谋。天网[3]恢恢[4]，疏而不失。

——第七十三章

完全读懂名句

1. 天之道：自然的规律。2. 繟然：坦然、宽缓。形容宽松的样子。3. 天网：自然界的范围所形成的网。4. 恢恢：广阔宽大的样子。

语译：自然的规律是，不争夺而善于获胜，不说话而善于回应，不召唤而自动到来，坦然而善于谋筹。自然的范围广阔宽大，疏松却不会有丝毫的漏失。

名句的故事

自老子"天网恢恢，疏而不失"一语始出，上天成了人间善良百姓最大的安抚力量，使人坚信作恶多端、拂逆天理的人，势必受到上天最严厉的惩罚与制裁；上天虽宽大为怀、无为而为，但对待天下万物却是一律平等、绝对无私，没有一物可以遁逃出自然的运作。老子此章欲告诫人们的是，看似沉寂无语、宽宏不争的天，面对任何违背自然规律的事物，可是毫不留情的，其强大的威力，将令作恶者付出惨痛的代价。

据《论语·八佾》一则语录的记载，当孔子周游列国来到卫时，卫国执政大夫王孙贾对孔子说："'与其媚于奥，宁媚于灶'何谓也？"孔子的回答是："不然！获罪于天，无所祷也。"王孙贾故意引用当时两句俗谚，意在暗示孔子，若想在卫国亲顺近臣，还不如阿附拥有政治实力的权臣；讲得更明白一些，王孙贾希望孔子求媚于自己，因为自己才是掌握卫国大权的人。其举俗谚"与其媚于奥，宁媚于灶"的"奥"，原是隐奥、内在的意思，喻指近臣；"灶"原是炊煮食物的器名，喻指执政者。

孔子一听便明白王孙贾的居心，他立即否定王孙贾的问话，并对其提出严重的警告，使王孙贾明了人如果犯下天理难容的过错，得罪了上天，最后将连祷告的置身之地都没有。孔子认为一个人不可做出非分之求的举止，不然造下的恶果，必会遭到上天的谴责，这也正与老子"天网恢恢，疏而不失"的观念不谋而合。

❧ 历久弥新说名句 ❧

"天网"除了含有自然的惩罚、制裁之义，也可用来比喻国法、王法。东汉献帝建安二十一年（公元216年），时年二十五岁的曹植作《与杨德祖书》，此乃其写给好友杨修（字德祖）的一封书信。其中写道："当此之时，人人自谓握灵蛇之珠，家家自谓抱荆山之玉。吾王于是设天网以该之，顿八纮以掩之，今悉集兹国矣。"这段文字的意思是，当时许多人都自认怀有卓越文才，好像手中握有灵蛇的明珠、荆山的璞玉那般稀有珍贵。于是我的父亲魏王曹操为了罗致各地文学之士，颁布国家法令，提振八方天下，如今已将人才全部聚集在一起。曹氏父子向来重视文学，因而成就了文学史上辉煌璀璨的"建安文学"；曹植信中"天网"一词，便是比喻其父曹操所制定的法令（人为法），与老子的本意（自然法）有别。

唐人杜甫在《梦李白·其二》写有两句诗："孰云网恢恢？将老身反累。"谁说天理宽阔广大？到了年老时才受到牵累。李白晚年因加入永王李璘的幕僚，为此不仅身陷囚牢，甚至还被流放至蛮荒瘴疠的夜郎。杜甫得知消息后，终日忧心李白的安危，唯恐李白年迈的身躯受不住一路的折磨，竟然连续三晚梦见李白；醒来后的杜甫，不禁对老子所言"天网恢恢"发出质疑，若天理是如此恢宏，何以让李白这样好的人到老年反而背负罪名？语气充满对好友境遇的不舍与不平。

《红楼梦·第六十九回》描述贾琏的妾尤二姐受尽贾琏正妻王熙凤的欺凌，已病得奄奄一息。睡梦中尤二姐看见自刎死去的妹妹尤三姐，手捧宝剑出现眼前说道："你我生前淫奔不才，使人家丧伦败行，故有此报。你依我将此剑斩了那妒妇，一同归至警幻案下，听其发落。不然，你则白白的丧命，且无人怜惜。"尤二姐哭着回说："妹妹，我一生品行既亏，今日之报既系当然，何必又生杀戮之冤。随我去忍耐。若天见怜，使我好了，岂不两全。"只见尤三姐笑着说："姐姐，你终是个痴人。自古'天网恢恢，疏而不漏'，天道好还。你虽悔过自新，然已将人父子兄弟致于麀聚之乱，天怎容你安生。"待尤二姐从梦中惊醒，心中早有定数，料知自己来日无多，等过些阵子便吞金自尽。

尤二姐、尤三姐是贾琏堂兄贾珍妻尤氏的继妹，两人因模样生得娇俏，惹来贾珍、贾蓉父子的垂涎，父子皆与两姐妹发生关系，梦里尤三姐说的"麀聚"便是父子共同亵弄一名女子之意。日后尤二姐成为贾琏的妾，原想从此洗心革面，重新做人，谁知却遭到王熙凤的百般为难，过着生不如死的日子；故死去的尤三姐引"天网恢恢，疏而不漏"开示尤二姐，以明天理昭彰，善恶到头终有报，绝不是自言改过迁善，便能将先前恶行一笔勾销。

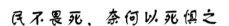

民不畏死，奈何以死惧之

民不畏死，奈何以死惧之？若使民常¹畏死，而为奇²者，吾得执³而杀之，孰敢？

——第七十四章

完全读懂名句

1. 常：定则、不变的法则。2. 奇：诡变莫测的奸邪行为。王弼曰："诡异乱群谓之奇。"3. 执：拘捕。

语译：人民如果不畏惧死亡的话，又怎么能够用死亡迫使他们恐惧呢？如果人民的确害怕死亡的话，那么一旦有作奸犯法的人，我就把他抓来杀掉，这样还有谁敢再做坏事呢？

名句的故事

商纣王贪恋妲己，终日荒淫，不理朝政，太师杜元铣上奏劝谏，纣王却听从妲己的话，下令将杜元铣斩首示众。上大夫梅伯知道了以后，非常生气，立刻跑进内殿质问纣王，纣王说："杜元铣捏造妖言，摇惑军民，律法当诛。"梅伯立刻劝戒纣王："臣听说尧治理天下，应天而顺人。现在陛下半年不曾上朝，朝朝饮宴，夜夜欢娱，不理朝政，不容谏章。须知'君如腹心，臣如手足'，心正则手足正，心不正则手足歪邪。君之视臣如土芥，则臣视君如寇雠。请陛下不要听信女人的话而杀掉国家大臣。"纣王生气地说："梅伯与元铣一党，违法进宫，不分内外，本当与元铣同刑，现在姑且免罪，除去上大夫之职，永远不录用！"梅伯厉声大叫："你这个昏君，听信妲己，失去君臣之义，就算杀了我又有什么可惜的呢？我只是不忍心成汤数百年的基业就要败在你的手上！"纣王大怒："把梅伯拿下去，用金瓜击顶！"妲己说："梅伯身为人臣，在殿中张眉竖目，辱骂国君，实在大逆不道。不过，为了避免日后一再发生同样的事情，请先将梅伯关起来，等妾做好炮烙刑具之后，再处死他吧。"

不久，炮烙铜柱完成，共有二十根，黄澄澄的高二丈，圆八尺，三层火门，下有二滚盘，推动好行。纣王下令将三层火门用炭架起，把一根铜柱火烧得通红，然后剥去梅伯衣服，用铁索将手足围绑在铜柱上，梅伯大叫一声，便气绝身亡，只闻得殿上烙臭难当，不一时化为灰烬。众大臣看了这惨状，无不恐惧，人人有退缩之心，最后商纣王终因众叛亲离而被迫自焚于鹿台。

历久弥新说名句

在《京华烟云》中，当中国一再受到日本侵逼、两国大战几乎一触即发时，作者林语堂借由书中睿智长者姚思安发出警语："我警告你们，我大去之后，会有战争发生，是中国历史上前所未有的。"随侍一旁的女儿，也就是女主角姚木兰便问："爸，您想中国能作战吗？"老先生回答："你的问题问错了。不管中国能不能打，日本会逼着中国打。"他停了一下儿，又慢慢说："你问曼娘。曼娘若说中国非打不可，中国就会赢的。曼娘若说中国千万不要打，中国就会输的。"

这个答案让其他的后辈晚生们觉得十分诧异，因为老先生所说的曼娘是指木兰的丈夫曾荪亚的大嫂，年轻时为了冲喜而嫁给多病的大哥曾平亚，不料大哥仍一病不起，从此曼娘便成了寡妇，这样一辈子守寡的传统妇人，怎么能决定中国是不是可以打胜仗呢？不久，老先生过世了。有一次，木兰听见曼娘在责备自己的养子时激动地说："你干的是什么差事？官儿吗？又不是个官儿。土匪？又不是土匪。赤手空拳去擒虎狼。我恨死那些矮鬼子了。为什么咱们的官员不能带武器？为什么人家可以？若真是两国打仗，要清理好战场，双方摆成阵势，摆好刀枪，那也像个公平的交战哪……"于是木兰便问她："你赞成中国和日本开战吗？"曼娘说："若是像我说的正式打，打仗倒还好。怎么能叫阿瑄（曼娘的养子）赤手空拳去和矮鬼子打呢？"木兰想起她父亲说的话，于是又问她："你相信中国能打败日本吗?"曼娘说："不管中国愿不愿打，中国是不得不打了。"曼娘可说中国要打了! 姚老先生说过，战争是要发生了，是一场你死我活的殊死战。木兰说："曼娘! 你已经向日本宣战了!"曼娘说："我懂什么宣战? 我只知道，咱们不能束手待毙。"

后来，战争开打了，作者描述女主角姚木兰望着成千上万逃难的百姓："她感觉到一个民族，由于一个共同的爱国的热情而结合，由于逃离一个共同的敌人而跋涉万里; 她更感觉到一个民族，其耐心，其力量，其深厚的耐心，其雄伟的力量，就如同万里长城一样，也像万里长城之经历千年万载而不朽。……她看见，所有这些人，都宁愿要战争，不愿身为亡国奴，曼娘就是一个例子。虽然这场战争毁灭了他们的家，杀死了他们的骨肉，使他们一无所有了，只剩下他们的一身行李，只剩下了饭碗，只剩下了筷子，他们不悔恨。"当百姓都不怕死、也要抵挡强权时，还有什么可以迫使他们就范呢?

无以生为，贤于贵生

民之轻死[1]，以其上求生之厚[2]，是以轻死。夫唯无以生为者，是贤[3]于贵生。

——第七十五章

完全读懂名句

1. 轻：轻视、不害怕、不重视。2. 生之厚：生活上的物资优渥。3. 贤：胜过、超过。

语译：人民之所以不害怕死亡，是因为在上位者要求他们提供丰富的生活物资，因此他们宁可轻易去死。只有在上位者不看重生活物资的奉养，才是胜过看重丰富物资的人。

名句的故事

王弼在《老子注》说："民之所以僻，治之所以乱，皆由上不由其下也，民从上也。"僻是邪恶不正的意思。王弼认为，人民之所以邪恶不端正，政治之所以乱象重重，在于统治者只想下达自己的命令，而罔顾在下者百姓的民意，因此百姓也学统治者的恣意妄为，国家当然会乱了。

因此老子在本章开头先提到："民之饥，以其上食税之多，是以饥。民之难治，以其上之有为，是以难治。"人民之所以会挨饿，是因为在上位者要求太多的赋税，导致人民没有钱财、所以饥饿；人民之所以很难被治理，是因为在上位者政令繁琐、强作妄为，所以人民也跟着横行，因此统治者当然很难治理百姓。换句话说，在上位者看重什么、做什么，人民的生活都会随之反映出来，人民的行为也都会跟着仿效。因此老子强调在上位者必须"无以生为"，不重视生活物资的奉养，不要苛税压榨、政令繁琐、事事都管，政治自然可以清明，因为这代表在上位者是有德者，人民的行为也会跟着良善。

这是老子从社会角度来谈"养生"。"养生"包括人身体的保健以及生命的安全护卫，对于老子而言，人民的"养生"是统治者应尽的义务，《庄子·让王》也说这是："帝王之功，圣人之余事也。"养生是帝王的功课，是圣人行有余力该推动的事情。

历久弥新说名句

宋孝宗是南宋第二位皇帝，有次与大臣讨论汉武帝在承接过去的富庶后，不仅仅在打仗方面的开销甚多，其他部分还是有虚耗国币的现象，于是宋孝宗评论："不独武帝为然，自古人君当艰难之运，未有不节俭；当承平之后，未有不奢侈。朕佗无所为，止得节俭。"意即不是只有汉武帝这样，自古以来君王遇到国家艰困之时，没有不节制花费的，一旦太平盛世来到，没有不奢华浪费的；宋孝宗接着说，他没有什么能做的，只有节俭而已。大臣又谈到茶盐法令问题时，宋孝宗则说："祖宗茶法已尽善，诚不必更变。"（《续资治通鉴》）意思是说，之前留下的茶法令已经很完备，不必再变更了。宋孝宗的举止就是"无以生为，贤于贵生"的写照，因此也造就史上留名的"乾淳之治"，一改过去宋高宗时期贪污腐败的局面。

清朝的道光皇帝也奉行"无以生为，贤于贵生"，但运气却不像宋孝宗可以开创一个小康的局面，反而让清朝更加速走入衰败的历程。

清朝人士何刚德所著的笔记小说《春明梦录》中记载，道光皇帝非常崇尚节俭，平常是穿湖绸做的裤子，即使膝盖处的地方破了个洞，也不肯扔掉裤子，反而是命令内务府去缝补一下。没想到内务府居然花了三千两银子来补两个破洞，这比买一条新裤子还要贵多了。道光便非常严厉地责问为什么。内务府回答说："皇上您穿的裤子是有花系的湖绸布做的，我们剪了几百匹湖绸才找到相配的图案呀。"

道光年间，发生了史上著名的"鸦片战争"，道光皇帝接收的是一个财政困难的国家。当时诸多大臣、官宦人家为了取悦龙颜，都学道光皇帝补衣服穿，这反而让有补洞的衣服比一般衣服的价格更加昂贵。道光的节俭没有让国家富强起来，反而出现一堆阿谀献媚的官员，风俗也更加败坏。当然，这是道光皇帝节俭不得其法，并不是老子的言论不对。

守柔日强

——圆融处事的智慧

多言数穷，不如守中

天地之间，其犹橐钥[1]乎！虚而不屈[2]，动而愈出。多言数穷[3]，不如守中[4]。

——第五章

完全读懂名句

1. 橐钥：冶铸时用以鼓风吹火的器具，相当于现今的风箱。外椟为橐，内管为钥。2. 不屈：不尽、不穷。3. 多言数穷：意谓政令烦苛，则加速败亡。4. 中：即冲，空虚，通"盅"。《说文解字·皿部》："盅，器虚也。从皿，中声。"《说文解字·水部·冲》段注："凡用'冲'、'虚'字者，皆'盅'之假借。"

语译：天地之间，就好像一具风箱啊！廓然空虚却能包容万物，化育万物而生生不息。与其政令烦苛，加速败亡，还不如抱守清虚，无为而治。

守柔日强——圆融处事的智慧

103

名句的故事

远古时代，传说南海的帝王名叫儵、北海的帝王名叫忽、中央的帝王名叫浑沌，儵和忽常相会在浑沌的国土上，因为浑沌对他们很好，儵和忽想要报答浑沌，便商议着："人都有七窍，可以用来看、听、吃、呼吸，只有浑沌没有，我们来帮他凿开吧！"于是，一天凿开一窍，到了第七天，七窍都凿好了，而浑沌却死了。

春秋末年，卫国人子贡有一次从南方的楚国准备回到晋国的路上，经过汉水时，看见一位老先生抱着瓮沿着隧道走到井边打水，然后再回到菜园灌溉种菜。子贡见老先生花了很大的力气却得到很少的成效，于是便对老先生说："有一种抽水的机器，一天可以灌溉百亩菜园，只要花很少的力气便可以得到很大的功效，您为什么不用呢？"正在灌溉的老先生于是抬起头看子贡，然后问："那是什么样的机器呢？"子贡回答："那是用木头做成的机器，后重前轻，提水就像抽水，水很快地就送出来了，这种机器称作槔。"老先生听了生气地变了脸色，却笑笑地说："我听我的老师说，使用机械的人一定会用机械的方法去处理事情，用机械的方法去处理事情的人一定会有机谋巧变的心思。一旦胸中有了机谋巧变的心思，就会破坏原本纯白的天性；破坏了原本纯白的天性，就会心神不定；心神不定的人，离天机就远了。我并不是不知道用机械，而是认为这样做是羞耻的事而不肯去做呀！"

子贡听了很惭愧，便低头不语。

自然一旦经过人为的破坏，便无法回复原本的面貌；而修身、治世也是如此，太多的施为或改变，只会加速败亡，还不如抱守清虚，顺应自然。

历久弥新说名句

春秋时期，有一次孔子要到齐国去，经过泰山时，看见一位妇人在坟墓前哭得很伤心，便派学生子路前去询问。子路问："请问你为什么哭得这么伤心呢？"妇人回答："以前我的公公被老虎吃了，后来我的丈夫也被老虎吃了，而现在我的儿子又被老虎吃了。"子路又问："那你们为什么不搬走呢？"妇人回答："因为只有这里没有烦苛的政令。"孔子知道后便说："你们要记住，苛刻的暴政，比老虎还要凶猛可怕啊！"

春秋时期，将闾葂对季彻说："鲁国国君向我请教治国之道，请您听听看，我说的对不对？我对他说：'为政首先恭敬节俭，然后拔擢公正忠诚的人而不偏袒徇私，就可以国泰民安了。'"季彻听了哈哈大笑地说："像您这么说，帝王的道德，就像愤怒的螳螂用胳膊去抵挡车轮一样，鲁国国君一定不能胜任的。而且这样无异让自己处在高危的地方，因为百姓看到鲁国国君以恭俭忠诚作为用人的标准，那么去投靠求晋升的人就会变多了。"将闾葂听了吓得一身冷汗问："我对您所说的话还不能够彻底了解，虽然如此，还希望您大概开导一下。"季彻回答："圣人治理天

下，不会拘束民心，而能使百姓接受教化改变风俗，不但没有害人的心且能随顺各人的意志，像本性般地自然而为，可是百姓却还不知道为什么会这样。"原来圣人的用心是无所用心，与其再多的政令教化，还不如顺任自然而为，反而能够使百姓安心而天下太平。

上善若水。水善利万物而不争，处众人之所恶，故几于道

上善[1] 若水。水善利万物而不争，处众人之所恶，故几[2] 于道。居善地，心善渊[3]，与[4] 善仁，言善信，政善治，事善能，动善时。夫唯不争，故无尤[5]。

——第八章

完全读懂名句

1. 上善：至善，最高等的善。2. 几：近。3. 渊：深静。4. 与：和人交往。5. 尤：过失、怨尤。

语译：最上乘的善就好比是水。水善于滋润万物却不与之相争，自愿处于众人都厌恶的卑下之地，所以最接近于"道"的境界。上善者居住善于适应环境，胸怀深沉善于包容，与人交往友爱热情，说话严守信用，为政治国有条有理，处事能够发挥所

守柔日强——圆融处事的智慧

107

长，行动积极把握时机。正因为有不争的美德，因而没有过失，亦不会招来怨尤。

名句的故事

　　水因为没有固定的形状，因此装在什么容器中，就显现何等状态，这就是善于适应环境。而江河不捐细流，湖海能纳百川，愈深沉则愈平静无浪，波澜不兴，显现了水的雍容大度，包含深广。不同的水交汇，两水很快就交融在一起，分不清你我，也就是水善于与人相处的象征。水缓缓而流，循循善诱，象征着人的言语要信实可靠，才能够导人为善。水有了河道，便循序而下，井然有条，如同处理政事要条理分明一样。水可以用来洗涤污秽，也可以用来切割坚石，端看需要而产生作用，正是善于发挥所长的表现。而一有孔窍，水便趁隙而入，立刻涌出，正是它毫不犹豫、积极把握时机的表现。水因为有着这样多的特质，因而在本章中，老子以水的各种特性作为比喻，来说明最上乘的善人应该具备什么样的人格状态。

　　北宋的思想家王安石在他自己解释《老子》一书的《老子注》中，也阐述了此章的含意，他说解道："水之性善利万物，万物因水而生。然水之性至柔至弱，故曰不争。众人好高而恶卑，而水处众人之所恶也。"所有伟大的文明，都沿着水边产生，水，着实是人类文明的摇篮。然而"人往高处爬，水往低处流"，唯有水甘心处在低下、众人不愿前往之地；水的流逝不舍昼夜，水的流行万古长存，水的传播无远弗届，这都是依循着自然的道理，莫怪乎老子说它几近于"道"。

🌀 历久弥新说名句 🌀

在《论语》中，孔子看见滔滔而流的水，于是兴起光阴流逝之感，他说："逝者如斯夫，不舍昼夜。"除了孔子之外，中国古代的几位哲学家，也喜欢用水来比喻人性，如告子说："性犹湍水也，决之东方则东流，决之西方则西流。"你将它引导往东方，它就朝东方流；引往西方，就朝西方流，因此告子用以比喻人性无善与不善之分。然而孟子也以水做比喻，而提出不同的意见，他说："水性无分于东西，无分于上下乎？人性之善也，犹水之就下也，人无有不善，水无有不下。"水没有不往低处流的，就像是人性没有不善的，水性就下，就像人性本善一样。

唐代的名臣魏征是辅佐唐太宗李世民的重要功臣，他最为人称道的，就是勇于向太宗直言进谏。他们君臣两人的对话，在《贞观政要》中有所记载，如："臣又闻古语云：'君，舟也；人，水也。水能载舟，亦能覆舟。'陛下以为可畏，诚如圣旨。"一次，魏征与太宗谈论治国之道，太宗问他："隋朝之所以灭亡的原因为何？"魏征回答："乃因为失去了民心。"太宗又问："那么皇帝与人民间应当是什么样的关系？"魏征回答："皇帝就好比是一艘雕饰华丽的大船，而人民就是那汪洋大海；大船唯有在水中才能够顺利前行。但水能载舟，亦能覆舟。太上皇李渊起义推翻

了隋朝，正说明了这一点。"魏征的劝谏，乃是以水为喻，提醒君王时时刻刻记住以民为重的道理。

诗圣杜甫的《佳人》诗说："在山泉水清，出山泉水浊。"水容易被混浊的环境所污染。然而在《孟子》及《楚辞》中都记载的《孺子歌》："沧浪之水清兮，可以濯我缨；沧浪之水浊兮，可以濯我足。"则是劝勉人，世道的清澈污浊不能控制，然而要濯缨或者濯足则尽其在我。

持而盈之，不如其已

名句的诞生

持而盈¹之，不如其已²；揣³而锐之，不可长保。

——第九章

完全读懂名句

1. 盈：满、过多。2. 已：停止。3. 揣：捶打、锻击。

语译：持守满盈，不如适时停止；锻击锐利来显露锋芒，不可能长久保持。

名句的故事

古代圣贤深谙"盈满之咎"、"物极必反"的道理，在《易经·谦卦》之《象传》有云："天道亏盈而益谦。"意指自然的法则，总是减损满盈者以增益谦卑者。又《易经·丰卦》之《象

守柔日强——圆融处事的智慧

传》中写道："日中则昃，月盈则食。天地盈虚，与时消息，而况于人乎？况于鬼神乎？"太阳到了中午就会开始倾斜，月亮到了满盈便开始亏蚀。天地的满盈与虚缺，是随着时势的自然消长，人或鬼神不也是这样吗？人们如果能够体察"日中则昃，月盈则食"乃天地运行之理，就应当顺应时势，知所进退。同样地，老子在此所说的"持而盈之，不如其已；揣而锐之，不可长保"，也是要警惕那些汲营名利与权势巅峰的人，若一直处在自满与锋利的情势，将招致倾覆与折断的下场。

历久弥新说名句

《孝经》相传为曾子弟子所记，其中《诸侯章》写道："在上不骄，高而不危；制节谨度，满而不溢。高而不危，所以长守贵也；满而不溢，所以长守富也。"由于诸侯位高权重，稍一不慎，便会发生危险，所以行事必须更加谨慎，遵守法度，俾能长保富贵。《孝经·诸侯章》虽然论及持盈容易导致祸害降临，但全章意旨主在强调，上位者如何保持盈满而不倾圮，与老子视"盈"为大忌，主张收敛锋芒，适时急流勇退，两者境界仍有别异。

东汉末年的政治人物，也是文学的爱好者曹操，其在乐府《善哉行·其三》中有云："持满如不盈。"意为端持盛满的水而不使其外溢。曹操借水满不盈为喻，告诫自己居高思危，不可骄矜意满，才能保住既有的成就，此与成语"持满戒盈"、"持盈守成"之义相近。而曹操一生不敢篡位，倒也符合了他的人生哲学。

曲则全，枉则直，洼则盈，
敝则新，少则得，多则惑

曲则全，枉则直，洼则盈，敝则新[1]，少则得，多则惑[2]。是以圣人抱一[3]为天下式[4]。不自见[5]，故明；不自是[6]，故彰；不自伐[7]，故有功；不自矜[8]，故长[9]。古之所谓曲则全者[10]，岂虚言哉！诚全而归之[11]。

——第二十二章

完全读懂名句

1. 曲则全，枉则直，洼则盈，敝则新："曲"、"枉"、"洼"、"敝"，都是属于柔弱退让的一面；"全"、"直"、"盈"、"新"，都是属于刚强前进的一面。这四句说明了"手段"与"目的"的问题，"全"、"直"、"盈"、"新"为所欲达到的目的，"曲"、"枉"、"洼"、"敝"为所欲采取的手段。老子发现欲达到某种

守柔日强——圆融处事的智慧

113

"目的"，往往必须采取相反的"手段"（间接、迂回的方式），所以才会说："反者道之动。" 2. 少则得，多则惑：王弼曰："多则远其真，故曰惑也。少则得其本，故曰得也。""少"就"量"而言是指不多，就"质"而言是指俭朴。老子认为多知多行，则心必纷惑；少知少行，则心得其静，就像老子十二章所言："五色令人目盲，五音令人耳盲，五味令人口爽。"多反而带来迷惑。3. 抱一：一，比喻为"道"。"一"为数之始，"道"为物之根本，所以将一比喻为道。抱一，就是指守道。4. 式：法则。5. 自见：见，与"现"同，"自见"即自我表现。6. 自是：自以为是。7. 自伐：自夸其功。8. 自矜：自恃其能。9. 长：长久。10. 古之所谓曲则全者：古人所说"曲则全、枉则直"等等数语。11. 诚全而归之：诚，实在。全，保持。归，归向。"之"指"曲则全，枉则直，洼则盈，敝则新，少则得，多则惑"等道理。

语译：委屈反而可以保全，弯曲反而可以伸直，低下反而可以得意，破旧反而可以生新，少了反而可以得到，多了反而弄得迷惑。所以圣人紧守着"道"作为天下的法则。不自我表现，反而显明；不自以为是，反而才能显扬；不自我夸耀，反而功劳显见；不自恃自负，反而能够长久。正因为不与人争，所以天下没有人可以和他相争。古人所说的"曲则全"这些话，难道是空话？实在应该保守着这些道理，并且要顺应它自然而为呢！

⚛ 名句的故事 ⚛

我们都看过大海，浩淼无边，广大壮阔！要形成大海首要条件必须是低洼，而且不是普通的低洼。下过雨后地面的小水洼，天一放晴就干了，而大海深不见底，才能容纳千江万河、才能壮阔无比。因此老子说"洼则盈"，谦逊宽阔的心胸才有机会纳入大山大水，让自我更为壮大啊！

而想成大事，身段必须柔软，春秋时期的勾践就是一个很好的例子。吴越两国多年交战，吴王阖闾在一次战败后伤重病亡，儿子夫差铭记在心，努力三年后终于为父报仇，一举打败越国，还将越王勾践俘虏回国。

成为吴国俘虏的勾践忍辱偷生，为了表达自己的不二之心，甚至于有次夫差生病了，为夫差尝粪便味道，博取夫差的信任，终于得到回国的机会。勾践回国后，无时无刻不忘复仇雪耻，夜夜睡于柴草上，并悬挂苦胆，吃饭睡觉前都先尝一尝，警惕自己大仇未报，最后终于打败吴国，夫差自杀身亡。

倘若勾践未委屈求全，忍辱负重，怎可能成就后来的大事？

⚛ 历久弥新说名句 ⚛

汉高祖刘邦手下有两个很重要的人物，武将韩信和谋臣张良，两人都是开国大功臣，但是最后的命运却大不相同。

西汉立国后，韩信自以为功高，依旧锋芒毕露。有次刘邦和韩信谈带兵之道，刘邦问："你觉得我这样的人可以带多少兵呢？"韩信说："陛下带兵不过十万人。"刘邦反问："你呢？"韩信回答："多多益善，愈多愈好！"刘邦脸色微变，韩信发现自己失言，赶紧奉承说刘邦虽然不善于带兵，但是善于领将，所以自己成为刘邦麾下。但韩信终究因功高震主，最后还是被吕后杀了。张良则不一样，他为刘邦效犬马之劳，运策于帷幄之中，决胜于千里之外。他为刘邦免除不少危难，并立下千秋功业。当刘邦分封功臣时，刘邦有意给他三万户封地，但张良婉辞，只要下邳一地，从此不过问世事，修行道术，生活清淡，得以善终。

韩信感慨"兔死狗烹"、"鸟尽弓藏"，最后沦落悲剧下场。但是兔死是否一定狗烹？鸟尽是否一定弓藏？历史上尚未必成定数，然而他若能懂得"曲则全"、"枉则直"的老子之道，定将求得自我保全！

飘风不终朝，骤雨不终日

名句的诞生

希言¹自然。故飘风²不终朝，骤雨³不终日。孰为此者？天地。天地尚不能久，而况于人乎？

——第二十三章

完全读懂名句

1. 希言：珍惜语言，少说话。2. 飘风：暴风、疾风、狂风。3. 骤雨：暴雨。

语译：大道无言，少说话才合乎自然本性。狂风刮不了一个早晨，暴雨也下不了一整日。是谁决定要下雨刮风呢？是天地。天地造成的暴风急雨尚且不能维持长久，何况人呢？

名句的故事

"骤雨不终日"，就气象学上而言是有道理的。从云和下雨的

长久与暂时性关系来说，"骤雨"来得快去得快，突然下雨但也会突然雨停，它主要发生在对流性不稳定的大气中，常出现在积云、积雨云、卷积云等积状云层中。积云像大朵花椰菜，除非云团开始累积，大致都是好天气；卷积云如果云层逐渐降低并且增厚，将转为坏天气；会产生大雨甚至于豪雨的是积雨云。但是积雨云降雨都不会下太久，所以才会有"骤雨不终日"的现象。

任何的狂风暴雨都不会持久，然而狂风暴雨的可怕，是因为它的狂与暴；但狂风暴雨之所以不足惧，也正因为它的狂与暴。凡是狂暴的事物都处在它自身的颠峰状态，一旦处于高峰，接下来即是下落，《易经·乾卦·上九·象》说："亢龙有悔，盈不可久也。"说的就是这个道理！

从心理方面来看，狂暴者也不能持久，当一个人只剩下咆哮一途时，很可能是他束手无策、恼羞成怒了。希腊智者柏拉图是出了名的惧内，这位最伟大的哲学家有一位最不讲理、动辄河东狮吼的老婆。一日柏拉图正与弟子谈论高深的学术，突然他的老婆跑来，神威发作，对着柏拉图指指点点，弟子们吓得大气不敢出，而柏拉图倒是耐心听着老婆的教训，嘴角还挂有一丝微笑。老婆骂够了，又一阵风似地离去了。弟子同情地问柏拉图为何不怕这阵怒骂？柏拉图智慧地说："这就是我常说的狂风暴雨不会长久。"所以他能在这位河东狮吼面前镇定自如。

东西两位大哲学家都如是说，看来我们将更有勇气面对狂风暴雨了！

历久弥新说名句

　　列子也谈"飘风不终朝，骤雨不终日"。话说赵襄子派新稚穆子带兵攻打翟城，一举得胜，一口气攻下左人与中人两大城。赵襄子得到消息后，不但不高兴，反而面带忧虑。左右大臣感到不解，询问襄子："一天之内攻下两城应该是一件大喜事，为什么君王反而感到忧愁呢？"

　　襄子回答："江河有大潮，最久不超过三天；飘风大雨，最久也不超过一天；一日之中，太阳在最顶端，也只不过是须臾片刻。而今日我尚未累积德行，却一举攻下两城，这不就是代表我即将走向衰亡了吗？"

　　孔子知道这件事后，说："赵国有这样的国君，国势一定会强盛的！懂得为此感到忧虑的，国家将会昌盛；如果一心为胜利感到喜悦的，国家反而会败亡。"

　　列子听到了也说："战胜不是件难事，但是能够持守者，反而困难。贤明的国王以持守为胜，将福泽传及后世。"

　　列子深深以为人不可能永远处于高峰。有一回狐丘丈人告诉孙叔敖说："你知道一个人容易招来怨怒的三大原因吗？"孙叔敖摇摇头，请教狐丘丈人，狐丘丈人语重心长地回答："这三个原因分别是爵高、官大、禄厚啊！'爵高'将令人嫉妒，'官大'则容易招君主怨恨，'禄厚'者则使人不愿接近他。"

　　孙叔敖深以为诫："我知道了，当我的爵位愈高，我将对人

愈卑下；我的官愈做愈大，心志则愈微小；我的俸禄愈优厚，愈能施惠助人，这么一来应该就可以去除这三个易招来的怨怒吧？"

后来孙叔敖病重快死了，他告诫儿子说："我死后，皇上一定会把最为丰厚的土地封赐给你，你一定不能接受，除非是楚越之间贫瘠的寝丘才可接受。"他的儿子谨记父亲遗言。

孙叔敖死后，楚王果然要把丰饶的土地封给他儿子，他儿子拒绝了，只肯接受在寝丘一处的贫瘠之地，后来他的后代一直保有寝丘。

对于这件事，列子说："'飘风不终朝，骤雨不终日。'盛大得意的事不会太长久，唯有没有人争的，才能长久保有。"

企者不立，跨者不行

企[1] 者不立，跨[2] 者不行。自见[3] 者不明，自是[4] 者不彰；自伐[5] 者无功，自夸者不长[6]。

——第二十四章

完全读懂名句

1. 企：踮起脚跟。2. 跨：张大步伐。3. 自见：自求表现。见，通"现"，表现。4. 自是：自以为是。5. 自伐：自我骄傲。6. 长：长久。

语译：踮起脚跟，反而会站不稳；过度张大步伐，反而无法走路。自求表现的，反而不够显明；自以为是的，反而不能清楚；自我骄傲的，反而没有功劳；自我夸耀的，反而不能长久。

守柔日强——圆融处事的智慧

121

名句的故事

善于长跑的人都知道，一开始起跑时就全力冲刺的人，往往无法获得最后的胜利，甚至可能因为体力预先透支而无法抵达终点，只有妥当地调配步伐，才是获胜的秘诀。有一回，孔子的学生子夏因为要到鲁国莒地为官，所以特地向孔子请教执政的道理，孔子告诉他："不要求快，不要贪求小利。求快反而达不到目的，贪求小利就做不成大事。"这是"欲速则不达"这个成语的由来。

民间也有一些和"欲速则不达"意思相近的成语，如"食紧弄破碗"、"心急吃不了热稀饭"等。饭吃得太急，容易摔破碗，热粥吃得太急，也往往会烫伤嘴巴。民间有个故事：有个人想要为女儿找个做事最可靠的理想对象，于是端来两碗热腾腾的粥给上门求婚的两个年轻人，告诉他们："谁能最快把粥吃完，谁就是我的理想女婿。"第一个年轻人一听这话，立刻拿起碗来吞了一大口热粥，结果舌头被烫伤，反而连粥都吃不完。第二个年轻人见到冒着热气的粥，心知不能太过急躁，于是拿起汤匙，舀起最上一层较凉的粥，送入口中，接着第二层、第三层……就这么不慌不忙地吃完了一碗热粥，赢得了美娇娘。

北宋时的王安石为了达到国家富强的目的，于是推行了一连串的变法革新活动。他的能力及主张虽好，但坏就坏在他太过心急，没能使改革的主张深入人心，也没能培养出一批足以实施新政的人才，以致新法反而成为一帮小人牟利及升官的工具，终于使得变法彻底失败，而宋朝也陷入长期政争的状况。由此可见，孔子所说的"欲速则不达"以及老子所说的："企者不立，跨者不行"，确实蕴涵着极高深的人生智慧。

历久弥新说名句

踮起脚跟时会站不稳，弯起膝盖来则会站不久，因为两者都不符合自然。老子强调不争，但如何不争，却是一门大学问。有一次，列子打算前往齐国，才走了一半就转头回去。在路上遇到了伯昏瞀人。伯昏瞀人问他："为什么走一半就回去了呢？"列子说："我到齐国时，经过十家旅店。十家旅店中有五家店的老板争着送食物给我，他们一定是认为我是个有德行的人才会这么做。连一般旅店的老板都认为我有德行，齐国国君一定也会这么认为，我害怕齐国国君会任用我来管理政事，那么众人就可能会因为嫉妒而来伤害我。"伯昏瞀人说："那么你回去吧！众人一定会来归附你的。"过了一阵子，伯昏瞀人到列子的家中拜访他，看到门口堆满访客的鞋子，伯昏瞀人站了好一会儿，然后不说一句话就走了。家人把这件事告诉列子，列子连忙追出来，问伯昏瞀人："您既然来了，为什么不说话就走了呢？"伯昏瞀人说："我本来就告诉你，众人会来归附你，而你竟然不能让众人不归附你。你既然不能觉悟，我又有什么好说的呢？"

列子之所以不愿到齐国，是害怕众人的嫉妒而逃回家中。而

守柔日强——圆融处事的智慧

他的谦退行为使得众人纷纷前来归附，旁人看见这么多人来归附列子，不也是会嫉妒吗？所以到齐国是"争强"，会招来祸患；不到齐国，却让众人归附，同样也会招来祸患。真要免除祸患，就应该做到真正的不争。《菜根谭》说："惊奇喜异者，无远大之识；苦节独行者，非恒久之操。"真正的不争是顺应自然，在平凡的生活中实践正当的行为，而不是刻意做出与众不同的行为，而刻意的行为是不能持久的。

知其雄，守其雌，为天下溪

名句的诞生

知其雄[1]，守其雌[2]，为天下溪[3]。为天下溪，常德[4]不离[5]，复归于婴儿。

——第二十八章

完全读懂名句

1. 知其雄：知道刚强的道理。2. 守其雌：持守柔弱的道理。3. 溪：山谷，比喻谦下而能容。4. 常德：恒常的德。德，指符合道的表现。5. 离：散失。

语译：知道刚强的道理，而持守柔弱的道理，就能如同山谷一般谦下而能容。如同山谷一般谦下而能容，就能使合于道的常德不会散失，再次归返于婴儿般的自然状态。

名句的故事

赵简子临终时，决定让赵襄子成为继承人，大臣董阏于说："他只是一个卑贱的庶子，为什么要以他为继承人？"赵简子说："他是个能够忍受羞辱的人。"

有一天，赵襄子和智伯一起喝酒，智伯为了一点小事而打了赵襄子一个耳光。他的家臣气得想要动手，但被赵襄子制止，他说："先君选定我当继承人的原因，不就是因为我能够忍受羞辱吗？"

十个月后，智伯联合韩、魏两国共同出兵攻打赵国。赵襄子被三国联军包围在晋阳城中。就在赵襄子几乎已经到了穷途末路的地步时，他派遣使者游说韩、魏两国："智伯势大，灭了赵国以后，就轮到你们两国了。"两国国君觉得很有道理，于是和赵襄子合谋，消灭智伯，并瓜分了他的领土。

当初智伯之所以打赵襄子耳光，其实是故意激他反击，以便找借口杀了他。可是赵襄子能够忍让，所以没有中了智伯的计。后来智伯和韩国、魏国一起攻打赵国时，赵襄子故意对其他两国示弱，使得其他两国愿意与他联合，回过头来攻打智伯。赵襄子看似怯弱，但赵简子之所以立他为继承人，智伯之所以找不到借口杀了他，甚至他能消灭强大的智伯，全都是因为他的"柔弱"，所以老子说："知其雄，守其雌。"

历久弥新说名句

老子讲求"柔弱"，但他所讲的"柔弱"是能够胜过"刚强"的"柔弱"，而不是一味的"怯懦"。

五代时，南唐后主李煜畏惧宋太祖赵匡胤势大，派使者向赵匡胤表达愿为属国的意愿，后来还主动去掉国号"唐"，自称"江南国主"。

开始时，赵匡胤因为尚未平定天下，也就放着南唐不予理会。南唐的大臣如潘佑、李平等劝李煜积极备战，但他不爱听这样的话，反而下令囚禁两人，不久他们就死在狱中。

当赵匡胤消灭了大部分的敌国，就开始回过头来对付南唐。他先要求李煜到宋朝国都汴京见他，但李煜不敢成行，只好派弟弟李从善过去。赵匡胤立刻把李从善捉起来当人质，并再次要求李煜前来。因为李煜还是不敢去，赵匡胤就派将军曹彬攻打南唐。

听到宋军南下的消息，李煜派了能言善道的徐铉去求饶。徐铉对赵匡胤说："南唐以儿子侍奉父亲的心情对待宋朝，宋朝为何要苦苦相逼呢？"赵匡胤冷笑一声，说："李煜既然自称为儿子，哪有儿子和父亲分家的道理呢？"南唐就这么被消灭了，李煜也被押解到汴京，不久被毒死。

从这段历史来看，李煜确实是"柔弱"到了极点，但面对"刚强"的赵匡胤，却是一点办法也没有，这是因为他懂得"守

守柔曰强——圆融处事的智慧

127

其雌"，却不懂得"知其雄"啊！

"知其雄"是内在的充实，"守其雌"是外在的谦退，两者相合才能发挥真正的力量。越王勾践被吴王夫差击败后，自愿作奴仆，这是"守其雌"，但是他积极充实越国的实力，则是"知其雄"，所以最后能完成复国的使命。

不过勾践的做法仍带权谋的意味，不足以称"为天下溪"。假设南唐后主李煜不仅能够以谦冲的态度让赵匡胤相信南唐无心与宋朝争雄，还能充实国力，使宋朝不敢轻易进犯，甚至善待军民，使上下一心，如此一来，宋朝的臣民反而可能会背弃好战的赵匡胤，前来归附富庶的南唐，这才是真正做到"知其雄，守其雌，为天下溪"啊！

不自为大，故能成其大

名句的诞生

大道氾¹兮，其可左右。万物恃之而生而不辞²，功成而不有，衣养³万物而不为主。常无欲，可名于小；万物归焉而不为主，可名为大。以其终不自为大，故能成其大。

——第三十四章

完全读懂名句

1. 氾：遍流四处。引申像大水一样泛滥。2. 辞：一说推辞；另一说解为主宰。3. 衣养：覆庇、养育。

语译：大道像大水一样泛滥，流遍左右，无所不至。万物依靠它生长而它不主宰，它成就一切而不居功，养育万物而不自以为是万物的主人。保持无欲的状态，可以称它是小；万物都来归附它而它不自以为主，可以称它为大。由于道不自以为伟大，所以能成就它的伟大。

名句的故事

老子在此章说明，天下万物皆由道所运生，而道又顺应万物自行化育，从来不介入也不主导，使万物依循其本然天性发展，各得其所，看似无欲无为，却又是大有可为；也可以说，道之所以可贵，正在它不仅存于万物之中，更在它具备"不辞"、"不有"、"不为主"的超越精神。

成书于东汉的《老子河上公章句》对"不自为大，故能成其大"一语注解如下："圣人法道，匿德藏名，不为满大。圣人以身师道，不言而化，万事修治，故能成其大。"圣人遵循天道而行，不彰显其德行与名声，不骄矜自满，以身体力行，不需要言语教化，便能修治天下万事，成就其伟大功业。相传河上公是西汉文帝时的神仙，因受在天上已成道的老子派遣，奉命下凡传授文帝《老子》精义，故而留下《老子河上公章句》一书。有关河上公教汉文帝《老子》的传说，大抵为东汉道教方士的穿凿附会，但文帝喜好黄、老之学，采用道家无为思想治国是不争的事实，在位期间，废除许多先前立下的残酷刑罚，使得民心安定，天下太平，与其子景帝赢得史家"文景之治"的美誉，堪称中国历史上少数爱护人民的帝王，亦是善用老子"不自为大，故能成其大"的绝佳实证。

🌸 历久弥新说名句 🌸

《管子·形势解》云：“海不辞水，故能成其大；山不辞土石，故能成其高。明主不厌人，故能成其众；士不厌学，故能成其圣。”大海不拒绝点滴的水，所以能成就它的广大；山不推辞一土一石，所以能成就它的高度。明智的君主不嫌弃任何一人，所以能聚集众人；读书人不憎恶学习，所以能成为圣贤。此乃春秋齐国丞相管仲的传世名言，其以为山海之所以高深，在于它们无私的包容力，从不看轻一滴水或一块小土。同样地，人欲成就其大者，便必须具备山容海纳的广阔胸襟；反之，一个自以为是者，绝不可能开创一番大事业的！

《庄子·知北游》虚构一段孔子向老子问道时，老子先是叫孔子斋戒，疏通心思，洗净精神，去除智巧，再来谈论至高的道；由于道实在是太过幽微难言，老子因而先和孔子叙说道的梗概，其认为天没有道不会高，地没有道不会广，日月没有道不会运行，万物没有道不会昌盛，足见道之于天地万物的重要。最末，老子表达自己对道的感想是：“渊渊乎其若海，魏魏（巍巍）乎其若山，终则复始也。运量万物而不匮。”意指大道像海一样渊深，像山一样高，周而复始，涵养万物，从来不曾匮乏。

另外，在《庄子·秋水》中有一则关于河伯（代表小河）与北海若（代表大海）的寓言。故事里的河伯，一直欣然自得地过日子，总觉得自己是全天下最美好的水，直到出海后看见辽阔无边的北海若，河伯才认知自己过去见识的浅薄。这时北海若告诉河伯说："天下的水，没有比海更大的，所有的河流都注入到海，海水不曾停止也不会满溢；但是我从来不会自以为了不起，我知道自己的形体寄托于天地，气息得自于阴阳，我存在天地之间，就好比小石头、小木头在大山一样渺小，又怎会觉得自己了不起呢？"北海若虽已位居天下水之冠，能使百河万川都来归附，但它还是怀抱不居功的谦卑姿态，展现与大道"不自为大，故能成其大"的一致精神。

鱼不可脱于渊，国之利器不可以示人

名句的诞生

将欲歙[1]之，必固张之；将欲弱之，必固强之；将欲废之，必固举之；将欲取之，必固与之。是谓微明[2]。柔弱胜刚强。鱼不可脱于渊，国之利器[3]不可以示人。

——第三十六章

完全读懂名句

1. 歙：收藏、收敛。2. 微明：看似幽微，其实很明显的道理。3. 利器：泛指有利国家的事物。

语译：要收敛它，必先扩张它；要衰弱它，必先强壮它；要废弃它，必先抬举它；要夺取它，必先给予它。这个道理，看似幽微，其实很显明。柔弱胜过刚强。鱼不可离开水，有利国家的事物不可任意对外展示。

名句的故事

部分学者解读此章，常根据原文的前八句"将欲歙之，必固张之；将欲弱之，必固强之；将欲废之，必固举之；将欲取之，必固与之"，认定老子是一个为达到目的、不惜玩弄欲擒故纵手段的权谋家；事实上，此乃老子透过自然界物极必反的现象观察，体会一切事物的发展与造化盛衰相因的道理一样，刚强的必不能久恃，保持柔弱才是正道。

章末，老子借"鱼不可脱于渊"这样浅显的例子，用来阐释"国之利器不可以示人"的深刻意旨。鱼一离开水便会枯涸而死，这是众所皆知之事；而国家的统治者，正如鱼一样，离开柔弱的水也是无法生存下去。换言之，使自己处于柔弱，才是安身立命之道。举凡对国家有利的事物，不可轻易向外炫耀，自暴锋颖，宜收敛以示弱，避免发生不必要的争斗。

《庄子·胠箧》针对老子"鱼不可脱于渊，国之利器不可以示人"之句，其解为："彼圣人者，天下之利器也，非所以明天下也，故绝圣弃知，大盗乃止。"所谓的圣人，他们所讲述的那些道理，是治理天下的利器，不是拿来给天下人看的，所以绝断圣明，放弃智巧，大盗才会停止。庄子认为圣人高举圣智仁义的名号，反而助长大盗的兴起，成为大盗争名夺利的明显目标；唯有将圣智仁义这些利器含藏内敛，不要对外展现，纷争才得以平息。

历久弥新说名句

《孙子兵法·计》：“兵者，诡道也。故能而示之不能，用而示之不用，近而示之远，远而示之近。利而诱之，乱而取之，实而备之，强而避之，怒而挠之，卑而骄之，佚而劳之，亲而离之。攻其无备，出其不意，此兵家之胜，不可先传也。”作战原则，就是诡诈之道。明明有能力作战，却装作没有能力；已准备展开攻打，却装作没有要攻打；打算近攻，又装作要远攻；打算远攻，又装作是近攻。使用利益诱惑敌人，趁对方混乱要抓住时机攻取，敌人力量充实时要严加防备，实力强劲就要设法避开，士气旺盛就要设法屈挠，对方自卑就要设法使其骄傲自大，修整充分就要使其劳累，内部团结要想办法离间。趁敌人没有防备而攻击，出乎对方的预料，这些都是军事取得胜利的奥秘，是不可事先泄露出去的。

以上是春秋时的兵法大家孙子，对作战提出的具体方法与运用技巧，与《老子·第三十六章》乍看文义相近，都在强调不可让对方看穿自己的真正实力；但不同的是，孙子的目的是为了在战争中求取胜利，是一种权谋之术；老子是为了防止自取其祸，以保国家长治久安，是一种智慧的表现。《韩非子·喻老》中有“势重者，人君之渊也”以及“赏罚者，邦之利器也”两句。韩非把权势比作“人君之渊”，国君喻为“鱼”，鱼需要水才能活存，正如国君需要权势才能生存。文中韩非还援引两例说明：其一为春秋齐简公在位期间，政权为臣子田成子持揽，田成子最后干脆杀了齐简公，另立简公之弟为新君，自己担任太宰一职；大约过了七十多年，田成子的后人田和取代姜氏，自立为齐君，史称"田氏代齐"。其二为春秋晋出公的政权，分别落入范、中行、知、赵、韩、魏六氏手里，最后由其中的韩、赵、魏三家瓜分晋国，晋出公逃往楚国，史称"三家分晋"。

此外，韩非将赏罚视作"国之利器"，赏罚的权利掌握在君主手上，君主可以控制臣子；反之，掌握在臣子手上，臣子便可压制君主。由此可知，君主不宜对臣子表露赏罚意愿，否则人臣将会斟酌当时情况减损或增添，转化成自己的恩惠或威势，使百姓爱戴自己或敬畏自己，君主的权势相对面临极大的威胁。

"利器"原指锋利的器具，后来用来比喻英才。如《三国志·魏书·陈思王传》中写道："植常自愤怨，抱利器而无所施。"此为史家对才高八斗的曹植，却不得兄长魏文帝曹丕、子侄魏明帝曹叡所用，从此心怀愤慨怨恨的评述。又如唐朝散文大家韩愈《送董邵南序》："连不得志于有司，怀抱利器，郁郁适兹土，吾知其必有合也。"韩愈的友人董邵南屡次参加科举，始终不得主考官的赏识，郁抑难平之际，决定往河北发展。韩愈作这篇序以为赠别，美言董邵南才华特出，期盼对方能在异地找到志趣相投的人。

不欲琭琭如玉，珞珞如石

名句的诞生

故至誉无誉。不欲琭琭[1]如玉，珞珞[2]如石。

——第三十九章

完全读懂名句

1. 琭琭：宝玉美好的样子。2. 珞珞：石头坚硬的样子。

语译：所以最高的称誉就是没有称誉。不愿像个美好而珍贵的玉石，只愿像坚硬而低贱的石头。

名句的故事

在尧遇见舜之前，他曾经想将王位禅让给许由，但是许由不肯接受。他说："即使树林里有许多树枝，但是鸟儿安巢也只用得着一根树枝；即使河里有许许多多的水，但是鼹鼠喝水时，也

守柔日强——圆融处事的智慧

137

只须喝饱就够了。对我而言，天下虽大，我只求一处容身，你还是回去吧！我没有治理天下的意愿。"

尧见到许由能轻易感化天下的人，所以想把天下让给他。但是许由认为他自己无须居高位就能感化天下的人，又何必拥有君王的虚名呢？

舜在接受尧的禅让后，也想把王位让给别人。他分别找了子州支伯、善卷、石户之农等人，结果有的以病推辞，有的躲入深山，有的逃向大海，没有一个人愿意接受。

许由、子州支伯、善卷、石户之农等人之所以不愿接受高位，是因为他们畏惧得到高位后的祸患。越国国君翳被他儿子错枝所弑，越人杀了错枝，改立无余为国君。不久，无余又被杀。越人打算立无颛为君，而无颛见到翳、错枝、无余等三代国君都不得善终，所以吓得躲到深山的山洞里。越人用艾草薰他，逼他出来。当无颛被迫坐上国君的车子时，他仰天大叹："我难道不可以不做国君吗？"

南唐后主李煜热爱填词，但被逼着继承了帝位。后来南唐被宋朝所灭，李煜也在投降后不久被毒死。明代崇祯皇帝在闯王将攻入皇宫之前，取剑斩去女儿的手臂，大叹："你为什么要生长在帝王之家呢？"

许多人不是不明了身处高位的危险，但他们太过渴求富贵，以至于甘冒大险。而成功后，为了自身的安全，于是用各种阴狠的手段试图保住自己的地位与性命。到头来，不是替自己招来祸患，就是给他人带来灾难，无怪乎老子会说："不欲琭琭如玉，珞珞如石。"

历久弥新说名句

古代的君王以为天下都是自己的产业，如汉高祖刘邦在登上帝位后，很得意地对父亲说："你以前认为我没什么出息，现在全天下都是我的了，你还会这么认为吗？"不仅如此，古代的君王还渴望得到天下最高的名声。即使是最愚蠢昏庸的君王，往往也会自以为"英明神武"，要求群臣逢迎拍马，大说好话。只要得到高位，就能够得到天下最多的产业与天下最高的名声，自然会使众人为之眼红，必欲夺之而后快。

好大喜功的秦始皇曾多次巡游天下。项羽在看到秦始皇盛大的排场时，脱口说了一句："彼可取而代之。"刘邦则在欣羡之余，也讲了一句："大丈夫当如是也。"两人都同时兴起了争夺天下之心。后来秦朝就被这两人所消灭。

君王的尊贵地位是随着时代一步步建立起来的。史载汉文帝和贾谊交谈时，因为听得太过入神，所以不由得逐渐把身子挪向贾谊的座位，这证明了当时的君臣是可以同坐的。宋朝时才撤去了丞相的座位，以求进一步提高君王的地位。到了清朝，大臣只要一开口，就自称"奴才"，君王的地位达到极致，但是，君王的地位并未因此得到保障，清末慈禧太后对光绪皇帝的压迫就是一个明显的例子。

那些被压迫甚至被篡位的君王或许会感到不平，为什么世人

不能像许由一样，就算有人让位给他，他也不肯接受？难道真的是人心不古？

其实，关键不在人心，而是在于君王的做法。夏朝的大禹费心治理天下，不但累到面容憔悴，饮食居处也都力求俭朴，日子过得比他治理下的百姓还辛苦，又有什么人愿意接他的位子来做呢？更不用说还会有人想争夺他的王位了。如若不然，则如清代大儒黄宗羲在《原君》一文中所说的："一人之智力不能胜天下。欲得之者之众，远者数世，近者及身，其血肉之崩溃在其子孙矣。"想抢夺天下的人是如此众多，纵然能赢得一时，也不可能永久保住权位。

谦下是避免嫉妒、保全自身的最好办法。老子说："不欲琭琭如玉，珞珞如石。"说的就是这个道理。

明道若昧，进道若退

建言¹有之：明道若昧，进道若退，夷²道若纇³，上⁴德若谷。

——第四十一章

完全读懂名句

1. 建言：以言辞或文章提供意见，这里指立言的人。2. 夷：平坦的样子。3. 纇：瑕疵、缺点。4. 上：地位高的意思。

语译：古时候立言的人说："道"虽然光明却带点晦暗而不耀眼，"道"原本将自己放在后面却又因而领先大家，大道虽然平坦却也好像有些不平之处，"德"虽处于高尚的位置却表现得好似低流的川谷。

名句的故事

本章主要在说明不同程度的人对大道就有不同的认识，这是因为"道"的形式是非具象的。

老子写道："上士闻道，勤而行之；中士闻道，若存若亡；下士闻道，大笑之。不笑不足以为道。"上等程度的人一得知"道"的道理，便会努力去实践；中等程度的人获知"道"的道理，是抱持着半信半疑的态度；下等程度的人接触"道"的道理，则是哈哈大笑。如果"道"不被取笑，就不能算是"道"了。

老子说的这句话，真是深富禅机。接着，王弼在《老子注》中对"明道若昧"阐释为"光而不耀"，意思是说"道"很光亮，却不是耀眼的；"进道若退"则阐释为"后其身而身先，外其身而身存"，即"道"先把自己的位置摆在后面，最后反而领先大家；"道"会把自己的生死置之度外，最后却存活下来。因为"道"是真理，不论任何形式之下，最后它都会胜出于天地万物间。

历久弥新说名句

朱良志先生在《关于大巧若拙美学观的若干思考》(《北京大学学报》2006 年) 一文中探讨什么是"拙"。他说："拙如果说是一种生命存在的技巧，这一技巧就是去除技巧。"朱先生这句话非常具备老子的精神，他认为拙就是一种"退步的智慧"，如同老子所言的"明道若昧，进道若退"，就是"糊涂中有聪明，痴心中有智慧"的处世态度。朱先生认为，这种处世态度又如同"庖丁解牛"，意即庖丁的技巧就是去除技巧，顺应自然，也就是最高明的技巧呀！我们可以说，"明道若昧"表现出来的就是"大智若愚"的形象，而"进道若退"就是事事让人、不敢超前他人，却又因此而更胜于他人。例如唐朝"倒骑驴"的张果老。

《明皇杂录》记载，张果老总是倒骑着一头白驴，日行几万里。开元二十三年时，唐玄宗得知张果老是个高人，便派人去请张果老，并安置在集贤院，倍加礼遇。没想到唐玄宗见到张果老的老态，便请教说："您是得道之人，为什么牙齿掉了、头发也没了？"张果老回答说："活到这么老，又没有什么高人的道术，所以才变成这样，实在惭愧。如果把牙齿、头发全都去掉，不是更好一些吗？"说着，张果老当着唐玄宗的面，拔掉头发，击落牙齿，血流满面。唐玄宗立刻请张果老休息，待会再说。过一会儿，唐玄宗再次召见张果老，张果老已经变成一个壮年人，有洁白的牙齿，乌黑的头发。张果老果真是得道高人！

大方无隅，大器晚成，
大音希声，大象无形

名句的诞生

大方[1] 无隅[2]，大器晚成，大音希[3] 声，大象[4] 无形。道隐无名。夫唯道，善贷[5] 且成。

——第四十一章

完全读懂名句

1. 大方：大地。2. 隅：角落。3. 希：稀少、不多。4. 象：形象、状态。5. 贷：施授、给予。

语译：大的空间无边无际，大的器皿需要较长的时间才能完成，大道的声音是没有声音，大道的形象是没有形象。道就是如此隐微而不可名状。就只有道啊，善于成就万物。

☙ 名句的故事 ❧

老子本章点醒人们，无法懂得"大方无隅，大器晚成，大音希声，大象无形"的道理，乃因为天地自然久久远远，而人生在世不过短短数十载。人的眼光短浅、学识不足、生年不长，因此未及见证得到，但不代表不存在。面对自然浩瀚，应当懂得谦卑。

宋代的大文学家苏轼在老师欧阳修辞官获准后，写了一篇文章，即《贺欧阳少师致仕启》来向他祝贺。苏轼认为欧阳修"力辞于未及之年，退托以不能而止"，急流勇退，毫不留恋，乃是"大勇若怯，大智如愚"的表现。这两句话，意指最勇敢的人往往看来怯懦，因为他不会刻意彰显自己的勇气；最智慧的人，往往看来愚昧无知，因为他懂得藏拙，从不卖弄聪明。苏轼用来称赞老师过人勇气与智慧的这两句，很明显是化用老子"大巧若拙"而来。

☙ 历久弥新说名句 ❧

本章名句"大器晚成"，原来的意思乃指大器皿的制成需要较长的时间，不是一朝一夕便能完成。但在后代的使用上，意思有了改变，用来指人的才能晚显，成就不是一时可见，需要经历时间的淬炼方能展现。闽南语也有一句俗谚"大只鸡慢啼"，与

"大器晚成"的意思相同。幼小的雏鸡总是吱吱喳喳，镇日叫个不停，但成熟的公鸡却不妄言、不妄动，因为它只在日头破晓时，才一啼唤醒千万人。由此可知，人的器识若要宏伟宽容，便一定需要时间酝酿成熟，而一个有内涵的人，也绝不会轻易露出锋芒。

明朝的书画家唐寅，即大大有名的才子唐伯虎，曾经写过一首《公鸡》诗："头上红冠不用裁，满身雪白走将来。平生不敢轻言语，一叫千门万户开。"前两句描绘公鸡的外在形象，以及从容自在的模样，后两句，则是深刻地描述了公鸡的谨言慎行，以及深藏不露的才能。

在此章之前，老子还将世间人分为三种层次，描述了他们听闻"道"的不同反应："上士闻道，勤而行之；中士闻道，若存若亡；下士闻道，大笑之。"资质不同的人，面对相同的道理，因为领悟力的不同，所表现出来的行为也就不一样。上士之人听闻了道，便开始勤勉不懈地实践它；中士之人听闻了道，道在他心中将信相疑，时存时亡；下士之人听闻了道，哈哈大笑。孔子主张"因材施教"，也是因为人的资质与领悟力不同，因此《论语》："中人以上，可以语上也。中人以下，不可以语上也。"（《雍也第六》）语，告诉的意思。中等以上资质的人，可以跟他谈论高深的道理，以下的，就只能用浅白的话循循善诱。并非将人分等第，造成阶级的对立，全是因为施教方式不同的缘故。

天下之至柔，驰骋天下之至坚

名句的诞生

天下之至柔，驰骋[1] 天下之至坚，无有[2] 入无间[3]。吾是以知无为之有益。不言之教，无为之益，天下希及之。

——第四十三章

完全读懂名句

1. 驰骋：原指骑马奔驰，这里指驾御。2. 无有：指没有本质的道。3. 无间：没有缝隙。间，缝隙。

语译：天下最柔软的东西能驾御天下最坚硬的东西，无形的力量能穿透没有间隙的事物。我因此知道无为的好处。"不言"的教导，"无为"的好处，天下很少能够做得到的。

名句的故事

王弼是魏晋时代研究老子的专家，他解释"至柔"一词时，

认为"虚无至柔，则无所不通"，像日月的光芒，虽然没有形质，却可以跨越万里路程，照耀千重万重的户牖宫墙。

宋朝的苦难词人苏东坡对老子也有研究，他认为如果以具体的事物来说，"天下至柔的东西，就是水"，水至柔无形，但是却无处不渗透，不管怎么坚硬的东西，都可以渗进去，而且只要寻丈的水池，就可以浮起万斛般重的舟船。所以说，"天下之至柔"，可以"驰骋天下之至坚"。以没有形质的水，却可渗透几乎没有间隙的物质。滴水可以穿石，自然界巧夺天工的奇岩峻石，都是水滴一点一滴渗透蚀刻而成的。

《老子》一书当中，反复赞美水的德性，认为水有好几种美德，水不但不争先，滋润万物而不居功，而且处众人所不愿居的低下之地，所以说水的德性可说是近于"道"的境界。当年孔子在河堤上，看到河水一去不返，只是感叹地说"逝者如斯夫"，慨叹时间的流失，光阴的消逝！孟子看到"原泉混混"，想到君子应该像河水奔流一样自强不息！但是，老子所提到的这些"不言之教"，却很少人做得到。

历久弥新说名句

当台风过后，受力最强、摧残最严重的，往往是体积愈大、看起来愈是刚强的高大峻木；而最不受强风影响的，往往是随风飘摇、看起来柔弱不起眼的小草。大自然的启示，常告诫我们"柔弱可以胜刚强"，"以柔克刚"乃是大智慧的表现。

中国历来对外族的政策，常讲究"柔远能迩"的政策，安抚远方的民族，亲善近处的人民。在西汉初年吕后专政时，南边的南越国赵佗自立为帝，与汉朝分庭抗礼。汉文帝即位后，采取"怀柔"的政策，为赵佗修茸祖坟，尊宠赵氏昆弟，并派使者出使南越，赐书赵佗。后来赵佗主动去了帝位，归附汉王朝。因此，两强相争必有一伤，唯有以"至柔"才能"驰骋天下之至坚"，不"以力服人"，方能化解危机于无形。

《伊索寓言》有一则"北风与太阳"的故事，北风和太阳较量彼此的本领，比赛看谁能吹落行人的衣服为获胜。当北风"呼呼"地鼓起力气，地面刮起一阵强劲的风力，吹得行人几乎站不住脚。行人虽然被吹得东倒西歪，帽子被吹飞了，可是仍紧紧捉着衣服不放。而当太阳释放出阵阵温熙的阳光，旅人却很自然地就脱下衣服。

所以，温和的诉求，往往比严厉的手段、暴力途径，更让人心悦诚服，这就是一种"柔性"的原则。

大直若屈，大巧若拙，大辩若讷

名句的诞生

大成若缺，其用不弊[1]；大盈若冲[2]，其用不穷。大直若屈[3]，大巧若拙，大辩若讷[4]。静胜躁，寒胜热，清静为天下正[5]。

——第四十五章

完全读懂名句

1. 弊：与"敝"同，完竭之意。2. 冲：空虚。3. 屈：弯曲。4. 讷：言语迟钝。5. 正：准则、模范。

语译：最圆满的东西，看起来好像有缺陷，但它的作用不会衰竭；最充实的东西，看起来好像很空虚，但它的作用不会穷尽。最直的东西看起来好像是弯曲的，最灵巧的东西看起来好像很笨拙，最大的辩才看起来好像很木讷。冷静胜过躁动，寒冷胜过炎热，能够执守清静无为之道的人，自然可以作为天下人的楷模。

ᕦ 名句的故事 ᕤ

  战国时期，齐王很喜欢饲养斗鸡，有个叫纪渻子的人替齐王训练斗鸡。养了十天后，齐王问："斗鸡训练好了吗？"纪渻子回答："还不行！它看来很骄傲，容易冲动，所以不能战斗。"又过了十天，齐王又问，纪渻子回答："还是不行！别的鸡鸣叫，它就跟着叫；看到影子，就冲动起来，仍然不够沉着。"再过十天，齐王再问，纪渻子回答："还是不行！它仍旧顾视快速，气势太旺盛。"又十天后，齐王再问，纪渻子回答："可以了！它现在对其他同伴的鸣叫毫无反应，沉稳的态度使它外表看来像是木制的鸡，但是它雄壮威武的德性已经完全具备，具有十足的战斗力。我想别的鸡只要看到它的样子，一定不敢应战，转身就跑。"后来，这只鸡果然百战百胜。纪渻子所训练的斗鸡，外表看似木然，却内敛精华，不动则已，一动惊人；实力坚强，却态度从容稳重，因此可以百战百胜，成为斗鸡王。真正有本事的人也是如此，不会夸耀自己的才能，却自信满满而意态从容；至于四处夸耀自己才学的人，却未必真的具有真才实学。

  春秋时期，卫国大夫北宫奢为卫灵公铸造编钟，三个月就完成了。周大夫庆忌见了惊讶地问他："你怎么能够这么快就完成呢？"北宫奢回答："我只是专注心志罢了，哪有什么方法呢？我听说：'既雕既琢，复归于朴。'所以，无知的样子而没有智巧，无虑的样子而不急于速成。"缺、冲、屈、拙、讷，这五种态度

的共同特征，就是谦虚踏实、不走捷径、不用智巧、不出风头、不敢为天下先。

历久弥新说名句

春秋时期，秦穆公对伯乐说："你的年纪很大了，是不是你的儿子里也有人能够相马呢？"伯乐回答："我的儿子无法相马，但我认识一个人，名叫九方堙，他对马的了解并不比我差，请您接见他。"穆公于是接见了九方堙，并命他去找马。三个月后，九方堙回来向秦穆公报告："已经找到好马了，马就在沙丘。"穆公问："是匹什么样的马？"九方堙回答："是一匹黄色的公马。"穆公派人去取马，却发现是一匹黑色的母马，于是很生气地召来伯乐问道："真是太糟糕了，你所推荐的相马人，居然连马是什么颜色、是公的还是母的都分不清，这样又怎么能够知道好马呢？"伯乐听了长声叹息地说："他的相马水准竟然达到这样的境界了吗？这正是他超过我千万倍的地方啊！九方堙所观察的是马的天性，他把握住了马的精神而忘了它的表象，关注马的内在本质而忽略它外表的特征。他看他所要看的部分而不看他所不需要看的部分，他仔细观察所要观察的地方而丢掉不需要仔细观察的地方，像九方堙所相的马，是有比良马更可贵的地方啊！"九方堙所带回来的那匹马，果然是一匹千里马。可见，凡事不能光看表面，因为潜藏的才华，往往不如外表所能想象的。

生而不有，为而不恃，长而不宰

名句的诞生

生而不有，为而不恃，长而不宰，是谓玄德[1]。

——第五十一章

完全读懂名句

1. 玄德：天地玄妙之理。

语译：天地生育万物却不会将之视为己有，抚育万物却不会自恃有功，长养万物却不会去主宰他们，这就是天地玄妙的道理。

名句的故事

老子对万物的生长养育有其独到的见地，他在本章说："道生之，德畜之，物形之，势成之。""道"生成万物，"德"抚养

守柔曰强——圆融处事的智慧

153

万物，所以万物会有各种形态，环境会去影响万物。换句话说，道、德两者，就是万物的母亲。

接着又说："是以万物莫不尊道而贵德。道之尊，德之贵，夫莫之命而常自然。"万物都尊崇"道"、珍贵"德"，这两者之所以享有这么重要的地位，在于它们不会去主宰万物，使其都能顺其自然地生长。万物的生长发展、开花结果，都来自道、德的力量。"创造"是"道"的重要任务，"喂哺"是"德"的基本责任，所以王弼在《老子注》中说："成其实，各得其庇荫，不伤其体矣。"道与德要成就每个万物，让万物都有受到照护、不受伤害。

本章体现的就是老子哲学的最基本精神，顺应万物的天性，只要静静在旁守护；推而言之，统治者用"道"治理国家，就是要以百姓的心为心、以百姓的意为意，绝非强加主导，造成人民的怨怼，甚至有残害人民的行为。

历久弥新说名句

话说隋高祖在位时非常器重薛道衡，而且对薛道衡写的文章往往赞誉有加。后来隋炀帝即位，薛道衡想要展现自己的才华，写了一篇《高祖文皇帝颂》，其中有提到"天子为而不恃，成而不居"这么一个概念，意思是说，天子照顾百姓却不会认为是自己很能干，政治有所施展却不会认为是自己的功劳。这对天性好大喜功的隋炀帝，无疑是射出一箭，并命中要害，他看完薛道衡的文章后，仅淡淡称赞几句。后来有人诬告薛道衡藐视圣旨，炀帝乘机将他处死。薛道衡的死因其实是锋芒毕露呀。（《隋书·薛道衡传》）

西晋结束三国鼎立之初，积极要去收服边远地区，以达到国家的统一。钟会因为屡次战功受封"镇西将军"，有次他奉命前往蜀地征讨，路过竹林七贤之一的王戎家时，去向王戎道别，并问王戎有甚么计谋可以全身而退。王戎回答说："道家有言，'为而不恃'，非成功难，保之难也。"意即，道家曾经说过一句话，有所成就却不自认为有才干，并不是成功难，而是保有这个成就比较难。这个劝告，钟会并没有听进去。后来钟会果然因为谋反失败而被杀，评论者都认为王戎说的话是非常有智慧的。（《晋书·王戎传》）

皮日休是晚唐诗人，性情孤傲，对自己的文采非常自负，在经学教育方面也多有见地。他曾说做人做事要"为而不矜，作而不恃"（《皮子文薮》），即要能有所作为而不自夸，有所实践而不自视甚高。"为而不矜，作而不恃"显然就是从本句名言蜕变而来，但也给大家一个新的启发。

见小曰明，守柔曰强

见小曰明[1]，守柔曰强。用其光[2]，复归其明；无遗身殃[3]，是为习常。

——第五十二章

完全读懂名句

1. 明：通晓明了、领悟之意。2. 光：对外界事物彰显的智慧，对人内在是指灵明的心。3. 无遗身殃：不给自己带来灾祸。

语译：能够察觉微小事物所带来的变化才是真正的明白，能够坚守柔韧的立场才是真正的刚强。透过对外在彰显的智慧，再回归到内在本心的灵明，自然不会为自己带来灾害，这就是万物的常道呀！

名句的故事

我们用两则故事，带领大家进入"见小曰明，守柔曰强"的境界。

《淮南子·道应训》上记载，鲁国的法律规定，鲁国女子如果有给别国的诸侯做妾的，只要可以用金钱赎回，鲁人便可以向鲁国的国库申请这笔钱去当作赎金。经商致富的子贡，从别的诸侯处赎回了一些鲁国女子，但却不愿意接受国库拨给他的赎金。

孔子知道这件事情后，认为子贡这样做就不对了，因为一个崇高的人的一举一动，对风俗习惯都可以产生潜移默化的影响作用，不能只考虑到自己可以接受就好。孔子担心的是，像子贡这样对社会有影响力的人不愿去领国库给的赎金，其他一般老百姓恐怕也会不好意思去拿；然而，鲁国的富人已经不多，穷人如果不领钱去将人赎回来，那么有谁还会去赎回鲁国人呢？

《淮南子·道应训》称赞，孔子就是懂得情事发展变化的人，也就是老子说的"见小曰明"，能够察觉小事情所带来的变化，孔子真不愧是一位真正的智者。

《韩非子·喻老》中说："越王之霸也不病宦，武王之王也不病署。"越王勾践后来被吴王夫差打败之后，便到吴国称臣，为吴王洗马，使吴王对他放下戒心，所以有机会在姑苏城外杀死吴王。勾践能够复国成功的因素，便在于不以为人臣下而怀忧丧志，反而从复国大事着眼，愿意放下身段，从小事甚至是粗鄙之事做起，风水果真轮流转，让他掌握到翻身强大的契机。

历久弥新说名句

"见小曰明"和几句成语有相类似的意义，"见微知著"、"一叶知秋"，意即观察到事情的些许征兆，就能预知它的发展趋势。《淮南子·说山》记载："以小明大，见一落叶而知岁之将暮；睹瓶中之冰而知天下之寒。"意即从小细节可以获知未来的大势，看到一片叶子飞落，就知道年序即将结束；看到瓶子中的水结冰，便知道外面的世界有多么寒冷。

就是因为"小"所以才容易看懂、看透，并且把握之，因此千万不能有"小"看的态度。例如我们熟知的龟兔赛跑的故事，兔子就是因为小看了乌龟的耐力，所以才大意失荆州。"小"是一个根基、基础，有扎根稳健的树苗，才会有高大强壮的树木、蓊蓊郁郁的树林呀！

至于"兵强则灭，木强则折，革固则裂"（《淮南子·原道》），即倚恃军队强盛者容易被消灭，树木过于刚硬者愈容易被折断，皮革过于坚固者反而容易有裂痕。这句话是说人或物，只要过于刚强、坚硬，就愈容易被损害、消灭，因为它让自己的处境没有可退之路。相反地，水由于具有柔顺的特质，任何艰困的环境都可以应势而流，反倒具备无坚不摧的力量。

所以懂得守柔者，才是真正的智者。智者的心境不容易被外在的慌张情事所撼动，因为他在思考因应之道。沉默不是懦弱的表现，而是增添反击的力道呀！

大国以下小国，则取小国；
小国以下大国，则取大国

名句的诞生

大国者下流¹，天下之交²。天下之牝³，牝常以静胜牡⁴，以静为下。故大国以下小国，则取小国；小国以下大国，则取大国。故或⁵下以取，或⁶下而取。大国不过欲兼畜⁷人，小国不过欲入事人。夫两者各得所欲，大者宜为下。

——第六十一章

完全读懂名句

1. 下流：江海的下游。2. 交：交会。3. 牝：雌性的禽兽。4. 牡：雄性的禽兽。5. 或：此指大国。6. 或：此指小国。7. 兼畜：兼养。

语译：大国要像江海一样，居于下游处，才能成为天下所归附的地方。天下的雌性动物，常以静胜过雄性动物，因为静才能

守柔日强——圆融处事的智慧

够谦下。所以，大国若能对小国谦和，就可以取得小国的信赖；小国若能对大国谦恭，就可以取得大国的信任。因此，大国因为谦和而取得小国的信赖，小国因谦恭而取得大国的信任。大国只不过想爱护天下的百姓，小国只不过想依附大国罢了。那么这两者都可以各自满足愿望，而大国更应该要谦下。

名句的故事

春秋时期，晋文公流亡在外时，曾经来到郑国，却受到郑文公不礼貌的对待，且当晋、楚于城濮交战时，郑国又曾出兵帮助楚国来攻打晋国，因此，晋文公便与秦穆公相约出兵围困郑国，故晋军驻扎在函陵，秦军驻扎在氾南。

郑大夫佚之狐对郑文公说："现在我们国家的情势十分危急，如果派烛之武去谒见秦穆公，那么包围我国的军队一定会撤走。"郑文公听从他的意见，前去请托烛之武，不料，烛之武却推辞地说："当我还是壮年的时候，就已经不如别人，更何况现在我已经老了，早已无能为力呀！"郑文公恳切地请求："我不能早点重用您，直到国家危急了才来请求您，这是我的过失；可是郑国一旦灭亡了，对您也是不利啊！"于是烛之武答应了，趁着夜晚，用绳子绑住身体，从城头悄悄坠下出城。

烛之武见了秦穆公说道："如今秦、晋包围郑国，郑国自知要灭亡了。假使灭了郑国而对您有利的话，倒是值得劳烦您兴兵前来；但是特地越过晋国，把较远的郑国兼并为自己的属地，您也知道那是很困难的，那又何必灭了郑国反而增加邻国的土地呢？邻国的土地扩大了，而您却得到的不多。不如放弃攻打郑国，让它成为东道主，日后贵国的使臣往来，就由郑国负责提供休憩或物资，这样对您也没什么害处。再说您对晋文公曾有过恩惠，晋文公也答应给您焦、瑕两地，可是结果呢？晋文公不但不报恩，反而很快地背叛了秦国，这您也是知道的。晋国哪有满足的时候呢？既要夺取东边的郑国，也想扩充西边的疆界，将来如果不侵犯秦国，又怎么能办到呢？如此一来，攻打郑国只会损伤秦国，却让晋国获利，希望您能再慎重考虑一番才好！"秦穆公听了很高兴，便与郑国缔结盟约，并命秦大夫杞子、逢孙、杨孙协助驻守郑国，然后率大军而返。晋文公知道了以后，也撤兵回国。

面对两大强国的侵逼，小小的郑国要如何求生存呢？威胁恫吓，当然力所不足，故烛之武采取哀兵策略，放低姿态，并剖析利害关系，果然解除了郑国的危机，且更进一步让秦国成为郑国的守护者。

历久弥新说名句

陶唐氏尧，处理政事认真严肃，为人温和宽容、明察是非、通达敏锐，且通晓天文地理。当他治理国家时，曾命令羲氏、和氏制定历法，区分四时节令，然后规定百官的职责，并广征众人意见，公正客观地选拔官员。洪水泛滥成灾时，尧问四岳（四方诸侯之长）："究竟有谁能够治理洪水呢？"于是有人推荐："鲧比较合适。"尧质疑地说："鲧经常违背法纪，不守命令，危害同族的人。"但四岳却说："请先让他试一试吧，不行再罢免他。"尧接受四岳的建议，不过仍恳切地叮嘱鲧说："你就去上任吧，记得要恭敬地对待你的职务啊！"可惜鲧治水九年，却未能获得成功。羲氏、和氏去世后，尧想选拔继任者，大臣放齐便说："您的儿子丹朱，通达聪明，可以担任此职位。"尧却否决："丹朱不守忠信，说话随意，喜欢争斗，怎么能担任这个职位呢？"由于尧诚实恭谨，能在同族中选拔才德兼备的贤人，让全族的人都团结起来，进而考察百官，对于优秀人才一定加以表彰，于是政事得到妥善地处理，然后他又努力协调其他邦族，使大家和睦相处，天下顺服。尧在位七十年时，便对众人说："你们之中有谁能够接任我的天子之位呢？你们可以举荐贵戚中的贤人，也可以推举没有官职的人。"于是有人推荐了舜，等到舜通过了尧的种种考验后，尧便放心地将帝位禅让给舜。尧帝治理国家时，谦和宽容，并举贤让能，不但同族的人信服，也使得天下其他邦族的人顺服，所以能够成为天下的共主。

春秋时期，齐国宰相晏子出使到晋国，遇见一个反穿裘皮上衣、背着牧草的人在路边休息，晏子觉得这个人应该是个君子，便派人去探问："你是谁？怎么会来这里？"那人回答："我给齐国的人做奴隶，名叫越石父。"晏子叹了口气，立刻解下座车左边的马匹，将他从主人那里赎了出来，并带回家去。回到家中，晏子没有向他告辞便进了自己的房间，越石父很生气，要求和晏子绝交。晏子派人问他："我都还没跟你交朋友呢。更何况今天我把你从患难中解救了出来，对于你，我还有什么不周到的地方呢？"越石父说："我听说君子可以在不理解自己的人面前忍受屈辱，但对于理解自己的人面前就不应该还受到不礼貌的对待。这是我要求跟你绝交的理由。"晏子听了，于是亲自出来见他，并致歉地说："刚才我只是看到你不俗的外表，现在我更知道了你高贵的志向。我希望能够跟你道歉，请你原谅我的过失好吗？"越石父说："您能以礼待我，我怎敢不恭敬从命呢？"于是晏子把越石父列为上宾。

晏子贵为齐国宰相，能够解救人于危难之中，已是难能可贵了，但面对越石父的怒气，却能知己般地理解，进而谦卑地向他道歉，更是难得。由此可见，愈是在上位者，态度愈要谦和，才能招揽更多贤才为其效力；大国亦是如此。

弱之胜强，柔之胜刚

名句的诞生

天下莫柔弱于水，而攻坚强者莫之能胜。以其无以易[1]之。弱之胜强，柔之胜刚，天下莫不知，莫能行。是以圣人云："受国之垢[2]，是谓社稷主[3]；受国不祥[4]，是谓天下王。"正言[5]若反。

——第七十八章

完全读懂名句

1. 易：改变。2. 垢：耻辱。3. 社稷主：国家的主人。社稷，国家的代称。4. 不祥：不吉利、不良善，谓灾祸。5. 正言：合于正道、正直的言论。

语译：天下再也没有比水更柔弱的，然而任何能够攻击坚强事物的，却都不能胜过它。因为没有办法改变它柔弱的本性。弱能胜强，柔能胜刚，这个道理天下没有人不知道，但却没有人能够彻底实践。所以圣人说："能够勇于承受全国的屈辱，才配做国家的主人；能够勇于承担全国的灾祸，才配做天下的君王。"
像这样合于正道的言论，表面上看起来却似乎与一般人的看法恰
好相反。

名句的故事

春秋时期，晋国攻打楚国，楚国大夫请楚庄王下令攻打晋
军。楚庄王对大夫们说："先王在位的时候，晋国不攻打楚国；
到了我在位的时候却来攻打，这是我的罪过，怎么能够让大家蒙
受这种耻辱呢？"大夫们说："先臣在朝的时候，晋国不攻打楚
国；现在换我们做臣子时却来攻打，这是我们臣子的罪过，请您
下令攻击晋军吧！"庄王低头流泪，泪水滴湿了衣襟，然后抬起
头来拜谢众位大夫。晋国的人听说这件事后说："楚国君臣争着
把罪过归于自己，而且楚王在臣子面前如此谦虚，我们不能攻打
他们。"于是连夜撤军回国。所以老子说"受国之垢，是谓社稷
主"啊！

历久弥新说名句

春秋时期，宋国国君宋景公夜观星象，见荧惑星走进了心宿
（二十八星宿之一，又名商星）所在的位置，心里很担忧，便召
来司星官吏子韦问道："荧惑星占据了心宿的位置，这是为什么
呢？"子韦回答："荧惑星，是上天要惩罚人的象征；心宿，则代

守柔日强——圆融处事的智慧

表着宋国的分野，所以这表示：灾祸将要降临到君王的身上。不过，也可以把灾祸移到宰相身上。"景公说："宰相是我委任他治理国家的，如果反而将死神转移到他身上，那是不吉利的。"子韦又说："也可以将灾祸转移到百姓身上。"景公说："百姓如果死了，那我还能做谁的君主呢？我宁愿自己死去。"子韦又说："那么把灾祸转移到国家的收成吧。"景公说："收成，是百姓赖以为生的命脉。如果五谷不收闹荒年，那么百姓一定会饿死。做君主的人却只能依赖百姓的牺牲让自己活下去，那么谁还会让他做君主呢？看来我的命的确已经到了尽头，你不用再说了。"子韦返身回头走过来，面向北拜了两拜，说："我要冒昧地向您祝贺！天位居高处而能听见低处的人所说的话。您现在说出作为国君关心爱护人民的三番言语，所以上天一定会赏赐您三次。今天晚上荧惑星一定会三次迁移停留的位置，而您也将会延长二十一年的寿命。"这天晚上，荧惑星果然三次移动了停留的位置。所以老子说"受国不祥，是谓天下王"啊！

强大处下，柔弱处上

人之生也柔弱，其死也坚强[1]。万物草木之生也柔脆，其死也枯槁[2]。故坚强者死之徒，柔弱者生之徒。是以兵强则不胜，木强则兵[3]。强大处下，柔弱处上。

——第七十六章

完全读懂名句

1. 人之生也柔弱，其死也坚强："柔弱"、"坚强"是指人的身体而言，人活着时身躯是柔软的，死后则变得僵硬。2. 万物草木之生也柔脆，其死也枯槁："柔脆"、"枯槁"指万物草木的形态，草木生时柔软脆嫩，死亡后却变得枯槁。3. 兵：在此当动词用，被砍伐之意。

语译：人活着的时候，身躯是柔软的，死了之后变为僵硬。万物草木生长时，柔软脆嫩，但是死亡后变得枯槁。所以坚固强

硬的东西和死亡同一类，柔弱的东西则属于生存一类。因此用兵逞强，反而不会胜利；树木强大，反而遭到砍伐。由此可知，坚固强大的反而居于下位，柔弱纤细的反而处在上方。

🌀 名句的故事 🌀

有一回老子把弟子叫至床边，张开嘴用手指头往嘴里指，然后询问弟子们看到了什么。弟子们你看我，我看你，没有一个人能回答。于是老子语重心长地说："满齿不存，舌头犹在。"以前人没有假牙，年纪大了，牙齿一颗颗地掉，牙齿没了，舌头却依旧存在。牙齿比起舌头是多么地坚硬，但是它们的寿命却比柔软的舌头短暂。

"强大处下，柔弱处上"是老子一再强调的观念，他对于那些没有用的东西很感兴趣，他认为没有用的就是受到保护，成为有用的反而是危险的。有一回老子和弟子经过一个村庄，看到一位驼背的人，老子知道当地强迫年轻力壮者加入军队，所以请弟子去问问那位驼背的人有什么想法。驼背的人说："还好我驼背，不用被迫从军，我很高兴呢！"老子听了之后说："记住了，要变成没有用的，才不会成为战争的牺牲品。"

树根是坚硬的，但它却处于下方；花朵是柔软的，但它却处于上方。老子说，想处于上方的，就要成为柔弱的，要像草一样柔弱、柔软，而不是像大树一样坚强。

历久弥新说名句

话说"骄兵必败"！

春秋时，晋公子重耳曾经流浪到楚国，楚成王预见重耳可能当国君，因此未把他视为一个落难公子，反而以诸侯国君的礼节对待他。在重耳离开楚国时，楚王设宴问重耳，未来若是当上了国君，将如何报答他？重耳回答："万一晋、楚不得已交战，在战场上我会命令晋军退避三舍以做报答；如果退避三舍还不能得到您的谅解，那我们晋军会全力以赴的。"

重耳回到晋国继位为王，称晋文公。而楚、晋两国为称霸中原发生了春秋规模最大的一场战争——城濮之战。晋文公履行承诺，命全军退避三舍，后撤九十里，而楚军亦紧追在后九十里。这样的举动，骄纵了楚军，上下骄横之气四溢，自以为胜利在握。晋军将士们倍感委屈，反而个个义愤填膺、摩拳擦掌。大战爆发，楚军先发动攻势，却落得兵败如山倒，从此楚国势力退出中原，晋国成了中原霸主，晋文公在历史上列为春秋五霸之一。

晋文公"以退为进"、后发制人的谋略，创造了一个以劣胜优的战例。谁说忍让就代表输？想要跳得高，膝盖就要弯得低，一味逞强好胜，反而容易败阵。刚强的大树，强风吹过应声而倒；柔弱的小草，随风摇曳，风吹过依旧挺直腰，懂得低头，反而是保全之道。人生道路的波澜中，硬碰硬远不如以柔克刚啊！

守柔日强——圆融处事的智慧

无欲无私

——知足快乐的智慧

天地所以能长且久者，
以其不自生，故能长生

天长地久[1]，天地所以能长且久者，以其不自生[2]，故能长生[3]。

——第七章

完全读懂名句

1. 天长地久：天地悠久的存在。2. 不自生：不自营生。指天地不为自己的生存打算，而让万物自行生灭。3. 长生：恒久生存。

语译：天地恒久存在。天地之所以能够恒久存在的原因，是因为它们无私的关系，所以才能够恒久生存。

无欲无私——知足快乐的智慧

173

名句的故事

战国时期，楚国南伯子葵问女偊："您的年纪很大了，为什么还能有着如婴儿般的好气色呢？"女偊回答："因为我得道了。"南伯子葵又问："道可以学得到吗？"女偊回答："不，不可以，你不是那种可以学得到的人。让我告诉你我得道的经过吧！当我听说道后，潜心修养，首先把天下置之度外，然后再把一切事物置之度外，最后则能把生死置之度外，从此便清澈明悟，得到唯一的大道，不再受古今时间的限制，而进入不死不生的境界。使生命死亡的主宰不死，产生生命的主宰不生，能够达到这样的境界，就能够对万物的变化既不会送往迎来，也不会特意损毁或建成，一切顺其自然，这就叫作'撄宁'。'撄宁'就是能够在一切变化的扰乱中保持绝对寂静的心境。"所以庄子说："安时处顺，哀乐不能入也。"

上古赫胥氏帝王的时代，百姓安居而不受拘束，随意往来而无纷争，与禽兽自在遨游，无忧无虑，一如天地滋养万物，雨露均沾，不偏颇，无私藏，故万物生生不息。因此尧帝时代，贤人蒲衣子对龁缺说："您现在知道了吗？有虞氏的确不如泰氏。因为有虞氏还想要心怀仁义来获得人心，虽然他也得到了众人的拥戴，不过却始终无法跳脱外物的牵累；而泰氏，他安然入睡，醒来也无忧虑，任凭别人说他是牛或马，他都不以为意，他的智慧可靠、德性真实，所以从来不会受到外物的拘绊。"

❧ 历久弥新说名句 ❧

战国时期，魏国惠施对庄周说："我有一棵人称为樗的大树，它的树身盘结不合纹理，其枝节卷曲也不合规矩，生长在路旁，连木匠都不屑一顾。就好像你的言论一样，大家都不相信。"庄周则说："你没有见过野猫和黄鼠狼吗？它们屈着身体埋伏起来，为了捕捉小动物，东奔西跳、不避高低，结果却掉进猎人的陷阱，死在罗网之中。现在你有一棵大树，却担心它没有用处，可是你为什么不把它种在空旷的乡土、辽阔的原野上呢？这样你就可以任意地徘徊在大树旁、逍遥自在地躺在大树下了，而这棵大树永远不会被斧头砍伐，也没有外物会伤害它，又哪有什么困苦祸患呢？"由此可见，对人类而言，大树或许没有任何有用的地方，但也正因为大树不懂得营生，反而得以恒久存在，不被人类砍伐；而野猫、黄鼠狼虽然汲汲营营，为了生存，终日扰攘无休，却也因此遭遇不幸。两者相较，孰优孰劣呢？

战国时期，有位担任长梧的封疆官吏遇见了孔子的弟子子牢，便对他说："您处理政事时不要鲁莽，管理百姓不要草率。从前我种田，耕地时粗心，收成就不好；耘草时草率，结的果实就不饱实。后来我改变做法，深耕土地，仔细耘草，稻禾就繁茂，收成也丰盛了，吃一整年都吃不完呢！"庄周听了以后，说："现在的人对待自己的身体，修养自己的心性，就很像这位官吏所讲的，遁逆自然、违背本性、泯灭真情、丧失心神，终日忙忙

无欲无私——知足快乐的智慧

碌碌，这便是鲁莽他的本性，还以为物欲罪恶才是自己的本性，于是荒秽的杂草开始萌芽，与形体相表里，戕害本性，终于导致精气涣散，百病丛生，无可救药。"（《庄子·则阳》）

所以，君王治理天下，若是扰民太甚，便容易引起民怨而招致灭亡，譬如夏桀时期，因为暴虐无道、征伐不休、劳民伤财、荒淫无度，使得人民怨声载道，苦不堪言，最后商汤取而代之；又如商纣王虽然材力过人，却拒谏饰非、耽于酒色、暴敛重刑，遂导致民怨四起，最后兵败自焚于鹿台。

圣人后其身而身先，外其身而身存

名句的诞生

是以圣人后其身而身先¹，外其身而身存²。非以其无私耶？故能成其私³。

——第七章

完全读懂名句

1. 后其身而身先：意谓自己处处谦退，反而得到众人的爱戴。2. 外其身而身存：意谓自己事事不计较利害得失，反而使自己受益。3. 私：自己。

语译：圣人处处谦退，反而得到众人爱戴；事事不计较利害得失，反而使自己受益。这不正是因为圣人不自私吗？所以能够成就自己。

无欲无私——知足快乐的智慧

177

☁ 名句的故事 ☁

　　春秋时期，楚人肩吾问孙叔敖说："您曾经三次做过楚国的宰相却不觉得荣华，三次被免去宰相的职务也没有忧虑的神色。起初我很怀疑您怎么能够这么淡泊，如今见您气度宽和、容色欢畅的样子，请问您是如何做到的呢？"孙叔敖回答："我哪有什么过人之处呢？我只是因为富贵来了，不能推辞；富贵去了，也不能挽回罢了。我认为外物的得失并不是我所能够做主的，因此没有忧愁或喜乐的心情。况且我不知道真正可贵的是令尹这个职位呢，还是我？如果是令尹的职位，那么与我无关；如果是我，则与令尹的职位无关。既然我正怡然自得，放眼天下，又哪有工夫留心外界对我是贵或贱的看法呢？"孔子听了以后说："古代真人，有智慧的人不得和他辩说、美色不能淫滥他、盗贼无法劫夺他，连伏羲和黄帝也做不了他的朋友。生死是一件大事，却无法改变影响他，何况只是爵禄呢？像这样的人，神游大山而没有阻碍，潜入深泉而不会沾湿，屈处卑贱而不觉得疲惫，神明充满天地，愈是付出自己，愈是富有啊！"（《庄子·外篇·田子方》）

　　战国时期，鲁国宰相公仪休喜欢吃鱼，国内有人送鱼给他，他都不肯接受。他的学生问他："您既然喜欢吃鱼，为什么不愿意接受大家送来的鱼呢？"公仪休问答："正因为我喜欢吃鱼，所以才不接受大家送来的鱼。因为如果接受别人送来的鱼而被免去相位，那么即使喜欢吃鱼，也无法自给自足了；但如果不接受鱼而不会被免去相位，那就能够长久地满足自己喜欢吃鱼的必要。"（《韩非子·外储说右下》、《淮南子·道应》）在位者如果只在意自己的利益而接受贿赂的话，难保不会有所偏私，处事也就无法公正。

历久弥新说名句

战国时期，齐宣王在雪宫里接见孟子。宣王说："贤明的君主也能有这种欣赏台池鸟兽的快乐吗？"孟子回答："能够和百姓同乐的贤君是有的；要是百姓不能同乐，就要非议他们的君主了。不能同乐就非议君主固然不对，但做了君主却不能与百姓同乐也不对啊！所以，能够把百姓的欢乐作为欢乐的君主，百姓自然也会把他的欢乐当作自己的欢乐；可以把百姓的忧愁作为忧愁的君主，百姓自然也会把他的忧愁当作自己的忧愁了。因此，君主若能够以天下的欢乐为乐，以天下的忧愁为愁，却还不能完成霸业，那是从来没有的事啊！"

北宋范仲淹年少时孤苦，砥砺向学，常以天下为己任，任官以后又直谏敢言。仁宗时，吕夷简担任宰相，经常推荐自己的学生出来做官，范仲淹主张朝廷用人应该选贤任能，于是上呈《百官图》，却被贬为饶州知县。后来，西夏元昊叛乱，朝廷命范仲淹以龙图阁直学士守御陕西，范仲淹号令严明，爱护士卒，使西夏人不敢侵犯宋朝边境，并私相告诫："小范老子胸中自有数万甲兵。"仁宗庆历三年，朝廷推动新政改革，任范仲淹为参知政

事，与富弼、韩琦等人一起主政，因呈《条陈十事》作为改革的依据，并要求考核官吏，使得很多官员对他十分不满，因此毁谤不断。庆历五年，新政宣告失败，范仲淹被贬至邓州知县。范仲淹内刚外和，他曾在《岳阳楼记》一文中劝勉失意志士不要因为自己的不幸遭遇而忧伤，应"不以物喜，不以己悲"，摆脱个人得失，努力做到："居庙堂之高，则忧其民；处江湖之远，则忧其君。是进亦忧、退亦忧，然则何时而乐耶？其必曰：'先天下之忧而忧，后天下之乐而乐乎!'"范仲淹一生俭朴，却乐善好施，曾经广置义田来供养族人，当他去世时，百姓纷纷为他建祠画像，历代仁人志士也多以他为楷模，真正赢得生前身后名。

以天下为己任的人会把天下人的利益当作首务，很少考虑自身的利益，因此得到天下人的爱戴；但自私利己的人却相反，为了贪慕权贵，往往希望占尽全天下的好处，却不顾百姓的生活，导致民不聊生，怨声四起，最后落得遗臭万年。

金玉满堂，莫之能守；
富贵而骄，自遗其咎

金玉¹满堂，莫之能守；富贵而骄，自遗²其咎³。功成身退⁴，天之道。

——第九章

完全读懂名句

1. 金玉：黄金与珠玉。泛指珍贵宝物。2. 遗：留下、招致。
3. 咎：灾害、祸患。4. 身退：一说退休归隐；另一说指收敛锋芒，不自恃功劳。

语译：金玉堆满了一屋子，终是无法守住；富贵且骄傲，必将自取祸患。事情完成了便退隐，才符合自然的道理。

无欲无私——知足快乐的智慧

181

名句的故事

许多人以为立下一番不凡功业，或是费尽心思攀上权贵，日后必有取之不竭的金玉宝物与荣华富贵，老子以"金玉满堂，莫之能守；富贵而骄，自遗其咎"一语，打破这些人抱持的美梦！

《庄子·盗跖》有一则借孔子之名虚构的故事，内容描述柳下惠和孔子为好友，但柳下惠的弟弟却是天下大盗，于是孔子前往盗跖的住处，与其谈论圣人才士应有的作为，并用数百里的封邑和诸侯的名位与盗跖展开协商，希望诱导盗跖从此改过迁善。盗跖对孔子的劝说非但不为所动，甚至还怒斥孔子说："城之大者，莫大乎天下矣。尧、舜有天下，使子孙无置锥之地；汤、武立为天子，而后世灭绝，非以其利大故邪？"意思是说，最大的封邑莫过于天下了！唐尧、虞舜因为拥有天下，使其子孙连立足之地都没有；商汤、周武贵为天子，其后裔却遭到断绝，不正是他们的利益实在太大的缘故吗？

显然这个盗跖并不是泛泛之辈，从他眼中看孔子所标榜的圣人，根本就是殃及后代子孙的罪人，原因即出在这些圣人背负过实的名声，以及坐拥天下这块庞大的利益，随之在后的自是无穷的祸害了！

战国秦相李斯，早年受秦始皇宠信重用时，权势显赫，富贵逼人，后来他因担心同师受业的韩非抢走自己努力经营的地位，不惜潜害韩非死于狱中；不料秦始皇去世没多久，李斯也遭宦官赵高以谋反的罪名诬陷，被判处腰斩于咸阳市，连带诛夷三族。《史记·李斯列传》描述李斯临刑之前，哭着对儿子说道："吾欲与若（你）复牵黄犬，俱出上蔡东门逐狡兔，岂可得乎？"曾是当朝威风凛凛的三公大臣，死前想的只是和儿子一同牵着黄狗，到家乡上蔡东门追逐兔子，然而这样单纯的愿望，终究是难以实现了！李斯一生的起伏际遇，实值得贪恋名利爵禄者省思。

🌀 历久弥新说名句

自古以来，"金玉"一直是人们心目中珍贵之物的象征。《诗经·大雅·棫朴》云："追琢其章，金玉其相。勉勉我王，纲纪四方。"意思是：周天子外在美得像有雕琢的花纹，内在质地美得像金玉。我们勤勉的周天子，努力地治理着四方。赞美周天子，比之为"金玉"，可见其价值之不菲。

在《世说新语·赏誉》中提到，东晋时期，曾担任司徒左长史的王蒙与当时高僧支遁两人在闲聊时，王蒙称许丹阳尹刘惔的学识丰富，可说是"金玉满堂"；支遁听了王蒙对刘惔的赞美，相当不以为然地回说："既然是'金玉满堂'，为何刘惔总是挑简短的话说呢？"王蒙答道："其实不是挑简短的话说，而是话说到了最高的境界，自然话就少了！"根据史书记载，刘惔，字真长，为政清廉，性情淡泊高雅，嗜好老庄之学，深受当时人们的敬重。王蒙以"金玉满堂"比喻刘惔满腹经纶，学富五车，可见其

无欲无私——知足快乐的智慧

对刘恢的评价颇高。

《红楼梦·第五回》描写贾宝玉梦游"太虚幻境",梦里的警幻仙子命十二个舞女演奏《红楼梦十二支》,首支《终身误》歌词写道:"都道是金玉良姻,俺只念木石前盟。空对着,山中高士晶莹雪;终不忘,世外仙姝寂寞林。"此支歌曲预示了小说主要人物贾宝玉与薛宝钗、林黛玉的不全结局。众人皆视衔玉出生的贾宝玉,与从小收到和尚送来金锁的薛宝钗乃佳偶天成,尤其和尚还交代过薛家人"等日后与有玉的方可结为婚姻";后来,贾宝玉和薛宝钗果然应验了和尚说的"金玉"联姻,两人结为夫妻,但婚后的贾宝玉仍念念不忘与前世有着"木石前盟"、今生却已不幸死去的林黛玉。故事末了,贾宝玉放弃了才德美貌兼具的贤妻,选择遁入空门,其与薛宝钗这段看似天造地设的婚姻,正如这支《终身误》的曲名一样,结果是误了三个人的终身,即便是由弥足珍贵的"金玉"匹配成的姻缘,到头来不免还是一场空。

《老子·第九章》也产生了另一句名言"功成身退"。传说春秋时人辛钘为老子的学生,人称文子,他也是越国名臣范蠡的老师,著有《文子》一书。辛钘在《文子·上德》写道:"狡兔得而猎犬烹,高鸟尽而良弓藏;功成名遂身退,天道然也。"其意为,捕获到狡兔之后,猎犬已经没用了,就会被烹煮吃掉;把高飞的鸟射尽之后,弓箭已经没用了,便可收藏起来;成就功业名声之后,就要懂得退下的身段,自然的道理就是如此。原先立下功劳的人,在事情完成后即失去利用价值,此时上位者开始心怀猜忌，恐惧对方的能力超过自己，进而将其杀害或疏远之。由此可知，具有大智慧的有功之人，必然可以掌握身退的时机，避免祸事上身！

载营魄抱一，能无离乎

载¹营魄²抱一³，能无离乎？专气致柔⁴，能婴儿乎？涤除玄览⁵，能无疵乎？爱国治民，能无为乎？天门⁶开阖⁷，能为雌⁸乎？明白四达⁹，能无知¹⁰乎？

——第十章

完全读懂名句

1. 载：发语词，无义。2. 营魄：营，精神、灵魂。魄，体魄、身体。3. 抱一：持守专一。4. 专气致柔：精气专一，身体松柔。气，指生命的能量。5. 玄览：指心。6. 天门：指眼耳鼻口等感官。7. 开阖：动静。8. 雌：柔弱。9. 明白四达：真知照耀四方。10. 知：心智。此指主观的看法。

语译：精神与身体持守专一，能够不离开道吗？精气专一，并使身体松柔，能像婴儿一样吗？澄静心智的作用，能毫无瑕疵吗？爱护人民，治理国家，能达到无为的境界吗？运用眼耳鼻口等感官来对应外物时，能维持柔弱的原则吗？真知照耀四方，能除去个人主观的看法吗？

❧ 名句的故事

唐朝慧海禅师是一位颇有修为的高僧，有人问他说："平常如何修行？"慧海禅师说："该吃饭时吃饭，该睡觉时睡觉。"那人听了以后，大惑不解，接着问："平常人不都是这样吗？"慧海禅师说："不！平常人在该吃饭时不肯吃饭，只会想东想西，千般计较；该睡觉时不肯睡觉，一样是想东想西，百般需索。"慧海禅师的意思自然是在强调持守专一的重要性，不过只有持守专一未必有助于修行，因为平常人的精神专一还有另一种可能。

齐国有一个很想要黄金的人，他走到市场里的一家金店，拿了金子就走。官差很快抓住他并质问说："这里有这么多人，为什么你还敢拿别人的金子？"那个齐国人回答："我拿金子的时候，只看见金子，没看见人。"见金而不见人，这个齐国人可说是专一到了极点，但是他的这种专一对修行是一点帮助也没有。老子说："载营魄抱一，能无离乎？"他不但要求持守专一，还要求身心都应该专一于"道"。就拿一心求金的齐人来说吧！他光是想到金子可能换得的一切享乐，因此当他伸手去拿金子时，已经无暇注意到伸手取金这件事可能带来的恶果，换言之，他的心灵受物欲所蒙蔽，他的精神也完全背离了"道"。

无欲无私——知足快乐的智慧

慧海禅师的话或许可以这么理解，对于应该做的事，就应该专心去做，不要再去想其他事。

历久弥新说名句

庄子说过一个故事：孔子曾经在楚国的树林里看见一位正在捕蝉的驼背老人。他的作法是手持一根长长的竹竿，竹竿的末端则涂着黏液，以此捕捉树上的蝉。蝉虽然躲在高高的树上，而那老人又身有残疾，可是他随手一挥就粘住一只蝉，似乎比用手拿东西还容易。孔子感到非常讶异，于是问他到底有什么技巧。老人说："开始时我练习在竹竿上放置丸子，从放置两个丸子而不坠落一直练到放置五个丸子而不坠落。当我捕蝉时，注意力就只是放在蝉的翅膀上，其他的事物都仿佛没有看见似的，所以我能轻松地捕到蝉。"听完老人的话，孔子回过头来对弟子说："这就是身心持守专一的效用！"

除了道家的老子、庄子重视持守专一以外，儒家的学者也重视专一。孔子见到捕蝉老人一事或许只是庄子所编的寓言故事，但荀子却是一个能代表儒家的真实人物。他在《劝学》一文说："目不能两视而明，耳不能两听而聪。螣蛇无足而飞，梧鼠五技而穷。"这段话的意思是：眼睛不能同时看两个方向而看得清楚，耳朵不能同时听两种声音而听得清楚。螣蛇虽然没有脚，但它能专一于飞行上；梧鼠虽然能飞行、能爬树、能游水、能打洞、能奔走，但因为不能专一，所以五种技能都不能专精，甚至不足以保护自己。

　　意大利著名音乐家雅尔图罗·托斯卡尼在八十岁生日时告诉儿子他这辈子最重要的事就是："专心致志，全神贯注。无论是指挥一个乐队，还是剥一颗橘子，只要是正在做的事情就是最重要的事。"

　　古今中外不同学派及领域的杰出人物都不约而同地强调"持守专一"的重要性，看来，"持守专一"确实是个放诸四海皆准的重要道理。

无欲无私——知足快乐的智慧

有之以为利，无之以为用

　　三十辐[1] 共一毂[2]，当其无，有车之用；埏埴[3] 以为器，当其无，有器之用；凿户[4] 牖[5] 以为室，当其无，有室之用。故有之以为利，无之以为用。

——第十一章

完全读懂名句

　　1. 辐：车轮中连接轴心和轮圈的直木。2. 毂：车轮中间作为轴心的圆木。3. 埏埴：用水和泥以制作陶器。埏，用水揉合泥土。埴，黏土。4. 户：门。5. 牖：窗子。

　　语译：三十根车辐聚绕着一个车毂，在那车轮中间的空虚，车子才能发挥作用，运转载物；揉捏黏土做成陶器，在那器皿中间的空虚，才能发挥盛装物品的功用；开凿门窗作为房舍，在那房间之内的空虚，才能让人居住。因此事物之所以能为人带来效益，正因为空虚处的存在所发挥的作用。

🌸 名句的故事 🌸

拳头要施展出力气，全凭借中间握着的空虚；国画中的高深意境，蕴藏在画面中的留白处；人想要得到更多，必须得要虚心。

在数学的世界里，看似无意义的"零"，其实是最为重要的一个数。"零"和"一"是所有整数的起源，因为只要重复将"零"加"一"或减"一"的动作，就可以得到所有的整数，数学的世界，也由此开始。正数与负数，也需要有"零"作为基准点，才能有意义。因此"零"不是"无"，而是蕴藏丰富的"有"。回到本章老子所要表达的意思，"有之以为利，无之以为用"，"一"的存在之所以能够产生意义，全因为"零"的"无"所造就。

老子在第四十章谈论万物起源时，展现了他的宇宙观思维。他说："反者道之动，弱者道之用，天下万物生于有，有生于无。"物极必反，物尽则弱，天下万物都由"有"所生出的，而"有"，却因为"无"而来。"无中生有"这个成语，就从"天下万物生于有，有生于无"这句中脱化而出，原意乃道家所指万有均生于虚的概念，后来则多被使用在指本无其事、凭空捏造之上。

"天下万物生于有，有生于无"的概念，影响了魏晋时代的

玄学家何晏、王弼两人，他们顺着这个思想脉络，提出了"贵无论"。何、王两人认为"有"的概念因为有局限，故会有所穷尽，而"无"则包罗万象，没有边际，反而能够生出一切万物，有无限的可能，是宇宙的中心。因此提出"有之为有，恃无以生；事而为事，由无以成"（何晏《道论》）的说法，主张以"无"为体，才能发挥"有"之用。

历久弥新说名句

有则故事是这样说的：一间鞋厂想要往海外拓展商机，于是分别派了两位业务员前往非洲，去进行实地的研究勘查。经过一段时间，两位业务员分别传回了消息。第一位业务员情绪低落地在报告中指出，因为非洲人都不穿鞋，因此鞋厂扩增的计划在当地难有成效。第二位业务员则反倒认为，正因为当地人都没鞋可穿，业务的推展处处是商机，故而兴奋不已。

庄子也曾说过类似的寓言。《庄子·逍遥游》："宋人资章甫而适诸越，越人断发文身，无所用之。""资"是蓄积，"章甫"是古代一种以黑布制成的礼冠，多半为读书人所戴。寓言中提到有一个宋国人囤积了一些帽子，想要运到越国去卖，以为可以大赚一笔。没想到越国尚属蛮荒之地，越国人不但剪短发，还在身上纹身，根本不穿衣，更遑论会戴这种专属读书人所戴的帽子，因此这些章甫根本就派不上用处。由这样的故事可以知道，有用与无用，有利与无利，其实是两种相对的状态，端看所持的角度及立场不同而定。

　　此外，老子在第二章中也提出了相对的观点，他说："天下皆知美之为美，斯恶已；皆知善之为善，斯不善已。故有无相生，难易相成，长短相较，高下相倾，音声相和，前后相随。"如果天下的人都知道什么是美的，那么丑的就自动被凸显出来了；如果知道什么是善的，那么不善的就特别容易被发觉了。因此老子认为有无、难易、长短、高下、音声、先后等概念，都是相对存在的。

无欲无私——知足快乐的智慧

夫唯不盈，故能蔽而新成

名句的诞生

孰能浊以静之徐清？孰能安以动之徐生[1]？保此道者不欲盈。夫唯不盈，故能蔽而新成[2]。

——第十五章

完全读懂名句

1. 徐生：慢慢恢复生气。2. 蔽而新成：去旧更新的意思。

语译：谁能够在混浊的状态中安静下来，慢慢恢复清明？谁能在安定的状态中活动起来，慢慢恢复生气？能够把握这个道理的人是不肯自满的。正因为不肯自满，所以能够去旧更新，永远保持清明。

名句的故事

南宋学者朱熹有一首诗《观书有感》："半亩方塘一鉴开，天光云影共徘徊。问渠那得清如许，为有源头活水来。"再广大的池塘，假使没有新的水流注入，迟早会变成一滩腐臭的死水。一个自满的人，就像拒绝新水的池塘，迟早会走向失败的命运。

十七世纪时，英国著名的实验生理学家哈维发表了一篇论文《动物心血运动的解剖实验》，文中阐明血液循环理论，为血液理论学奠定了厚实的基础。不过，他却不曾因此而自满，他说："谁也不可能达到完美的地步。他或许自以为知道许多，但还有更多是他不知道的。时间、空间、经历会增加他的知识，或改正他的错误。"

过去人们以为地球是平面的，后来才有人提出地圆说的理论，直到十六世纪，西班牙的麦哲伦率领船队从西班牙出发，绕行地球一圈后，又再回到西班牙，地圆的观念才得到证实。不过当初哥白尼发表地圆说时，还因此遭到宗教法庭的起诉。真理并不因哥白尼遭受打压而改变，那些自以为是的人只是因此暴露了自己的傲慢与无知而已。

历久弥新说名句

商朝最后一任君主是纣王，尽管他是使商朝灭亡的罪魁祸首，不过他并不是一个无能平庸的人，相反地，从历史记载中可以发现他其实是个智勇双全的人。

根据《史记·殷本纪》的记载，纣王口才便给，反应迅速，而且力气很大，甚至能空手和猛兽搏斗。然而，纣王自恃才智过

人，不肯接纳劝谏，只会用口才来辩护自己的错误，又经常夸耀自己的才能，以为天底下没有人能够胜过他。征伐四方，设置酷刑，杀害忠臣，囚禁异己，终于被周武王击败，自焚于国都朝歌的鹿台之上。

秦始皇也是一位聪明而残暴的君主，不过，当他决定驱逐所有非本国的官吏时，李斯上了一道奏章，里面说到："泰山不让土壤，故能成其大；河海不择细流，故能就其深。"意思是泰山之所以如此高大，是因为它不会拒绝微小的土块；黄河大海之所以如此深广，是因为它能够包容细小的水流。

看了李斯的奏章，秦始皇便收回成命。后来秦国就在这些非本国人士的协助下，吞并了六国，建立秦国的霸业。

同样是聪明而残暴的君主，纣王落了个身死国亡的下场，秦始皇却能够统一天下，其中的关键只在前者拒绝接纳劝谏，后者从善如流。

然而，秦始皇毕竟不是个理想的君主，他虽然愿意接纳好的意见，但是他的残暴却使得大多数人不敢提出意见，以至于秦国在统一天下后，还是在短时间内覆亡。

所以说，光是不自满是不够的，还要能够放低姿态，才能使好的意见源源不绝而来，也才能真正达到"夫唯不盈，故能蔽而新成"的境界。

知常容，容乃公，公乃全，
全乃天，天乃道，道乃久

不知常，妄作凶。知常[1]容[2]，容乃公[3]，公乃全[4]，全乃天，天乃道，道乃久。没身[5]不殆[6]。

——第十六章

完全读懂名句

1. 常：常道，恒常不变的道理。2. 容：包容。3. 公：公正。4. 全：周遍。5. 没身：终生。6. 殆：危殆。

语译：不能通晓常道就会因任意行动而产生祸害。通晓常道就能懂得包容，懂得包容就能够心存公正，心存公正就能做到无不周遍，无不周遍才能符合天地的法则，天地的法则就是道，道才能恒常不变。如此，终生都不会有危险。

名句的故事

有一个楚国人遗失了弓却不打算去找，别人问他原因，他说："一个楚国人遗失了弓，就有另一个楚国人会捡到它，这张弓同样是属于楚国人的，又何必去找呢？"孔子听说这件事，大加赞赏，但他补充了一句话："何必要强调楚国呢？不妨说：'有人遗失了弓，就有人得到了弓。'这样不是更好吗？"老子听到孔子的话，又加了一句："何必要强调人呢？可以说：'有遗失，就有获得。'这样不是更好吗？"

依楚国人的看法，弓即使遗失了，但只要是被本国人捡到，就可以不用在乎。这是因为楚国人对本国有强烈的认同感，所以他打破了东西一定要为个人所有的"小我"观念，而不想去寻找遗失的弓。

楚国人舍弃个人的"小我"观点，而改采国家的"大我"观点，这是孔子所赞许的，但孔子还是认为他可以有更广阔的胸襟。儒家讲求"亲亲而仁民，仁民而爱物"，人们要从自己周遭做起，先爱自己身边的人，最后达到泛爱天下所有人事物的境界。弓只要能为某人使用，就能发挥它的作用，所以无须寻找。

至于老子的观点，则是根本就否定了"拥有"这种观念。因为有得才有失，楚国人本来不曾拥有那张弓，后来拥有了，虽然遗失，也不过就是回复到不曾拥有的状态。既然如此，又何必费心去寻找呢？后人在评论这件事时，就认为老子是最大公无私的。

❧ 历久弥新说名句 ❧

庄子说过一个故事：有一个人把船藏在山里，心想山里不但隐密，而且就算有人发现，也无法开走，自以为万无一失。不料到了夜半，来了一个巨人，把整座山都搬走了，自然也同时带走那个人的船。

到底是谁有那么大的力量能搬走整座山？那就是"时间"。时间能让高山变成大海，也能让大海变成高山，更何况是一艘小小的船呢？

老子说："夫物芸芸，各复归其根。"万物从"无"而来，终将复返于"无"，既然如此，又何必执着于"有"？

"有"和"无"的观念是相对的，"他人"和"自我"的观念也是相对的。"他人"和"自我"都只是天地中的一分子，何必强分彼此？再进一步看，万物也是天地中的一分子，不管被丢在哪里，弓仍然是弓，物仍然是物，它们其实是不属于任何人的，自然也不必执着于"拥有"它。

有无相对，物我相对，这是所谓的"常道"。了解这种常道，就能包容一切，这就是"知常容"；能包容一切，就能放弃自私的观念，这就是"容乃公"；放弃自私的观念，只求物我都能各安其所，这就是"公乃全"；物我都能各安其所，才能顺应天地的秩序，这就是"全乃天"；天地的秩序就是道，而道是恒常不变的，所以说："天乃道，道乃久。"

　　道家的哲学就是这样一步一步解开人们心灵的桎梏，让人们舍弃自私的观念，以此消弭一切欲望与争斗。

　　回到庄子的故事中，那个人如果真的要把船藏起来，有没有真正万无一失的办法呢？有，就把船藏在天地之间吧！如此一来，无论它被带到何处，都还是在天地之间，永远不会被带离它所藏的地方。

见素抱朴，少私寡欲

绝圣[1]弃智，民利百倍；绝仁弃义，民复孝慈[2]；绝巧弃利，盗贼无有[3]。此三者[4]以为文不足，故令有所属[5]。见素[6]抱朴[7]，少私寡欲。

——第十九章

完全读懂名句

1. 绝圣："圣"在此指有才智的人，与圣人的"圣"不同。

2. 绝仁弃义，民复孝慈：因仁义是大道废后才产生的，是后天人造的，所以必须"绝仁弃义"，人民才会恢复慈孝的本性。3. 绝巧弃利，盗贼无有：在此"巧"指机巧，"利"指财货。若能去除内心里投机取巧的手段，并抛弃对财富的争夺，那么盗贼就将绝迹。4. 三者：指圣智、仁义、巧利。5. 属：归依、从属。

6. 见素："见"与"现"同，指表现。"素"是没有染色的丝，引伸为纯真之意。7. 抱朴："朴"为没有雕琢的木头，为质朴之意。

无欲无私——知足快乐的智慧

201

语译：断绝圣明，抛弃智慧，老百姓的利益会增加百倍；断绝虚伪的仁，抛弃虚假的义，老百姓就能回复孝慈的本性；杜绝投机取巧的手段，抛弃对利益的争夺，盗贼就会绝迹了。圣智、仁义、巧利这三者，仅仅写成文字还是不够的，要让老百姓心有所属。不仅外在表现出纯真，内心保持着质朴，减少自己的私心，还要降低自己的欲望。

名句的故事

老子认为人心最重要的原则就是"见素抱朴，少私寡欲"，唯有"朴素"与"寡欲"才能让人降低欲望，不过度贪求，那么社会上就不会有各种乱象产生了。

有个高山国家不丹，是全世界最快乐的穷国，国民平均所得仅台湾的二十分之一，在那里土地贫瘠、环境恶劣、没有名牌精品、不炫耀财富，国王的房舍比许多平民还小，但他们却有百分之九十七的人说："我很满足。"

不丹的国王提出"国家快乐力"，不以经济发展为优先，认为人民追求的是整体幸福感，不光只是物质上的满足。于是，为了保护山林，舍弃开垦矿石；为了保护环境与文化，就算拥有得天独厚的自然景观，也限制观光客的人数，宁愿少赚钱，也不急功近利。不丹人很穷，生活并不完美，餐桌上常是辣椒料理，肉类显得稀有，这些简单的食物，吃着吃着反而有一种简单的美味与幸福！

因为，他们是一个精神与文化的富国，不丹的内政部长吉莫·廷礼说："真正有品质的生活，不是生活在高物质享受的地方，而是拥有丰富的精神层面与文化。"

这样的一个世外桃源，质朴而寡欲，应该就是老子的理想国吧！

历久弥新说名句

以史为鉴，奢靡之风是家族、社会、国家的致命的腐蚀剂，其中，西晋的奢靡之风是历史上罕见。晋武帝是这股致命腐蚀剂的倡道者，灭掉吴国一统天下之后，他暴露出他骄奢淫逸的真面目，下令从孙吴的宫女中选五千人进宫，一下子使西晋后宫高达万人，接着日夜宴乐，怠忽朝政。

每天晚上，晋武帝乘坐轻便的羊车，羊车停在哪个寝宫，他停留在哪儿过夜。嫔妃们为了争宠还在庭院里种植羊爱吃的植物，后宫生活荒唐且奢华。上梁不正下梁歪，奢靡之风在权贵中蔓延，西晋朝政一片贪婪。太尉何曾，极尽浪费，一天之中光是餐宴可以花万钱，还抱怨说没有地方放筷子；何曾的儿子何劭，更是日日花上二万钱；外戚、中护军杨琇亦是如此，花钱如流水，经常不分昼夜地大宴宾客。豪富之家竞相仿效，不惶多让，像是王恺和石崇夸耀着自己的财富，互相较量。讲享受、比奢侈，这样的朝政有什么前途？能有什么发展！果然西晋国祚短促，仅五十二年。

俭朴勤勉才是国家兴盛的利器。康熙晚年为立储之事大为伤神，他深知因为他的宽厚个性造成朝政弊端，朋党与贪污横行，但他年岁已大，无力整顿。在众多皇子中，八皇子胤禩人称八贤王，但康熙认为胤禩"只学其行，未学其神"，反倒是四皇子胤禛，虽有人说他苛薄寡恩，但他刚毅的性格、处事的坚忍果断赢得了康熙的信任，承继皇位。果然雍正身体力行，早晚理政，用他个人的意志力贯彻朝政的清明，在位仅十三年，却为乾隆奠定丰厚的资产，再造大清的全盛之势。若无雍正的励精图治，力求改革与整顿，清朝有可能因为吏治腐败而国势衰退呢！

"绝仁弃义，民复孝慈"，和《老子》十八章说的"大道废，有仁义；六亲不和有孝慈"有点矛盾，老子不应该要人废了他所鄙夷的"仁义"，而又要人回到他同样鄙夷的"孝慈"吧！在湖北荆门发现的《郭店·老子》是老子去世后大约一百年的《老子》写本，本句写作"绝为弃作，民复季子"，"为"和"作"指人为的造作，"季子"义为"稚子"，指人类自然的状态。人类只有弃绝破坏自然的各种作为，才能回到稚子的天真纯朴！

绝学无忧，唯之与阿，相去几何

绝学无忧。唯¹之与阿²，相去几何？善之与恶，相去若何？人之所畏，不可不畏。荒兮³其未央⁴哉！

——第二十章

完全读懂名句

1. 唯：恭敬的应声。2. 阿：轻慢的应声。3. 荒兮：广大的样子。4. 央：穷尽。

语译：弃绝一切知识，就不会再有忧虑烦恼。别人恭敬地对待你或是轻慢地回应你，有什么差别呢？所谓的是非善恶，又有什么差别呢？别人所畏惧的，不能不畏惧。道是如此广大而没有穷尽啊！

无欲无私——知足快乐的智慧

205

名句的故事

春秋战国是一个纷乱动荡的时代，也是一个学术思想最蓬勃发展的时代。这是因为各国国君为了厚植国力，于是大量起用拥有丰富学识的人才。相对地，大量的人们也借由知识来猎取自己的名位俸禄，苏秦就是最好的例子。

苏秦是鬼谷子的弟子，他在学成后就四处游说诸侯，以求取功名富贵。一连数年，都没有得到发挥才能的机会，盘缠用尽，只好狼狈地回家。回到家中，不仅父母妻子不搭理他，嫂嫂也不愿为他做饭。苏秦受到这种侮辱后，开始发愤用功，每天读书都读到深夜，实在是困到极点时，就拿椎子刺自己的大腿，往往刺出血来，流至脚底。就这样，他终于领悟到足以说服各国君主的高深道理，就再度出门求官。

他到了赵、燕、韩、魏、齐、楚等国，游说这些国家合作抗秦。各国采纳了他的建议，并任命他为卿相，苏秦因此成了六个国家的卿相。当他风风光光地回家时，父母专程大老远地到城外欢迎儿子回来，妻子、哥哥、嫂嫂也跪在地上迎接他，连头都不敢抬起来。苏秦笑着对嫂嫂说："为什么你先前对我那么不客气，现在却又那么恭敬呢？"他的嫂嫂抬起头来说："那是因为你现在有钱有势啊！"听了嫂嫂的话，苏秦感慨地说："同样是一个人，落魄的时候，别人轻视你，发达的时候，别人敬畏你，这社会真是现实啊！"

故事并未结束，为了保持自己的禄位，他协助同门师兄弟张仪进入秦国，制订对付六国的策略，而苏秦则继续鼓动六国对抗秦国，师兄弟两人就这样利用两方的冲突得到许多好处。苏秦靠着丰富的学识来换取自己的富贵，但也带给人民无尽的痛苦。可惜好景不常，苏秦在人生事业的高峰被嫉妒他的人于齐国暗杀。临死前，苏秦对齐王说："我死后，请您将我分尸，并对外宣布我是齐国的罪人。"齐王照做后，暗杀苏秦的人立刻出面领功，但也随即被逮捕处死。苏秦就这样为自己报了仇，然而人死已不能复生。

🍃 历久弥新说名句 🍃

古人说："十年寒窗无人问，一举成名天下知。"学识可以换得高官厚禄，但不仅不能保证自己及他人的幸福，甚至还可能带来更多祸患。老子说："绝学无忧。"这句话其实有着比文字表面更深的内涵。

就现实面来看，放弃一切知识是否就能够免除一切忧虑呢？其实不然。历史上有太多受苦受难的人民，他们是根本就没有机会读书的。更何况，以自己的聪明才智来欺凌百姓的人固然不少，但没有知识空有力量的恶霸不是也有许多？当老子要我们放弃一切知识时，其实是要我们从这句话的荒谬之处重新省思知识的真正意义，那就是：知识的真正用途是在于增进幸福、免除忧虑。

　　远古时代，人们把生活经验用言语或文字记录下来，好让后世子孙不会犯前人所犯的错，好让他们的生活过得更好。但是，当后世子孙拿这些知识来当作争斗的工具时，知识的真正意义就被扭曲了。面对这种情况，老子就说："绝学无忧。"意思是干脆放弃一切知识算了。当我们试图反驳这句话时，自然会找出许多知识的好处来，如果我们与老子当面对话，老子在听了我们的反驳后，或许会微笑着说："既然如此，你们为什么不发扬知识的好处，偏要发挥它的坏处呢？"

　　老子又说："唯之与阿，相去几何？"则是另一个层面的问题。尊敬与轻视之间有多大的差别呢？以苏秦为例，在他穷困潦倒时，亲友轻视他，在他功成名就时，亲友尊敬他。同样是苏秦，不同的只有穷困或富贵而已，换言之，他的亲友轻视的其实是穷困，尊敬的其实是富贵，和眼前的那个人是不是苏秦又有什么相关？既然如此，苏秦又何必放在心上？

　　放弃一切知识是不是真的能够去除忧虑，这是很难说的。但可以很肯定地说，即使得到全天下的尊崇，也不一定能够去除忧虑，历史上有太多君王，已经用他们的悲惨遭遇证明这件事。

圣人去甚、去奢、去泰

故物¹或行或随²，或歔或吹³，或强或羸⁴，或载或隳⁵。是以圣人去甚、去奢、去泰。

——第二十九章

完全读懂名句

1. 物：存在天地间有形的东西。2. 或行或随：行，前进。随，跟从。意谓有的积极有的消极。3. 或歔或吹：歔，口鼻出气，通"嘘"。吹，从嘴里呼出气来。意谓有的歔寒有的吹暖。4. 或强或羸：强，壮健有力。羸，瘦弱。意谓有的刚强有的羸弱。5. 或载或隳：载，乘坐，引申安逸之意。隳，毁坏，引申危险之意。意谓有的安逸有的危险。

语译：天地万物有的积极有的消极，有的歔寒有的吹暖，有的刚强有的羸弱，有的安逸有的危险。所以圣人去除过分的作

无欲无私——知足快乐的智慧

209

为、去除奢侈、去除安泰，一切顺任自然。

🌀 名句的故事 🌀

春秋时期，楚人老莱子的弟子出去采柴，回来后告诉老莱子说："我在路上遇见一个人，他的上身长而下身短，有点驼背，耳朵贴在后面，眼光高远像有经营天下的志向，不知道是什么人啊？"老莱子说："这一定是孔丘，你去请他来吧！"孔子来了以后，老莱子对他说："孔丘呀！改变你矜持的外貌，抛弃你自以为是的聪明才智，那么你就可以成为君子了。"孔子听了，躬身作揖而退下，然后惶恐不安地变了脸色问道："我的德业还可以再行于世间吗？"老莱子回答："不能忍受一世的损伤就会遗万世的祸患，你是因为学识浅陋不明白这个道理，还是智略有所不及呢？因为施舍恩惠来博得众人的欢心而觉得骄傲，这是终生的羞耻，只有庸人才轻易这样做。以虚名相标榜，以私利相结合。所以与其称赞尧而毁谤桀，倒不如两者都忘掉而不加以称誉。违反物性，就要损伤，扰动心灵，都不是正道。所以圣人从容无为而有所作为，以谋求事功。而你为什么要刻意作为呢？这终究只不过是骄矜罢了。"（《庄子·杂篇·让王》）老莱子笃定弟子所遇见的人一定是孔丘，事后也证明那人确实是孔丘，可见孔丘的形象十分明显，因此，老莱子才会劝他要能放下身段，脱下骄傲，去除自以为是的聪明模样，不要那么尖锐，不要老是如此信心满满，这样才能成为一个真正的君子；否则，以孔丘目前的模样，想到处奔走宣扬儒学思想，肯定会处处碰壁，徒有满腔热情也是枉然。

⚛ 历久弥新说名句 ⚛

《书经·大禹谟》："惟德动天，无远弗届，满招损，谦受益，时乃天道。"圣人和光同尘，对别人有宽恕包容的度量，对荣辱得失有虚心容纳的雅量，所以不会因恃才而骄人，因困穷而变节，因得意而忘形，因小事而聒噪，才能与世推移。

宋神宗时，有位文人苏轼，他的才学很高，丞相王安石十分器重他。可惜他常自恃聪明，有一次他到丞相府拜见王安石，在外书房等候时，见书桌上有一首尚未写完的诗句："西风昨夜过园林，吹落黄花满地金。"苏轼一向知道菊花的花片老了只会枯萎，不会掉落地上，一时忍不住，竟提笔接着："秋花不比春花落，说与诗人仔细吟。"才刚写完就后悔了，只好偷偷溜走，隔天便被贬为黄州团练副使。第二年秋天，好友陈季常到黄州来拜访苏轼，两人到后园赏菊，不料却只见到落了满地的菊花瓣，枝上无半朵菊花。原来各地风物不同，黄州的菊花竟是在秋天落下花瓣的。苏轼这时才知道自己孤陋寡闻，也终于明白"满招损、谦受益"的道理，再也不敢狂妄自满了。

春秋时期，鲁国大夫季文子，历任鲁宣公、成公、襄公三朝宰相，地位显赫，但平时生活俭朴，连家人也是如此，有人劝他："您身为上卿，德高望重，但听说您不准妻妾穿丝绸衣服，也不用粟米喂马，这样不是显得太寒酸，恐怕会让别国的人笑话您而有损我们国家的体面啊！您为什么不改变一下这种生活方式呢？于己于国都有好处，何乐而不为？"季文子淡然一笑，然后严肃地说："我也希望把家里布置得豪华典雅，但是看看我们国家的百姓，还有许多人吃着粗糙得难以下咽的食物，穿着破旧不堪的衣服，还有人正在受冻挨饿……想到这些，我怎忍心去为自己添置家产呢？如果平民百姓都粗茶敝衣，而我却妆扮妻妾，精养良马，这样哪还有为官的良心？况且，我听说一个国家的强盛与荣耀，只能透过臣民的高洁品行表现出来，并不是以他们拥有美艳的妻妾和优良的骏马来评定。既然如此，我又怎能接受你的建议呢？"因此，君子都称赞季文子是个既廉洁又忠诚的人。

道常无为而无不为

道常无为而无不为，侯王若能守[1]之，万物将自化[2]。化而欲[3]作[4]，吾将镇之以无名之朴。无名之朴[5]，夫[6]亦将无欲。无欲以静，天下将自定。

——第三十七章

完全读懂名句

1. 守：遵行。2. 自化：指不加以人为干预，而使事物顺其自然地孕育变化。3. 欲：欲望。4. 作：兴起、发作。5. 无名之朴：指"道"。6. 夫：发语词。

语译：自然的大道通常什么都不做，却又无所不做。统治阶层的侯王若能够体守这个道理，世界万物将会回到自身原来的状态，顺应自然运行生长。生长到了后来产生了贪念欲望，我将凭借着不可名状的本源之道来镇伏这欲望。以不可名状的本源之道

无欲无私——知足快乐的智慧

213

来镇伏，如此一来便再没有欲望。没有欲望，人心就会平静，天下将会因此而自然平息动荡，回归安定。

名句的故事

老子说万物自化后，"化而欲作"，这是必然的现象。如同他在《老子》第三十章提到"物壮则老，是谓不道。不道早已"的观念。壮，是旺盛的意思。老子说，事物强壮、走到极限，难免趋于老化，就差不多到达尽头了，而老子认为如此便失去了自然柔和，是不合于道的，因为"柔弱胜刚强"（第三十六章），刚强则易折曲；而不合于柔弱之道的，也就是"不道早已"，便会加速灭亡。

"道常无为而无不为"，这是因为道对于万物运作没有分别之心，老子也说："天地不仁，以万物为刍狗；圣人不仁，以百姓为刍狗。"（第五章）刍狗是用稻草扎结成狗的形状，作为祭祀之用，用完后就丢弃。天地让万物自生自灭，并不因为物的本质差别而有不同的对待；身为统治者的圣人也是如此，令百姓自由发展，而不加以限制、束缚。

人与自然间存在着"人法地，地法天，天法道，道法自然"（第二十五章）这样的循环，既然自然是如此"无为而无不为"，人在自然之中，因为它的"无为"而没有任何的拘束，反而却感受到了自然的"无不为"之功，得以率性任真。同样地，佛家说："随缘自在，随处自在。"儒家的经典《中庸》也说"无入而不自得"，这些都与"道常无为而无不为"有着意境上的相通。

历久弥新说名句

你看自然的天道好似无所作为，然而却是无声无色地运行不息。星球运行、日升月落、草木生长、风火雨水、四季调配，却按照规律缓缓运行着，生机盎然，各得其时，这些却没有一样不是造化所致，因此说它"无不为"。

老子所谓的"无为"，是要去除有目的的人为，不多加干预，而任万物自然生长之意。另一层意思，是指不让心陷溺于任何一样外在事物之中，要破除执着，拒绝耽溺。

老子说："为无为，则无不治。"（第三章）乃是因为"无为"所生成的无执着、无私我，破除执迷之后，才能够使万物自在地各适其所，而依照应当有的状态生长，自自然然地，万物便会达到圆满至善的境地，而不必多加驱使，就可以达到天下大治的目的。因此，"无为"的清净自然，也是老子认为最佳的治国方式，因此他不断提及"无为而治"，如"上德无为而无以为"（第三十八章），又或者"故圣人云：我无为而民自化，我好静而民自正，我无事而民自富，我无欲而民自朴"（第五十七章）。老子所谓的"无为"并非什么事都不做，而是不刻意有所作为，让万物依照自然本性，展现该有的姿态。

"无为"便是最好的姿态。

祸莫大于不知足，咎莫大于欲得

天下有道，却¹走马²以粪³；天下无道，戎马⁴生于郊。祸莫大于不知足，咎莫大于欲得。故知足之足，常足矣。

——第四十六章

完全读懂名句

1. 却：撤退、返回。2. 走马：善于奔驰的马。指战马。3. 粪：耕田。古字"粪"与"播"通用。4. 戎马：兵马、战马。

语译：国家安定太平，把作战的马送返农地耕田；国家不安定，战马便在两国交战的边境出生。祸乱没有比不知足更大的，罪过没有比贪得更大的。所以知道满足的满足，就能永远满足。

名句的故事

老子以战马的所在位置，作为天下"有道"或"无道"的重要指标。天下有道时，战马都被遣回农村帮忙耕事，表示当时国泰民安，粮食丰饶；天下无道时，母马只能在战地郊外生下小马，表示当时兵荒马乱，百姓无暇于农事，遍地荒芜，民不聊生。此章意在痛陈统治者因贪婪不知足而发动战争，侵略他国领土，却不知这样的行径，带给天下人多么巨大的灾难，其造成的罪过更是无比深重。

《庄子·让王》虚构孔子与颜回师徒的一段对话，借以阐述知足的道理。孔子问颜回说："你的家境贫穷，住处卑陋，为什么不去做官呢？"颜回答道："我不愿做官。我在城外有田五十亩，足够供我要吃的稀饭；城内有田十亩，足够供我做成要穿的衣物；弹琴足以作为我的消遣，学习老师的道理足以使我快乐。所以我不愿做官。"孔子听了大感佩服地说："你的说法很好啊！我曾听过：'知足者，不以利自累也；审自得者，失之而不惧；行修于内者，无位而不怍。'这些话我已经讲述很久了，如今在你身上才得到见证，实在是我的收获啊！"孔子深谙贪欲慕名的人，终究难逃"以利自累"的命运，人在追逐的过程中，不惜用尽一切手段，也要据为己有，身心饱受利欲的拖累，纵使最后达成目的，自己也转而成为他人掠夺的目标和对象；反观知足自得的人，因为不会恐惧失去，善于涵养内心，没有名声地位也不觉得羞愧，心中无所忧虑，自然远离是非灾祸。

历久弥新说名句

除了老子"祸莫大于不知足，咎莫大于欲得"之句，古来对

无欲无私——知足快乐的智慧

贪得无餍者必招致祸害所提出的警语，也相当值得后人参考。《晏子春秋·内篇问》："得合而欲多者危，养欲而意骄者困。"所获取的东西已经很多了，却还不满足而想得到更多，这样一定会带来危害，贪恋欲望又骄横放纵，必然将遭受困厄。这是春秋齐国的晏婴劝阻齐庄公不可贸然伐晋的言辞，但庄公坚持整军西进，伐晋果然失利；经过此次教训，齐庄公不但没有记取晏婴的谏言，还仗势自己贵为齐君，行事更加为所欲为，终因私通臣子崔杼的貌美妻子，而为崔杼所杀。

另外，西汉刘向在《说苑·谈丛》中写道："祸生于欲得，福生于自禁。"意指祸是从贪欲中而来，福是从自我节制而来。又晋人葛洪在《抱朴子·知止》有云："祸莫大于无足，福莫厚知止。"最严重的祸患就是不知足，最丰厚的幸福就是知道适可而止。以上各家之语，皆在说明不知足等同于祸乱的渊薮。有一成语"得陇望蜀"，用来比喻人心贪得无餍，不知满足，此语出自东汉刘珍编撰《东观汉记·隗嚣传》。话说西汉末年，王莽篡汉，建立新朝，汉室皇族刘秀起兵反新，岑彭带兵前来投靠，被刘秀任命为大将军。岑彭与刘秀一路攻打到陇西天水时，叛将隗嚣只能坐困城池，刘秀因有事必须先返回洛阳，但心中仍挂记在西蜀称王的另一心腹大患公孙述。临行之前，刘秀写信告诉岑彭说："西城若下，便可将兵南击蜀虏。人苦不知足，既平陇，复望蜀，每一发兵，头鬓为白。"意思是说，倘若攻下陇西，便要发兵南取西蜀。人心苦在不知道满足，既然平定陇西，又希望恢复西蜀，每一次发兵，发鬓都要为之发白啊！

刘秀日后确实也如愿消灭了陇西隗嚣、西蜀公孙述两大势力，成为东汉开国皇帝，世称汉光武帝。刘秀信中所言"人苦不知足，既平陇，复望蜀"，原是表达其想要完成一统天下的壮志雄心，后来衍生成语"得陇望蜀"，却转变成嘲讽人心不知满足的贬义，相信这当是刘秀当初下笔时所料想不到的结果吧！

无欲无私——知足快乐的智慧

天之道，损有余而补不足

天之道，其犹张弓欤！高者抑[1]之，下者举[2]之；有余者损之，不足者补之。天之道，损有余而补不足；人之道，则不然，损不足以奉[3]有余。孰能有余以奉天下？唯有道者。是以圣人为而不恃[4]，功成而不处，其不欲见贤。

——第七十七章

完全读懂名句

1. 抑：向下压。2. 举：往上提。3. 奉：进献。4. 恃：依靠。

语译：上天的道理，就像张开弓弦、准备射箭一样吧？如果弦位高了，就把它压低；如果弦位低了，就把它提高；如果弓弦太长了，就把它截短，如果弓弦太短了，就把它补足。上天的道理，就是亏损有余的来弥补不足的；但人间的情况却不是这样，反而是亏损不足来进献有余。谁能够做到亏损有余来进献不足呢？只有能够体会上天道理的人。所以圣人有所作为却不自恃其能，成就一切却不自居其功，圣人无私无欲，并不特意表现自己的德性。

名句的故事

春秋时期，孔子在鲁桓公的宗庙里参观，庙里有一种器物，称作宥坐（古代的一种盛水器皿）。孔子说："真好啊！我能够看见这个器物。"于是便回过头对弟子说："拿些水来吧！"弟子将水拿来后，倒入宥坐中，不料水到一半时，宥坐就站正了，一倒满水，宥坐翻倒了。孔子见了，惊恐地变了脸色，说："好啊，这是在显示如何保持已有的成就的道理吧！"子贡在一旁问道："请问如何保持已有的成就呢？"孔子回答："减损再减损。"子贡又问："为什么是减损再减损呢？"孔子回答："因为事物极强盛后就会走向衰竭，快乐到了极点就会陷入悲伤，太阳到了天的正中处就会向西移动，月亮一旦圆了就开始亏缺。因此，太聪明睿智，就要用愚昧来守住；见识广博而善辩，就要用少言寡论来守住；果断勇武，就要用畏惧来守住；富贵广大，就要用俭约狭隘来守住；恩德施与天下人民，就要用谦虚礼让来守住。这五个原则正是先王用来守住天下而不失天下的方法。如果违反这五个原则的话，没有不危险的。"故《周易·丰卦第五十五》云："日中则昃，月盈则食，天地盈虚，与时消息。而况于人乎？况于鬼神乎？"意即，日正当中后必将西斜，月亮盈满后必将消蚀，天地

有盈满与亏损，随着一定的时间更替消亡与生息，更何况是人呢？又何况是鬼神呢？

历久弥新说名句

　　清朝，率领湘军平定太平天国的曾国藩，将自己的书房命名为"求阙斋"，因为他体悟到人生没有十全十美而没有缺陷，所以主张："君子但知有悔耳。悔者，所以守其缺而不敢求全也。"又说："君子之处顺境，兢兢焉常觉天之过厚于我，我当以所余补人之不足。"曾国藩以为自咸丰年以来，每有得意之事，就会有失意之事相随发生，譬如当他担任江西主考官时，母亲却去世；才攻克武汉获赐黄马褂，不久其座船却被俘；兄弟三人围攻瑞州，眼看就要获胜时，父亲却过世等情事，都让他大感祸福无常的可畏，因此，当他有余力时，总不吝于扶贫济弱，并设置义田，同时也一再告诫家人："不可不格外小心，以为持盈保泰之道。"

　　金庸《射雕英雄传》中有一部众英雄竞夺的武功秘笈《九阴真经》。传说是在宋徽宗政和年间，奉命编纂道家典籍《万寿道藏》的黄裳在阅读千万本道家典籍后，无师自通领会了武学奥秘；后来，宋徽宗又派黄裳率兵去剿灭明教，却因寡不敌众，受伤逃亡后，躲起来苦思敌人招式的破解方法，当他再去复仇时，仇家却死光了，原来已经过了四十多年，于是他自觉来日无多，便把毕生心血，写成上下两卷的《九阴真经》，其上卷开宗明义即是："天之道，损有余而补不足，是故虚胜实，不足胜有余。"

有什伯之器而不用，民重死而不远徙

名句的诞生

小国寡民¹，使有什伯²之器而不用，使民重死³而不远徙。

——第八十章

完全读懂名句

1. 小国寡民：国家小、百姓少。2. 什伯：古时军队中的基层编制单位。3. 重死：重视死亡一事，即不轻易冒着失去生命的危险。

语译：一个国家的国土范围小、人民少，纵使具备各种军队的武器也不见得会去使用，会使人民重视死亡的意义而不会迁徙离开。

名句的故事

老子的"小国寡民"是一个具备诗意的理想社会，所谓"甘

其食，美其服，安其居，乐其俗"，有甘甜的饮食、美观的衣服、安逸的生活、欢乐的风俗，这就是老子图谋的理想世界：无贪无欲、自给自足。所以，小国中有兵器也不需使用，有马车、舟船也用不到，人民几乎是处于"结绳记事"的时代。

所谓的"结绳"，因上古时期没有文字，人类为了记事，发明了用绳子打结的方法来记录，每一个结表示一件事，大事打大结，小事打小结。老子希望回归到这类的社会状态，其实是他对当时社会现象的积极反应。

话说商周世代是中国古文化发展的黄金时期，富裕的文化生活让人们无法节制自己的欲望，权力所能带来的财富，更让人无法克制。到了春秋时期更开启了政治权力争夺的帷幕。文明并没有让人的生活得以更加顺遂，反而造就更多人性的贪欲，进入战国时代更不遑多让。老子讲究没有杀戮征伐的生活，特别是精神上的富足，即使"虽有甲兵，无所陈之"，虽然有铠甲战袍，也没有机会拿出来展示，这就是一个没有威吓武力的社会。

晋朝陶渊明《桃花源记》中的世界，据说就是老子小国寡民的翻版。桃花源的理想国与老子的乌托邦，两者都是和谐与美好的世界。其实理想国之所以能够美好，是因为人"心"有真正的美，这个美才是造就人间净土的根基呀！

历久弥新说名句

秦朝末年有陈涉、吴广的农民起义。根据《史记·秦始皇本纪》记载，秦始皇虽然过世，他的暴名还是遍及到很远的地方。而陈涉的父亲是一个修补窗户的工人，他自己则是个雇农，当时也被秦朝征召去当兵，才能平庸；陈涉不具备孔子、墨子般的贤能，也没有陶朱公、猗顿的财富。换句话说，在历史上留名"揭竿而起"的陈涉，其时只是"蹑足行伍之闲，而倔起什伯之中"，即陈涉只是个出身军队的小兵，却率领当时只是仓促成军的众人"斩木为兵，揭竿为旗"，把木棒当作是兵器、把竹竿当作是旗子，出发声讨暴政的秦朝。没想到这一高喊，引起天下人的共鸣，也导致秦朝的覆灭呀！

清朝诸王子之间的争夺战，最有名的莫过于雍正皇帝与他的兄弟允禩，也就是排行老八的八王爷。话说雍正皇帝虽然获得正统，但由于有篡位之嫌，所以当时迟迟无法服众，其间莫过于八王爷的乱行。就在雍正即位的第四年正月，雍正皇帝在西暖阁接见诸王大臣，历数允禩的罪状，其中他说："三年以来，宗人府及诸大臣劾议，什伯累积，朕百端容忍，乃允禩诡谲阴邪，狂妄悖乱，包藏祸心，日益加甚。"（《清史稿》）意思是说，雍正在位三年以来，很多大臣都上奏允禩"什伯累积"，即暗拥兵力，他可是不断容忍，但是允的行径却更加狂乱，有迫害朝廷的危险。最后雍正皇帝判定允禩"自绝于天，自绝于祖宗，自绝于朕，断不可留于宗姓之内"，因此允禩被革去宗族之姓、沦为平民。

不论是出身于"什伯"者或累积"什伯"者，端看如何运用什伯所能产生的力量，为自己换来荣或辱。但是在老子的理想国中这样的荣或辱，却都不是需要存在的呀！

顺应自然

—— 避险养生的智慧

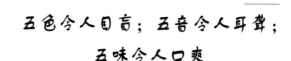

五色令人目盲；五音令人耳聋；
五味令人口爽

名句的诞生

五色[1]令人目盲[2]；五音[3]令人耳聋[4]；五味[5]令人口爽[6]。驰骋
畋猎[7]，令人心发狂[8]；难得之货[9]，令人行妨[10]。

——第十二章

完全读懂名句

1. 五色："五色"为红、黄、蓝、白、黑，意指缤纷的色彩。
2. 目盲：因为眼花撩乱而造成视觉迟钝。3. 五音："五音"为
宫、商、角、徵、羽，意指多样的音乐。4. 耳聋：因多样的嘈杂
音乐而造成听觉麻木。5. 五味："五味"为苦、辣、甜、酸、咸，
意指口味众多的食物。6. 口爽：因过于繁多的味道造成味觉迟
钝。7. 驰骋畋猎："驰骋"指骑马。"畋猎"指打猎，意指追逐
鸟兽打猎。8. 心发狂：神不守舍。9. 难得之货：稀有难得的奇

珍异宝。10. 行妨：行为有偏差。

语译：过分追求视觉的享受，最后反而眼花撩乱，无法分辨色彩之美；过分追逐音乐的享乐，最后反而听觉麻木，无法辨别音乐之美；过分追寻味道的享用，最后反而味觉疲乏，食不知味。过分纵情于骑马打猎，最后会弄得心神不宁，神不守舍；过分追求奇珍异宝、金银宝物，最后会弄得行为有偏差，行伤德坏，身败名裂。

名句的故事

美丽是一口陷阱。有一些蘑菇，颜色特别鲜艳，特别引人注目，但隐藏在这艳丽的背后，大多带有剧毒，这些蘑菇似乎是故意以美丽作为伪装，就像是传说中的蛇蝎美人。

老子说："五色令人目盲。"美丽的东西没有人不爱，但若是丑陋的东西裹上美丽的外表呢？现今的社会是一个重视形象、包装的商业时代，相同的物品，加上不同的包装和设计，价格立刻翻涨，因此"包装"成了现代人的必修课程。好产品加上好包装，自是让人津津乐道；可恨的是有不少产品，想借由包装来个"麻雀变凤凰"，让消费者炫目于美丽的陷阱中。

老子知道人性的弱点，爱看好看的、爱听好听的、爱吃好吃的，感官的享受与刺激，是口无底洞，于是他又说："驰骋畋猎，令人心发狂；难得之货，令人行妨。"提醒人们要注意，过分纵情享受、过分追求物质，都将带来损坏。

历久弥新说名句

相传有一个君王下令要从两个寺庙中选出一个"美丽的寺庙"，这两个寺庙里的和尚们便开始上上下下地忙碌起来。第一个寺庙大量购买上好的颜料，红的、黄的、蓝的、绿的，佛像、梁柱、墙面，刷上漆还掺上金粉，描上金边，极尽所能地浓妆艳抹。第二个寺庙，不见有人出来大肆采买粉刷工具，反而添购不少抹布、水桶，有人好奇地一探究竟，发现庙里的人努力擦拭着佛像、地板。

这天，比赛的日子到了。第一个寺庙果然金碧辉煌、光彩炫目，放眼望去，无一处不精雕细琢，参观的大臣们，个个叹为观止、眼花撩乱；当这群人来到第二个寺庙时，发现庙里干干净净，流露出一股静谧，每样东西都呈现出它原本的面貌，没有任何雕琢，却沉稳地和自然相映，仿佛光与影留在地板上、仿佛云与风围绕在梁柱上、朴实而洁净的佛像正不语微笑。在这儿，每个人都静了下来。"美丽的寺庙"是哪一个？答案已经在每个人的心中。

佛家语："色不异空、空不异色；色即是空、空即是色。"以为"眼耳鼻舌身意"，这"六根"的感受是不真实，"色声香味触法"这"六尘"是虚幻，因此，"色受想行识"五蕴原本就不存在，只有自在自觉、自觉自在，若真能够这样，自然就会超越一切痛苦、烦恼、灾难了。因此，就佛家而言，五色、五音、五味，一切感官享受全都是虚幻不实，借此希望大众不要沉迷于物质的享乐。

苏格拉底说过："我们需要的愈少，就愈接近上帝。"雨果也曾言："对物质过度热情，这是我们时代的罪恶。"物质的享乐是填不饱的，唯有知足，才能使人平静、安详。然而现今的社会，不断催化我们的感官，广告、媒体、流行、消费，物欲那大怪兽正啃食着我们的精神，迷惘我们的视听，怪不得我们的灵魂愈来愈匮乏，老子的智慧也离我们愈来愈远了。

圣人为腹不为目

圣人为腹不为目[1]，故去彼取此[2]。

——第十二章

完全读懂名句

1. 为腹不为目：王弼曰："为腹者，以物养己；为目者，以物役己。故圣人不为目也。"在此"腹"与"目"相对，各有两层意思。(1)"腹"指朴实无欲的生活；"目"指巧诈多欲的生活。(2)"腹"为内在的自我；"目"概括满足耳、口、心、行等外在物质。2. 去彼取此："去彼"指"不为目"，"取此"指"为腹"。

语译：圣人的生活，只求饱腹不求享受，因此应当舍弃奢侈浮华，保持质朴宁静。

顺应自然——避险养生的智慧

233

名句的故事

"圣人为腹不为目"，曾有人在晚宴致词中，引用了这句话，说道："饮食不是用来看的，而是用来大家分享。"而夏丐尊在《谈吃》一文里，更以这句话说明中国人以吃为上，吃是最要紧、吃是最实惠的！

夏丐尊说："不见到喜庆人家挂着的福禄寿三星图吗？福禄寿是中国民族生活上的理想。画上等排列氏禄居中央，右是福，寿居左。禄也者，拆穿了说就是吃的东西。老子也曾说过'虚其心实其腹'、'圣人为腹不为目'。吃最要紧，其他可以不问。'嫖赌吃着'之中，普通人皆认为吃最实惠。所谓'着威风，吃受用，赌对冲，嫖全空'，什么都假，只有吃在肚里是真的。"

然而"一个肚子能装下多少东西"？一旦吃饱了，硬撑着吃反而是受罪。但是我们眼睛所能看到的就不同了，眼睛是没有看够的时候！问题就出在如果眼睛看到的，就希望拥有，那么这个欲望之谷永远没有填满的时刻。

话又说回来，"为腹"就有满足的一刻吗？中国人的会吃、爱吃是出了名，俗话说："两脚的爷娘不吃，四脚的眠床不吃。"不仅是吃的范围，就连吃的方法都令人咋舌，这种吃，并不是老子的真义，老子说的"为腹不为目"，其实只是一种比喻。

因此，真正的满足应该建立在知足上，知足常乐，才能得到真正的平安！

历久弥新说名句

曾有两个年轻人，因为工作不顺，一起去找师父指点，两个人一起问："我们在办公室被欺负，实在是太痛苦了，是不是应该辞掉工作？"师父闭目沉思，许久，吐出五个字："不过一碗饭。"话说完，挥挥手，跟这两位年轻人道别。两人回到公司，一人递上辞呈，回家种田；另一人仍留在工作岗位上，没有动作。转眼间，十多年过去，成为农夫的那位，以现代化改良农业，成了农业专家；留在公司的那位，忍着气，努力学，渐渐受到器重，成为公司里重要的员工。

这天，两人巧遇，农业专家说："还好，我听了师父的话，'不过一碗饭'，何必硬待在公司？辞职后才有今日的发展。"另一人说："我也是听了师父的话，'不过一碗饭'，我只不过为了混口饭吃，老板说什么是什么，少赌气、少计较、多做事，才能有今天。"两人为了自己的解读，又去拜望师父，师父更老了，他仍是闭着双目，安静而平稳地说："不过一念间。"

同样是为了填肚子的五斗米，有人选择挂冠离去，不为五斗米折腰，另谋新发展；也有人转念，换个态度，重新面对自己的五斗米，反得新视野。在这两种态度之余，最怕一味抱怨自己的际遇，羡慕别人的成就，却不思自己的工作态度，捧着自己的碗，眼睛却盯着其他食物看，永远不饱足，显得贪得无厌。

"圣人为腹不为目"，在工作职场上，先捧好自己的五斗米，

光是艳羡别人的成就是没用的，脚踏实地，把自己的工作确实做好，才有机会更上一层楼，如果想要一步登天，好高骛远，对于别人成功的光环，终究只有"用眼睛去看"的份罢了！

人法地，地法天，天法道，道法自然

名句的诞生

有物混成，先天地生。寂兮寥兮，独立而不改，周行而不殆[1]，可以为天下母。吾不知其名，字之曰道，强为之名曰大。大曰逝[2]，逝曰远，远曰反[3]。故道大，天大，地大，人亦大。域中有四大，而人居其一焉。人法[4]地，地法天，天法道，道法自然。

——第二十五章

完全读懂名句

1. 殆：疲困、疲乏。2. 逝：往、行。3. 反：归、回来，通"返"。4. 法：效法。

语译：有个东西浑然而成，在天地还没有生成前就已经形成了。它既无声也无形，独立于万物之上而恒久不变，运行于宇宙之间而不疲息，可以说是天地万物的根源。我不知道它叫作什么

名字，姑且称它为"道"，勉强形容它可以说是广大无边，广大无边则周流不息，周流不息则传布久远，传布久远则返归本源。所以说道大，天大，地大，人也大。宇宙之中有四大，而人就是其中的一种。人效法地，地效法天，天效法道，道效法自然。

名句的故事

春秋时期，鲁国冉求问老师孔子："未有天地之前的宇宙，可以知道吗？"孔子说："可以，古代像现在一样。"冉求没有彻底明白就离开了。第二天他再问孔子："昨天我好像很明白，可是今天想想却又不能够理解，可以请教您这是什么缘故吗？"孔子回答："昨天很明白，是因为你心领神会了；今天又觉得糊涂，是想追求具象的答案吗？所谓无古无今，无始无终。譬如没有子孙而有子孙，可以吗？"冉求无言以对。孔子说："算了，不要再讲了。在未有天地以前所生出的是物吗？主宰天地万物的本身并不是物呀！万物的形成并不早于天地的主宰，因为在天地主宰之前还有主宰。如此推衍不已，永远没有穷尽啊！圣人爱护百姓也是没有停止的时候，这也正是取法天地自然的道理。"

有一次，孔子去见老子，老子刚洗过头发，正披散着头发让它风干，于是凝神不动像枯木似的，看不出是个人；孔子便先退出等候他。不久，孔子见了老子便说："刚才您的形体好像枯木，仿佛遗世独立的模样。"老子说："因为我正游心于万物生成之前的境界。"孔子问："怎么说呢？"老子回答："这个境界很难用言语描述。万物是由阴阳二气所生成，看似无物，却好像有人在主宰似的。譬如四时的荣枯盛衰、夜晦昼明、日迁月移，日新不已，却看不到它的运作。这就是造化自然的道。"孔子问："怎么能做到游心物外呢？"老子回答："就好像草食动物不怕移居草泽、水生昆虫不怕移居池沼，也就是即使小地方改变了，也不会影响初衷，那么就能做到不让喜怒哀乐的情绪来扰乱本心。知道自身比得失祸福更可贵，就能与时俱变；这只有得道的人能够了解。"孔子又问："您的道德可以配合天地，却还要谈论至言来修养心性，那么古代的君子，又有谁能够不谈论修养心性呢？"老子回答："不是的。水相冲激而自然成声，这是水自然的性质；至人的道德也是如此，像天高地厚、日月光明那般自然，哪里是修为呢？"

❀ 历久弥新说名句 ❀

春秋时期，老子去世后，他的朋友秦失去吊唁，却哭了几声便走出来。老子的弟子问他："您不是老师的朋友吗？"秦失回答："是啊！"弟子又问："那么，这样吊唁可以吗？"秦失回答："可以啊！原先我以为他是一位圣人，现在才知道并不是。刚才我进去吊唁时，看到有老年人哭他，像哭自己的儿子一样；有年轻人哭他，像哭自己的母亲一样。可见，他生前和别人相处时，一定有不求别人称赞却使别人称赞他、不求别人为他伤心流泪却令别人为他伤心流泪的地方。这就是违背天理，忘了他原本的秉性，古时候称作‘遁天之刑’。当你们的老师来到这个人间，是他应时而诞生；当他离开人间，也是顺理而逝世。能够安然接受应时而生，也能坦然面对顺时而逝，哀乐的情绪都不能影响人心，古时候称作‘悬解’。”

战国时期，梁惠王有位厨师，当他替惠王宰牛时，姿态巧妙，节奏优美，不用剁骨切肉，就可以顺利地把牛肢解开来，惠王十分赞叹，厨师则说：“我所爱好的是道，这已经超越技巧的层面了。起初，我所看到的是牛的形体，三年后不仅看到牛的形体而已，因为我是用心神和牛体接触，而不是用眼睛去看，这样才能按照牛体天然的组织结构，将刀子切入筋骨的间隙，然后利用牛体原有的空隙，将牛体肢解开来，就算筋骨盘结或大骨头的地方，也能游刃有余，所以，我的刀子虽然已经用了十九年，解剖了数千头牛，却仍新得像刚磨好一样锋利。”惠王听了，非常高兴地说：“太棒了，听了厨师这番话，让我领悟了养生之道。”庖丁解牛的技术高超，刀子虽然用了十九年，却仍然像新的一样锋利；而人处于世上，若能顺应自然，不受世俗的荣辱得失所困扰，那么也可以使生命不受损害，进而保全天性、尽享天年。故宋朝文人苏辙曾于《黄州快哉亭记》一文中说：“士生于世，使其中不自得，将何往而非病？使其中坦然不以物伤性，将何适而非快？”

庄周将要去世前，学生们正商议厚葬他时，他却反对地说：“天地是我的棺椁，万物当作陪葬，还有什么比这个更好的呢？”学生说：“我们担心天上的老鹰会吃掉您的身体呀！”庄周却说：

"在地上会被老鹰吃，埋在地下则会被蝼蚁吃。从老鹰那里抢过来给蝼蚁吃，为什么这么偏心呢?"如果连生死都能如此豁达面对，又哪里会被七情六欲所羁绊呢?

物壮则老，是谓不道

名句的诞生

善者[1]果[2]而已，不敢以取强。果而勿矜[3]，果而勿伐[4]，果而勿骄[5]。果而不得已，果而勿强。物壮[6]则老[7]，是谓不道。不道早已[8]。

——第三十章

完全读懂名句

1. 善者：善于用兵的人。者，一本作"有"。2. 果：效果、目的。3. 矜：自负。4. 伐：夸耀。5. 骄：骄傲。6. 壮：强大。7. 老：衰败。8. 已：消失、死亡。

语译：善于用兵的，只求达到用兵的目的就够了，不敢用来逞强。只求达到目的，而不会自负；只求达到目的，而不会夸耀；只求达到目的，而不会骄傲。事物强盛到了极点时，就会趋于衰败，所以逞强是不合于道的。不合于道的事，很快就会消失。

❦ 名句的故事 ❦

西周末年，幽王被犬戎所杀，郑武公护送周平王东迁，趁势在河南新郑一带建立郑国。新郑地区位于诸侯国的中心，也是最适合称霸的地方，果然，传到儿子郑庄公时，郑国就一跃而成强国。

郑庄公不仅继承了郑国，也同时继承了其父担任周平王卿士的名位，协助管理朝政。可是郑庄公在平定国内的共叔段之乱后，势力愈来愈大，周平王对郑庄公起了戒心，就把权力交给另一位卿士虢公，想借此制衡郑庄公。对此，郑庄公大表不满，周平王怕得罪郑庄公，于是和郑国交换人质，让王子狐住到郑国，而郑国公子忽住到都城雒邑，史称"周郑交质"。这件事大大提高了郑国的地位，也同时降低了周天子的地位。

周平王死后，周桓王即位。郑庄公更加专横，不但侵占周朝的田地，抢割周朝的收成，甚至连周天子也不愿去朝见。周桓王在大怒之下，亲自率领陈、蔡、虢、卫各诸侯国的军队讨伐郑国。郑国在繻葛这个地方迎战，周朝军队大败，连周桓王也被射伤肩膀。

郑庄公死后，几个儿子为了争夺权位，于是国家陷入为期二十年左右的内乱，让郑国国力大减。再加上郑国所在的新郑地区是最适合称霸的地方，所以郑国成为各国争战的中心。到了后来，郑国成为只能仰赖大国鼻息的小国，时而侍奉楚国，时而依

附晋国，但两国都对郑国的三心二意感到不满，经常借机攻打郑国，最后郑国被灭。春秋初期，郑国的国力就已达到顶点，连周天子对之也莫可奈何，但郑国的强大使它成为众矢之的，在各国的攻击下，就算没有内乱，恐怕也很难长久强盛。所以老子说："物壮则老，是谓不道。"郑国的例子，为这句话作了最好的注解。

❧ 历久弥新说名句 ❧

在历史上，每个朝代最兴盛的时期，往往就是由盛转衰的关键。汉武帝时期，征伐四方，无人可敌，但国库已在连年征战中逐渐被掏空。唐玄宗时期，经济繁荣，文化昌盛，国力富强，但也就是在此时发生了安史之乱，使唐朝从此一蹶不振。清高宗时期，在政治、经济和社会制度上，皆达到时代的巅峰，但是史上所称的"康雍乾盛世"也正是在清高宗在位时画下句点。

如此说来，君王治理天下乃至个人做事时，是否就该得过且过、马马虎虎就可以了？这又是误解了"物壮则老"的意思。老子说过："虚其心，实其腹。"引申来说，就是做事要踏实，存心要谦下。回顾历史，汉武帝正是好大喜功才会四处征战，唐玄宗正是志得意满才会对小人失去戒心，清高宗也同样自以为是才会让和珅等一干贪官败坏朝政。魏征在《谏太宗十思疏》里说："惧满溢，则思江海下百川。"唐太宗就是听了他的建议，以谦下之心对待官民，才能使得"贞观之治"成为盛世的代表。

"物壮则老"给我们的另一个启示是"适可而止"。《菜根谭》说："花看半开，酒饮微醉，此中大有佳趣。若至烂漫酕醄（大醉貌），便成恶境矣。履盈满者，宜思之。"喜欢买花的人会知道，买的如果是已经盛开的花朵，那么放不了多久就会凋谢腐烂。喜欢喝酒的人也知道，喝到烂醉时，随之而来的就会是酒醒时的头痛难忍。所以享乐到了极点时，也正是痛苦的开始。智者知道"乐极生悲"的道理，所以强调"适可而止"。《菜根谭》里又说："宾朋云集，剧饮淋漓乐矣，俄而漏尽烛残，香销茗冷，不觉反成呕咽，令人索然无味，天下事率类此，奈何不早回头也。"朋友聚会虽然欢乐，但是饮宴过度，伤肝伤胃，不也是另一种痛苦？相对于过度喧闹欢愉之后的孤寂清冷，不是更令人难以忍受？

顺应自然——避险养生的智慧

物或损之而益，或益之而损

道生一，一生二，二生三，三生万物。万物负阴而抱阳，冲气[1] 以为和。人之所恶，唯孤、寡、不谷，而王公以为称[2]。故物或损之而益，或益之而损。人之所教，我亦教之。

——第四十二章

完全读懂名句

1. 冲气：在此指两气相互激荡作用。冲，本指水涌动，引申有激荡的意思。2. "唯孤、寡、不谷"两句：王公常以孤家、寡人自我称呼。谷，善也。不谷，即不善。

语译：道是万物化生的总原理，由此生出一浑沌之气，再由此气形成阴阳二气，此二气交合作用又形成冲虚之气，最后便由此阴、阳、冲虚三气繁衍万物。万物承受环抱阴阳而生，这阴阳二气又不断地交合作用生成和气，以调和长养万物。人们所厌恶的，是"孤独"、"寡少"、"不善"，但王公反而用来称呼自己，刻意把自己置于卑下之地。所以任何事物，表面上看来受损，实际上却是得益；或者表面上看来得益，实际上却是损失。这是前人的遗教，如今我也用这道理来开示人。

名句的故事

"物或损之而益，或益之而损"，名句所言，正是《老子》一书惯见的重要观念和说理形式。"大音希声，大象无形"、"大成若缺"、"大直若屈"，乃至"祸福相倚"、"以智治国反为国之贼"，因此多即少，少即多，好即坏，坏即好，任何事物若单就表面妄下判断，结果往往正好相反。

其实老子的说法有其根据。此章开头所言"道生一、一生二、二生三，三生万物"，便说明了天地化育万物的过程，这过程甚至可和同是谈论宇宙生命之源的《周易·系辞》所言之"易有太极，太极生两仪，两仪生四象，四象生八卦"相互比较。老子认为，天地万物皆由阴阳二气作用而来，而《周易》之"两仪"正指阴阳。阴阳看似相对，但万物化育尚赖阴阳的作用。原来，万事万物的胜败兴衰皆无绝对，只有顺从道、不违自然，才是唯一的准则。周易是儒家引以为形而上的道德学典，却于此和老子有层次上的共通性，或许可以说，儒道两家在真理的认知上并无二致，只是在面对现实的困结或真理的落实上有不同的解决之方罢了。

于是老子便在辨析万物之源后举出实例，即名句所言，让人不由得对宇宙的奥妙感到惊奇，也不禁对人事的无常生发无限的感慨。

历久弥新说名句

越王勾践卧薪尝胆的故事为大家耳熟能详，其中"十年生聚，十年教训"的复仇准备也常被引以为坚忍不拔的典范。然而这一切，全赖范蠡和文种两位能臣的大力辅佐，才成功地改变历史，获得最后的胜利。当初勾践因不听范蠡劝告，妄自出兵，而被吴兵困于会稽山，正想以剩余的五千兵力和吴军作殊死战，是文种前去讲和，才得以苟活称臣。从此之后，越王把有关兵甲及服侍吴王夫差的事，全权交由范蠡策划；而有关原来越国国土的庶务，人民的抚恤，则交由文种来负责。勾践言听计从，文种与范蠡合作无间。但就在事成之日，范蠡"出三江，入五湖"，潇洒离去。临走前，还特别告诫文种："越王为人长颈鸟喙（《史记》作鸟喙，从《史记》），可与共患难，不可与共乐。"希望文种能早日看清事实，和他一样离开。然而文种并不理会范蠡的劝告，更不相信越王会忘恩负义。但范蠡的一席话，让文种感到有些郁闷，有好一阵子他都称病不上朝。

就在此时，有人向越王进谗言，说文种即将作乱。越王于是赐剑予文种，并告诉他："您教我攻吴的七种方法，我用了其中三种打败了吴国，剩下的四种，就请替我用在先王身上吧！"文种自知越王心意，后悔莫及，便怀着悲痛举剑自刎了。

而范蠡后来又如何呢？他在离开越国后变名易姓，来到了陶山，自称朱公。认为陶山位居天下的中央，往来交通频繁，是各类货物重要的集散地，于是在此当起了商人。凡是可以生息的便大量囤积，等到价值飙涨，便高价出售。就这样在十九年中，有三次获利千金。但他不慕荣利，马上又把赚得的钱财救助贫苦和远房亲戚。晚年退休，子孙继承事业，成了亿万富翁。至此"陶朱公"一词，便成为富翁的代称。

文种厥功至伟，理当享尽荣华；但功高亦震主，反而因此招致杀身之祸。唯有远见、大智慧如范蠡者，不恋栈权位，又能不以富贵为富贵，方能保全生命并获得真正的成功，而名句所言，也在此得到最佳的印证。

强梁者不得其死

名句的诞生

"强梁者不得其死[1]",吾将以为教父。

——第四十二章

完全读懂名句

1. 强梁者不得其死:梁,指突出之物。强梁,有刚强横暴、骄矜自恃之意。

语译:周代铭文有言:"刚强横暴的人不得好死。"我将以此作为开导世人的基本教义。

名句的故事

早自公元前二千多年,中国便进入了"青铜时代",时间约在夏至周朝之间。当时青铜器被广泛地使用,上自贵族祭祀、奏乐所使用的礼器、乐器，或单纯为代表某种重要的象征性意义之器具，下至平民百姓日常的生产工具和生活用具，乃至军队征战持有的兵器，多半为青铜所铸造冶炼的成品。

铜器上常铸有文字，这文字我们称为金文、铭文或钟鼎文，其中内容丰富多样，具有很高的学术及文化研究价值。标识器主、绘作族徽，是最早也最普遍的铭文；贵族用器上则多半记载有关王室祭典、法律条令，或征伐戎事等等，也有记媵辞（当用器作为陪嫁品时）或乐律的。而日常用器则常常铸有人们为了自我警惕所题的精要文字。

就后者而言，商汤便曾在自己每日使用的洗脸盆刻上"苟日新，日日新，又日新"一警语，希望自己能如每日洗净身上污垢般地涤荡错误，去旧图新；孔子祖先正考父每日盛食用鼎中有"一命而偻，再命而伛，三命而俯，循墙而走，亦莫敢余侮。饘（即干粥）于是，粥于是，以糊余口"之箴言，以提醒自己始终能恭敬庄重地受令，若能如此，他人也不敢对自己有所侮慢。并且做到朴实节俭，平日吃粥以求温饱即可。后来，此类铭刻也逐渐出现在庄严场合中具象征性的陈列物上，如春秋时太庙左阶前有金人，金人背有铭文，名句"强梁者不得其死"，即出于此。金人铭内容，大致教人面对世事应谨慎，特别在容易忽略的小处。名句并"好胜者必遇其敌"而言，凸显铭文强调柔弱、居下的观念。这观念和老子十分相近，又早于《老子》，由是可知老子思想其实上有所承，亦无怪乎于此会引以为教义来说明其道理了。

❧ 历久弥新说名句 ❧

在孔子众多弟子当中，子路算是十分受教也颇得孔夫子赞赏的一位。但他直爽豪义而鲁莽冲动的个性，着实给他带来许多麻烦，甚至后来还因此命丧黄泉。

先前卫灵公十分宠幸夫人南子。灵公太子蒉聩因得罪南子，便畏罪逃离。后来灵公过世，南子想立公子郢，公子郢说："太子蒉聩的子嗣辄尚在。"坚持不肯继位。于是卫便立辄为国君。十二年后，蒉聩发现自己仍无法回国，便举兵到卫邑宰（相当于县令）孔悝处作乱。后来成功地复位，即卫庄公。

当孔悝身陷危难，曾任孔悝幕僚的子路不顾自己年届六十的高龄，一听闻消息，便快马前往营救。途中巧遇同学子羔，子羔劝他大势已去，不要枉送性命。但子路认为既曾受人恩惠，如今遇难则不应逃避。在顺利进入孔悝所属城邑后，发现在城台上，孔悝正被蒉聩挟持，情况危急。于是子路火烧城台，逼得蒉聩不得不下来，但同时石乞和壶黡也趁机攻击子路，子路寡不敌众，不幸遇难，还被剁成肉酱。后来孔子得知此噩耗时，正吃着饭，他悲从中来，见到饭桌上摆着肉酱，不忍食用，便命人将肉酱拿去倒掉。

在孔子的心目中，子路勇敢过了头，遇到状况也常常不加思索，拼了命就去做。所以孔子曾说："子路，行行如也。"（行行如，有武勇刚强的气象）又说："师也辟，由也喭。"（子张外向偏激，子路粗俗鲁莽。）"由也，好勇过我，无所取材。"（仲由啊！你比我还要好勇，对于事理则不能作出正确的判断。）最后断言："若由也，不得其死然。"（像子由这样，死后怕不得善终啊！）最后竟不幸言中。回头看看子路的死，这牺牲是很不必要的，一来他衰矣老矣，即使勇敢，也难以战斗；二来他大可找救兵帮忙。孔悝倾全邑的兵力都落败了，单凭子路一人之力料想成功，实在困难。而如此出于良善的愚忠愚义，都不免惨死，更何况是既刚强又骄傲自负的人们？

甚爱必大费，多藏必厚亡

名与身孰亲？身与货孰多¹？得与亡孰病？甚爱²必大费³，多藏必厚亡⁴。知足不辱，知止不殆⁵，可以长久。

——第四十四章

完全读懂名句

1. 多：重视。2. 甚爱：甚，过分。爱，吝惜、舍不得。3. 费：消耗。4. 厚亡：厚在此当形容词修饰"亡"，表示多、大之意。亡，失去。5. 殆：疲困、衰败。

语译：名誉和身体哪个更关系密切？生命和财货哪个更重要？获得与丧失哪个是不好的？太过吝惜不舍结果耗损最大，积蓄愈多就会损失愈多。所以说，知足就不会遭受侮辱，知道节制就不会衰败，这样才可以长久。

❧ 名句的故事 ❧

"杯满则溢，月盈则亏"以杯盘盛水，满盈则容易溢出；月亮到了满月，也渐渐地露出缺角。事物发展的原理，常常是"物极而反"。所以，只有装盛着六七分满的水，凡事有所节制，才是最安稳保险的方法。这也是老子一再地警示世人，"知足"、"知止"以全身保命之道。

殷商王朝是中国历代国祚最长的朝代之一。自商汤建国到末代君王纣王亡国，一共有六百余年。在商朝末代君主纣王承继大统之时，当时的整个中国，只有殷商一个大王朝。当时可说是国力稳固，文化蓬勃发展，从青铜质材的祭祀用具鼎、簋等器具，其制作的精良与纹饰华美，可见其一斑。但是，纣王在位时，不思勤政爱民，只知兴建酒池肉林，穷极奢华浪费，耽于逸乐而毫无节制。最后，才导致周武王义兵兴起，纣王自焚于鹿台，整个大王朝政权的易主。

所以，"甚爱必大费，多藏必厚亡"，唯有"知足不辱，知止不殆"才可以永保长久。

❧ 历久弥新说名句 ❧

道家的思想，常教人"持盈守虚"，处于富贵极盛之时，不骄傲自满。对于个人内在的需求要有节制，不要有过度的物质欲

大美国学

老子

望。"甚爱"、"多藏",都是人生处世的大忌,要知足知止,才能免于"盈满之咎"。

清朝的名臣张廷玉说:"盛满易为灾,谦冲恒受福。"证严法师说:"心能知足则有福,心不知足则召祸。"心若是不知足,就会"甚爱"、"多藏",而招致祸端。所以,《菜根谭》:"贪富则贫,知足则富。"则是替本章名句作了最好的注解。

"甚爱必大费"原本的文意是指太过聚敛,舍不得付出,而招来反效果,也有人只取其字面的意思。像现代人常有因为爱情受到挫折的例子,有些人便会告诫刚步入爱情的新鲜人,面对爱情要谨慎小心,不要太过投入,"甚爱必大费",爱得太深,如果没有修成正果,一旦感情受挫,受伤也更深。

"知足"向来是道德修养的重要准则。但从不同的观点来看,"不知足"却是促成人类文明进步的原动力。因为人们对于现状不满足,不断追求生活的便利、物质的改善,不断地努力,因而促成社会经济的进步。民国初年的文人鲁迅说:"不满足是向上的车轮。"

著名的西洋童话故事作者安徒生说:"有了一些小成绩就不求上进,这完全不符合我的性格。攀登上一个阶梯固然很好,只要还有力气,那就意味着要再前进一步。"

出生入死，生之徒十有三，死之徒十有三

名句的诞生

出生入死。生之徒[1] 十有[2] 三，死之徒十有三，人之生，动之死地，亦十有三。夫何故？以[3] 其生生[4] 之厚[5]。

——第五十章

完全读懂名句

1. 徒：通"途"，途径、方法。2. 有：即"又"。十有三，其实是十三。3. 以：因为。4. 生生：谋生。5. 厚：重视、推崇。

语译：出世便是生，逝世便是死。生存的途径十之又三，死亡的途径也十之又三，人为了谋生存，不断活动而堕入死地的，也十之又三。这是为什么？因为太过于执着在谋生上了。

名句的故事

《韩非子》中有《解老》一卷，解释了《老子》中言而未明的深意。对于本章所说生死之徒各十有三，《解老》卷的解释是，因为人的身上有三百六十个关节，包括四肢以及九窍，而"四肢与九窍十有三者，十有三者之动静尽属于生焉"。这加起来一共十三个大器官，是动是静都主宰着人类的活动，属于生的途径。而这十三个器官若是不再活动，便是死了。因此说："凡民之生生而生者固动，动尽则损也，而动不止，是损而不止也，损而不止则生尽，生尽之谓死，则十有三具者皆为死死地也。"只要是有生命的就会活动，活动就会耗损身体精力，活动不停止，耗损也就持续进行，直到死为止。这就是老子所说的"人之生，动之死地"。而《韩非子》认为，这样对生命的危害甚至比遭遇猛兽攻击还要严重。要避免这样的耗损而死，《韩非子》中也记载着解决之道，"圣人爱精神而贵处静"，圣人以为只有静默养神，才是保存生命的最佳方式。

历久弥新说名句

人生有如此多的欲望，说到底，都只是为了求生存罢了。美国著名心理学家马斯洛，其理论以"需求层次"最为著名，他认为人们生而在世有各种不同的需求等着被满足，而这些需求也有其不同的层次及重要顺序。马斯洛将人的这些需求分成五个层次，由低到高排成金字塔形状，分别是生理的需求、安全的需求、社交的需求（社会关系的需求）、尊重的需求（社会承认的需求），以及自我实现的需求。

在金字塔的最底端，也就是人类生存最重要的需求，是生理的需求，至少要吃得饱、穿得暖、有栖身之所，这是最低也是最基本的需求。生理的需求满足了，还要有安全感，包括不遭受威胁的人身安全、健康的身体以及稳定的生活等等。生理与安全需求，属于低层级的需求，这些需求必须被满足了，才有心思想其他的精神层面。第三个层次是社交需求，例如对于爱情、友情等社会关系的满足；第四层次是尊重需求，包括他人对自己的认可与尊重以及成就、地位等自我价值的建立，这些均属于较高层级的需求。然而位在金字塔顶端的、最高层次的需求，则要算是自我实现的需求。金字塔的每一个层级，都需要建立在前一个层级的满足上，而自我实现的这个需求，则必须要前四个层次都完整地满足了，才能产生。

　　不过，在老子看来，需求永远没有满足的一天，如果人类永无止尽地追求"满足需求"，那便是"生生之厚"，终将"动之死地"，人类是否也应该静下心来，思索一下"不需求"呢？

顺应自然——避险养生的智慧

善摄生者，陆行不遇兕虎，入军不被甲兵

盖[1] 闻善摄生[2] 者，陆行不遇兕[3] 虎，入军不被[4] 甲兵。兕无所投[5] 其角，虎无所措[5] 其爪，兵无所容其刃。夫何故？以其无死地[6]。

——第五十章

完全读懂名句

1. 盖：发语词。2. 摄生：保养身体，维持生命。3. 兕：青牛。4. 被：遭遇、蒙受。5. 投、措：同样都是放置的意思，引伸为攻击。6. 无死地：不踏进必死之地。

语译：听说善于养生的人，行走在陆上不会遇见兕牛老虎，入军作战也不会被兵器所伤。兕牛的角无法戳伤他，老虎找不到地方以利爪攻击他，士兵的刀刃也没有下手之处，这是为什么呢？只因为这个人没有踏进致死之地。

❧ 名句的故事 ❧

《韩非子》的《解老》卷，对于此章为什么"善摄生者，陆行不遇兕虎"的解释是："夫兕虎有域，动静有时，避其域，省其时，则免其兕虎之害矣。"山间野兽的活动都有固定的领域，也有固定的时节，只要避开它们的地盘以及出没的时间，便可以避开兕虎的危害。至于"入军不被甲兵"，《韩非子》的解释则是："凡兵革者，所以备害也。重生者虽入军无忿争之心，无忿争之心则无所用救害之备。"兵器甲胄是用来防身避害的，善于养生的人进到军队里也没有忿恨争夺之心，没有忿争之心则用不上防身之物。《韩非子》在此下了个结论："圣人之游世也无害人之心，无害人之心则必无人害，无人害则不备人。"因为不害人，所以不会被人所害，也因此不用防备别人，"不设备而必无害，天地之道理也"，顺应天地间的道理而行，自然就能远离祸害，不踏进必死之地，安然而长命，因此这叫作"善摄生"。

相反地，什么是不善摄生者呢？《老子》说："强梁者不得其死。"（第四十二章）逞凶斗狠的人处事鲁莽，容易遭致不测之祸，因而不得善终。勇气能使人获益，也能使人遭害。老子说："勇于敢则杀，勇于不敢则活，此两者或利或害。"（第七十三章）逞一时的血气之勇反而成了置自己于死地的行为，不是真勇敢。真正的勇敢，是承认自己的怯弱。

顺应自然——避险养生的智慧

261

历久弥新说名句

　　同为道家经典的《庄子》，也记载了关于养生的看法。外篇卷七上的《达生》这篇文章这样说道：

　　有一次田开之去见周威公，威公知道他是祝肾的学生，而祝肾最闻名的，就是善于养生。于是威公问田开之，在祝肾那边曾学到了什么养生的方法？田开之回答："我只是在老师的门前，拿着扫帚洒扫门庭而已，还没能学到什么。"威公请他不要谦虚了，表示自己很愿意倾听、学习，希望他能说些什么。田开之于是回答，自己曾在老师那儿听见一句话："善养生者，若牧羊然，视其后者而鞭之。"这句话的意思是，善于养生的人，就像放牧羊只一样，看见落后于队伍的羊，就用鞭子去驱赶它。威公不懂这其中的意思，田开之于是举了单豹及张毅两人的例子来说明。

　　鲁国的单豹隐居在岩洞之中，喝山间的泉水，不与人争夺名利，即使年纪七十岁了，脸色还是像婴儿般红润。然而有一天，他在山间不幸碰到饿虎，被饿虎给吃掉了。另外一个叫张毅的，他好慕名利，无论是富贵人家或者一般平民百姓，没有不去奔走交往，试图攀上关系，而他却在四十岁时病死。在田开之看来，这两人都分别走在两个极端：单豹致力修养内在的德行，却被饿虎吃掉了外形；张毅希望求取外在的名利，却被疾病攻入内心。两者都各偏执于一边，也就是祝肾所说的，没有鞭赶落后的羊，以达折中之道。

　　《庄子》这里所提出的养生之方，便是不偏不倚，取其折中，也就是如同孔子所说的"过犹不及"。

含德之厚，比于赤子

含德之厚，比于赤子[1]。毒虫不螫[2]，猛兽不据[3]，攫鸟[4] 不博[5]。骨弱筋柔而握固[6]，未知牝牡之合[7] 而朘[8] 作[9]，精之至也。终日号而不嗄[10]，和之至也。

——第五十五章

完全读懂名句

1. 赤子：婴儿。2. 螫：用毒牙或毒针刺人畜。3. 据：捕捉。4. 攫鸟：猛禽，凶悍的鸟类。5. 博：攻击。6. 握固：拳头握得很紧。7. 牝牡之合：男女交配。8. 朘：婴儿的生殖器。9. 作：勃起。10. 嗄：沙哑。

语译：能体道而含德的人，可以和婴儿相比。毒虫不会螫他，猛兽不会捕捉他，凶鸟不会攻击他。他的筋骨虽然柔弱，但是拳头却握得很紧；不知道男女交配的事情，但是生殖器却能勃起，这是因为他的精气充足。整天大哭却不会沙哑，这是因为他的气能够调和。

🌀 名句的故事 🌀

远古时代，人们为了取水方便，大多居住在靠近河流的地方。然而，那些地方湿气较重，因此人们普遍罹患了关节不利之病。为了这个原因，人们发明了许多伸展筋骨的动作以对治这类疾病。在《路史》一书中说，最早发明这些动作的是"阴康氏"，所以这类动作被称为"阴康氏之舞"，也是后代气功的萌芽。

"气功"是到了近代才开始盛行的新鲜名词，古代称之为"导引"。若除去它的神秘色彩，所谓的导引其实是模仿动物的动作或形貌，配合呼吸，以达到养生健身的效果，如《庄子》所说的"吐故纳新，熊经鸟伸"，或华佗所发明的"五禽戏"等。公元 1971 年在湖南长沙附近出土的马王堆导引图为我们提供了西汉气功导引术的珍贵史料，也让我们对所谓的气功导引术有了更进一步的了解。

气功导引术的基本练习要领在于精神专一，而在《老子》一书中不但多次提到"气"这个概念，也不断强调精神专一的重要性，所以有人认为《老子》书中有很多部分谈的是锻炼气功的方法，如"谷神不死"、"专气致柔"、"塞其兑"等章，都有人从气功的角度加以解释。道家本来就有养生练气一支，而养生练气和老子的理论也声气相通，所以老子常常会以养生练气的叙述来

顺应自然——避险养生的智慧

比喻对道的修持。

若就《老子》全书的思想体系来看，全往练气的角度看《老子》一书确实有些牵强附会，但古人重视身心一体，只强调精神修养却也流入另一种偏执。老子在"含德之厚，比于赤子"这一章中，提到了"骨弱筋柔而握固"、"未知牝牡之合而朘作"、"终日号而不嗄"等，都可以视作练气的生理表现。

《史记》上曾说老子的寿命长达一百六十多岁乃至二百多岁，虽然不无疑问，但司马迁说老子"修道而养寿"，却是可信的。因为老子的八代孙李解和孔子的十三代孙孔安国都同时活在汉景帝、武帝时期，这是司马迁亲见的。由此可知老子的后代大多长寿，想来他的家族很可能有一套代代相传独特的养生秘诀。

历久弥新说名句

自汉朝以来，就有许多学者从养生练气的角度解释《老子》一书，如《河上公章句》及据传为道教始祖张陵或其孙张鲁所著的《老子想尔注》就是。

张陵将老子奉为教主，尊他为"太上老君"，继承并发挥老子"专气致柔"等理论，建立了一整套练气养生的理论系统，如北宋道士张伯端的《悟真篇》中就有诗说："阴符宝字逾三百，道德灵文满五千，今古上仙无限数，尽从此处达真诠。"诗中提到的《道德》一书就是《道德经》，也称为《老子》。

老子描述婴儿"骨弱筋柔而握固"，南宋曾慥在《道枢》中说："握固者何也？吾以左右拇指揩其三指之文，或以四指总握其拇，用左右手以拄腰腹之间者也。"简单来说，是模仿婴儿，以其余四指握大拇指成拳的一种手势。据说有促使心气归一，辟邪气的作用。

老子又说婴儿"终日号而不嗄"，说婴儿整天啼哭却不沙哑。这是因为婴儿啼哭的时候用的是腹部的力量，也就是腹式发声。腹式发声的基础则是练气时常用的腹式呼吸。

除此之外，老子的"虚静抱一"等观念都可以附会为气功的练习方法。那么，《老子》一书谈的全是气功吗？其实不然。气功的基本宗旨追求肉体的长生，对自我较为执着，老子的基本宗旨则重视精神的超脱，对自我较不执着。两者有着根本上的不同，是不可以一概而论的。只是老子不执着于肉体，所以能达到松柔虚静的境界，近代武学大师刘云樵先生说："松静乃养生之妙诀也。"或许这就是老子及其后代能普遍长寿的真正原因吧！

顺应自然——避险养生的智慧

祸莫大于轻敌，轻敌几丧吾宝

用兵有言："吾不敢为主而为客，不敢进寸而退尺。"是谓行无行[1]，攘无臂，执无兵，扔无敌。祸莫大于轻敌，轻敌几丧吾宝[2]。故抗兵相加，哀[3]者胜矣。

——第六十九章

完全读懂名句

1. 行无行：第一个"行"字是动词，意指排列行阵；第二个"行"字是名词，意指行阵。2. 宝：系指"慈"、"俭"、"不敢为天下先"三宝。参见《老子》第六十七章："我有三宝，持而保之：一曰慈、二曰俭、三曰不敢为天下先。"3. 哀：爱惜、怜恤。

语译：用兵的人曾经这样说过："我不敢挑起战端主动攻击对方，只有在不得已的情况下才会起兵应战；我不会逞强躁进寸步，而宁愿退避一尺。"这就是说：两军交战排列行阵时，要好像没有排列行阵一样；卷袖奋臂而出时，要好像没有伸出胳膊一样；拿着武器时，要像没有拿武器一样；进攻敌人时，要好像没有进攻一样。在所有的祸害中，再也没有比轻视敌人更巨大，因为轻视敌人将会丧失我的三宝。所以两军对抗而兵力相当时，有慈爱心的一方便可以获胜。

名句的故事

当吴王渡过长江、登上猿猴居住的山上时，许多猿猴都惊恐地逃到深林里。只有一只猿猴却一点儿也不怕，从容地抓爬，好像故意表现技巧给吴王看，吴王就举箭朝它射去，它则敏捷地把箭接住。于是吴王命随侍的人来帮忙射，最后那只猿猴终于抱着树木被射死了。吴王回头对朋友颜不疑说："这只猿猴自以为灵巧敏捷，向我夸耀，以至于丧命。要引以为诫啊！唉，凡事都不应该太骄傲。"

春秋时期，鲁庄公十年，齐国率兵攻打鲁国，鲁庄公准备迎战，与曹刿同坐一辆战车出发。两军在长勺相会，正当庄公下令击鼓进攻时，曹刿却劝阻，等到齐军击过三通鼓后，曹刿才说："现在可以下令击鼓进攻了。"果然大败齐军。鲁庄公问他获胜的原因，曹刿回答："打仗是全凭勇气。第一次击鼓，可以振作士兵的勇气；第二次击鼓，士兵的勇气就减弱了；第三次击鼓后，士兵的勇气就消耗完了。当敌军三鼓之后，他们的勇气已经用完了，而我们才击第一次鼓，勇气正旺盛，所以才能打胜仗。"

从前，勇健的庆忌死在要离的剑下，善射的后羿则被寒浞用桃木棒打死，子路勇猛过人却在卫国被人杀死，苏秦游说各国身佩六国相印，最后被齐闵王车裂赐死。人没有不重视自己的长处而轻忽自己的短处，但如果只沉溺在自己所重视的长处里，而不在乎自己所轻忽的短处，那么就很容易因轻敌而致祸啊！

🌸历久弥新说名句🌸

春秋时期，秦穆公打算偷袭郑国，于是便征求蹇叔的意见。蹇叔说："劳师动众去袭击远方的国家，恐怕不行吧？我方军队劳累不堪，力量消耗殆尽，而远方的君主一定会防备着我们，这样劳师动众而无所得，士兵们必然产生怨恨之心，况且行军千里，谁会不知道呢？"可惜秦穆公不肯听劝，仍然出兵攻打郑国。鲁僖公三十三年（公元前627年）春天，秦国军队经过周天子都城北门，战车上左右的士兵脱去头盔跳下车步行，走到一半又跳上车，像这样约有三百辆车。王孙满当时年纪还很小，看到这种情形，就对周襄王说："秦国军队轻佻又没有礼节，一定会失败。因为太轻佻就会缺少谋略，没有礼节就会纪律不严。进入很危险的地方，若是纪律不严，又不能有谋略，这样的军队能够不失败吗？"果然，秦军因郑国严阵以待，终于无功而返。

东晋孝武帝太元年间，前秦苻坚统一北方后，打算乘势一举消灭东晋，于是召集群臣商议，但大臣们多不赞成，并劝阻说："晋据着长江的险固，其君王又深获人民拥戴，故暂时不宜攻伐。"苻坚很不以为然地说："春秋时的吴王夫差和三国时的吴主孙皓，他们都据有长江天险，最后仍不免灭亡。现在朕有近百万大军，光是把马鞭投进长江，就足以截断江流，还怕什么天险？"苻坚不顾大臣们反对，执意出兵伐晋，亲自率领八十万大军，逼临淝水，准备攻打东晋。

东晋派大将谢玄、谢石带领八万精兵抗敌。苻坚轻敌，想凭借优势快攻；谢玄知道苻坚实力雄厚，决定采取奇袭的战术。谢玄先要求苻坚的军队向后移，好让晋兵登岸，两军决一胜负。苻坚自恃兵多，不疑有他，就答应军队后退，但在阵后的秦兵却以为秦军战败，慌成一团，丢下武器连夜逃跑，沿途只要听到风声、鹤鸣，都以为是晋军来了，混乱之中使苻坚丧失许多大将和士兵。两军交战前，苻坚登上寿阳城观察晋军的动静，发现晋军的部队严整，训练有素，将士精神旺盛，斗志高昂。再遥望八公山，见到山上长着许多类似人形的草木，竟以为都是晋军。于是回头对他弟弟苻融说："你看那山上，还有那么多实力强大的军队，谁说晋兵很少呢？"竟而流露出怅然若失的忧虑。最后苻坚的前秦军队在淝水被谢玄的晋军所败，前秦从此一蹶不振，这就是历史上著名的"淝水之战"。

无狎其所居，无厌其所生

民不畏威，则大威至。无狎[1] 其所居，无厌[2] 其所生。夫唯不厌，是以不厌。

——第七十二章

完全读懂名句

1. 狎：狎通"狭"，意为压迫、逼迫。2. 厌：憎恶、嫌弃的意思。

语译：当人民不畏惧统治者的威吓时，可怕的祸乱就会来临。不要逼迫到人民无法安心居住生活，不要嫌弃人民谋生的道路。只有不压迫人民，人民才不厌恶统治者。

名句的故事

三国时人王弼以《老子注》一书闻名千古，他在本章解释说："威不能复制民，民不能堪其威，则上下大溃矣。""威"就是以声势或武力逼迫他人，"溃"则是大水冲破堤防、四处奔流。王弼生动地形容出统治者的威吓达到顶点时，民心也将像洪水般溃堤，无法再凝聚起来，甚至产生叛乱行为。

老子接着说："是以圣人自知不自见；自爱不自贵。故去彼取此。"这里的圣人是指一位理想的统治者，他会选择"自知"、"自爱"，而不会"自见"、"自贵"，意即理想的统治者懂得自己权力伸展的界限，保障人民的生活，不会因为拥有权力而炫耀张扬、自显高贵，处处干涉人民的生活方式。这就是老子在本章的用心处。

老子表达的是，不尊重民心、不尊重民意就是春秋时代统治者的弊端，造成统治者的唯我独尊、刚愎自用的情况，也就是"自见"、"自贵"。这会造成人民"厌其所居"、"厌其所生"，在无可奈何之下，也就不得不铤而走险了。历史上的刁民、劣民、顽民、贱民，也就是这样出现的呀！

历久弥新说名句

"无狎其所居，无厌其所生"的最有力反证就是短命的晋朝。

《晋书·武帝纪》记载："诏聘公卿以下子女以备六宫，采择未毕，权禁断婚姻。"采择就是选择的意思。晋武帝居然为了充实自己的后宫嫔妃数量，下令如果没有先让皇帝挑选过的女子，就不可以结婚。这着实干涉到百姓自由婚嫁的权利。晋武帝是晋

朝的开国皇帝，国家基础尚未稳固，皇帝就如此滥权，更何况是王公大臣？

王恺与石崇的斗富就是一个活生生的殷鉴。王恺用米浆洗锅，石崇就用白蜡当柴烧；王恺做紫丝布步帐四十里，石崇就做锦布步帐五十里；石崇用香椒泥涂墙，所以家里芳香扑鼻，王恺便用赤石脂涂墙让家里变得更富丽堂皇。这就是"不自知而自见"、"不自爱而自贵"，这种人往往也是民所憎厌者。《晋书·石崇传》记载这个人："劫远使商客，致富不赀。"就是直接抢劫百姓的钱财而致富呀！当时的石崇可是堂堂的荆州刺史，"无狎其所居，无厌其所生"的意义，在此昭然若揭。

晚唐诗人曹邺《官仓鼠》中写道："官仓老鼠大如斗，见人开仓亦不走。健儿无粮百姓饥，谁遣朝朝入君口。"这首诗写的是，官仓里的老鼠不仅肥大而且勇敢，看到有人打开仓库也不会逃走；前方打仗的将士没有粮食、百姓们也都饥饿不已，到底是谁天天喂饱你们呀？这是贪官污吏毫不客气剥削百姓的写照。诗中的老鼠就是贪官污吏，那么这个"谁"是天天喂饱贪官污吏的人呢？"谁"让这些贪官污吏搜刮民脂民膏呢？答案就是统治者皇帝呀！当时的唐懿宗骄淫奢侈、花大钱迎佛骨、不思国家建树，结果导致庞勋率领一批戍卒在桂州哗变，劫夺粮库，从桂林到湖南到江淮，一直流窜到徐州，攻陷了彭城，江淮一带大乱，史称"庞勋之变"。"夫唯不厌，是以不厌"，庞勋之变就是人民给唐懿宗的痛击呀！

勇于敢则杀，勇于不敢则活

名句的诞生

勇于敢¹则杀²，勇于不敢³则活。此两者，或利或害。天之所恶，孰知其故？

——第七十三章

完全读懂名句

1. 敢：此指坚强。2. 杀：丧命。3. 不敢：此指柔弱。

语译：勇于坚强就会死，勇于柔弱就可以活命。这两种勇的结果，有的获利，有的受害。上天所厌恶的，谁知道是什么缘故？

名句的故事

老子的"勇于敢"与"勇于不敢"，指的是两种不同层级的

"勇"。一种勇是血气之勇，无视于现实不利的处境，只知一味地逞强，遭遇不测亦是必然之事；另一种勇是沉着冷静，行事谨慎，绝不冒然做出危及生命的举止。若就文字表面之义，很容易误解老子是在教人做个贪生怕死之徒；事实上，老子一直主张遵循自然规律而行，不要因任意妄为的斗勇，造成无谓的牺牲；而是要勇于不逞强，才算是真正的"勇"。

《淮南子·道应训》描写战国宋康王曾经一边跺脚、一边咳嗽，极不耐烦地对着一位名叫惠孟的贤士说："我喜欢勇武有功的事情，不喜欢满口仁义的人，你还有什么话要说呢？"惠孟回答："我要讲的道是，锐利的刀剑也刺不入，孔武有力的人也击不中，大王难道没有意愿听吗？"宋康王说："是啊！这正是我想听的。"惠孟接着说："被人拿着刀剑也刺不入，被有力者也击不中，也可说是一种侮辱；我现在要讲的道是，纵使对方有刀剑也不敢刺，有力气也不敢出手，其所以不敢刺、不敢出手，是他们根本没有意图做这些事；我要再讲的道是，不但能使他们没有意图做这些事，甚至还会兴起爱戴您的心。"宋康王愈听愈有兴趣，期待惠孟继续说下去。

惠孟这时举例说道："好比孔丘、墨翟就是这样的人。孔丘和墨翟没有国土，也没有官爵，却被天下人视为心目中的尊长，不分男女老幼都伸长脖子、踮起脚跟，希望这两人能够平安乐利。而今，大王贵为万乘之主，只要您有诚心，四境之内都能得到益处，即便是贤能的孔、墨也无法跟您相比啊！"文末引用了老子"勇于不敢则活"一语，以印证惠孟此番"大勇反为不勇"

的论述。至于惠孟口中毫无权势的孔子、墨子，因为拥有影响众人的无形力量，足以收服人心，故堪称是"大勇"。

历久弥新说名句

《论语·宪问》子贡问孔子说："管仲不是仁人吧？齐桓公杀了管仲的主子公子纠，管仲不但没有殉主，反而当了齐桓公的宰相。"孔子的回答是："管仲成为齐桓公的宰相，称霸诸侯，一匡天下，人民到现在还享受他所留下的恩惠。假使没有管仲，我们恐怕仍然生活在没有文化的境地，所以，岂能拘泥在匹夫匹妇的小信用，死于水沟而不为人知呢？"

孔子是一位重信的人，曾语出"人而无信，不知其可也"，他并非教导子贡做个失信偷生之人，而是借由子贡对管仲为人的疑惑，说明管仲当初若只拘泥小节，殉主而死，日后便无法协助齐桓公完成一匡天下的功业，如此一来，百姓将过着窘困落后的生活。由于管仲"勇于不敢则活"的表现，不仅使全国上下因而受惠，甚至余荫后世数代不绝；如其先前决定殉身于公子纠，便只能说是"勇于敢则杀"的行止，强逞一时之勇，牺牲一己性命，却是全民之福祉莫大的损失。

《庄子·齐物论》谈及大自然是没有边界的，人间的言语是没有定论的，但一般人却经常为了争辩自己是对的，不惜与人发生冲突，还自以为是英勇的表现！因此，庄子提出"大勇不忮"，意指真正的勇，不是用在逞强的勇；其后又进一步说明"勇忮而不成"，勇用在逞强好斗就不可能成功。庄子认为人们应该知道在自己不知道的地方停下来，不做没有把握的事，也不做毫无意义的激辩与争斗，这就是"知止其所不知"的智慧。北宋文学家苏轼在《贺欧阳少师致仕启》称许欧阳修"大勇若怯"，意指欧阳修外表看来怯弱，不善与人争强显胜，其实才是真正的勇者；其对"勇"的诠释，可说与前人老子、庄子如出一辙。

代大匠斲者，希有不伤其手矣

名句的诞生

常¹有司杀者²杀。夫代司杀者杀，是谓代大匠³斲⁴。夫代大匠斲者，希⁵有不伤其手矣。

——第七十四章

完全读懂名句

1. 常：恒久、不变。2. 司杀者：掌管杀害生命的人、物或事情。此处意指天道具有杀戮万物的能力。3. 大匠：手艺精巧的木工。后泛指学者、专家和技艺高超的人。4. 斲：砍、削。5. 希：少。

语译：恒久以来天道便具有能够杀戮万物的力量来主导万物的生死。凡是代替天道来主导杀戮的，就像代替手艺精巧的木匠来砍削木头一样。而代替手艺精巧的木匠来砍削木头的人，很少有不砍伤自己手的。

顺应自然——避险养生的智慧

名句的故事

宋元君（宋国国君）有一次在半夜里梦见一个人披头散发，站在门外边窥视，并对他说："我住在一个名叫宰路的深渊里，因为替清江水神名出使到河伯那里去，在路上被一个名叫的余且的渔夫捉住了。"元君醒来后，命人占卜梦的吉凶，卜人说："这是一只神龟啊！"元君问左右的人说："有没有一个叫余且的渔夫呢？"左右的人回答："有的。"宋元君说："命余且来朝见。"第二天，余且来见宋元君。元君问他："你捕到什么呢？"余且回答："我捕到一只大白龟，它的背围有五尺长。"元君说："把你的龟献上来。"元君得到白龟后，既想杀它，又想养活它，正犹豫不决时，便叫卜人占卜，卜人占卜之后回答："杀掉白龟，拿它来占卜，大吉。"于是，元君就命人将白龟杀了用来卜卦，共计卜了七十二次，没有一次不灵验。后来，孔子知道这件事后，感慨地说："神龟有本事托梦给宋元君，却没能力避开余且的渔网；它的智慧能达到七十二次占卜都应验，却不能避免自己被杀害。可见，智慧也有穷困的时候，神灵也有不及的地方啊！"（《庄子·外物》）

从小，我们就被教育着要见义勇为、锄强扶弱，然而却没有告诉我们强出头后可能面临的代价，譬如在街上看见流氓打人，见义勇为的后果可能是伤痕累累；又或者错估自己的本事，譬如不会游泳却又下水救即将溺毙的人，于是反让自己陷于困境等等，所以老子才会说："夫代大匠斲者，希有不伤其手矣。"因此，天道自有上天去做，想要替天行道的话，那只是自找苦吃罢了。正如故事中的白龟，虽然具有神通，却没办法代替天道让自己免除一死啊！

历久弥新说名句

春秋时期，楚庄王在云梦泽打猎，用箭射随兕（一种恶兽的名字），射中了一只。申子培却突然奔出劫持庄王所射中的随兕，并抢了过去将它杀掉。庄王生气地说："怎么这么大胆无礼呢？"于是命人杀了他，但左右的人都劝谏地说："子培是一位贤能的人，又是勇于直言进谏的臣子。这次无礼的举动一定有他的用意，请大王息怒明察。"庄王这才暂免杀他。过了不到三个月，子培却突然生病死了。

后来，楚国起兵，与晋国交战在两棠，大胜晋军后，庄王赏赐有功的战士，其中申子培的弟弟也出面请求赏赐："别人有功，功劳在于行军作战；我的兄长也有功劳，他的功劳在大王的车下。"楚庄王便问他："为什么呢？"子培的弟弟回答："我的兄长冒着对大王不敬的恶名，在大王面前犯了死罪，他的用心是为了效忠君主、保护大王的身体，使大王得以千岁啊！因为他曾在古书上读到：'杀随兕的人，不出三个月必死。'所以当时见到大王射中随兕，又惊又怕，便不顾一切地夺走随兕，这样他就可以代替大王承受这个灾殃而死去。"庄王听了，查阅有关的古书，果

顺应自然——避险养生的智慧

然找到了这方面的记载，于是重重赏赐了子培兄弟。

战国时期，齐湣王身上长了毒疮，派人到宋国请来名医文挚医治，文挚察看了毒疮后，对太子说："大王的病是可以治好的，可是，大王的病一旦治愈，就一定会杀死我的。"太子奇怪地说："为什么呢?"文挚回答："因为不设法激怒大王，那病就没办法医治；但激怒了大王，那一定会杀了我啊!"最后在太子苦苦哀求，并一再保证绝不会让父王杀了文挚，文挚终于答应替湣王医治。起初文挚约定日期为湣王看病，却一连约了三次都没有去，湣王因此发怒；接着文挚替湣王看病时，不脱去鞋子便踏上齐王的卧床，还踩着湣王的衣服，湣王气得大声斥骂而坐起，那病居然就治愈了。病愈的湣王依然愤怒不已，扬言要活活煮死文挚，太子与皇后急忙劝谏却始终无效，最后湣王还是用鼎镬烹煮了文挚。

申子培明知杀了随兕，不出三个月必死，却依然义无反顾地为楚庄王受了一死；文挚明知触怒齐湣王必死无疑，却为了太子而甘愿冒险。像他们的智慧都已经超出一般人许多了，可是想要代替天道来主导自己的生死，却还是不够；如果想要勉强代替天道来主导自己的生死，反而会让自己身受其害。所以战国时期的荀况说："故大巧在所不为，大智在所不虑。"真正具有大巧的人，他的"巧"就表现在"不为"上；真正大智的人，他的"智"就表现在"不虑"上。

自知者明

——立身待人的智慧

贵以身为天下，若可寄天下；

爱以身为天下，若可托天下

"宠辱若¹ 惊，贵² 大患若身³"。何谓宠辱若惊？宠为上，辱为下⁴，得之若惊，失之若惊，是谓宠辱若惊。何谓贵大患若身？吾所以有大患者，为吾有身，及⁵ 吾无身，吾有何患？故贵以身为天下，若可寄天下；爱以身为天下，若可托天下。

——第十三章

完全读懂名句

1. 若：则，那么。末二句的"若"字同此。2. 贵：畏惧。3. 身：人的自称，等于说"我"。4. 宠为上，辱为下：得宠就觉得是尊荣，受辱就认为是卑下。5. 及：若、如果。

语译："世人因为得宠或受辱就觉得惊恐，畏惧大的祸患就跟重视自己一样重要"。为什么说世人因为得宠或受辱就觉得惊

恐呢？因为在世人的心目中，得宠是尊荣的，而受辱则是卑下的，因此得宠时也觉得惊恐，受辱时也觉得惊恐。为什么说畏惧大的祸患就跟重视自己一样重要呢？那是因为我只想到了自己的关系，才会有大祸患，如果我忘了自己，那么我还会有什么祸患呢？所以，看重为天下而付出自己的人，才可以将天下寄托给他；愿意为天下而付出自己的人，才可以将天下寄托给他。

名句的故事

舜帝有一次向老师丞请教："道是可以获得而占有的吗？"丞回答："你的身体都不是你自己所有，你又怎么能够占有道呢？"舜又问："如果我的身体不是我所能拥有的，那么是谁所拥有的呢？"丞回答："你的形体是天地暂时寄托给你的；生命不是你所有的，是天地借冲和之气寄托给你的；性命也不是你所有的，那是天地顺应自然法则寄托给你的；子孙也不是你所有的，是天地因应代代相承而寄托给你的。所以，行动不知道将往哪里去，居处不知道该做些什么，饮食不知道是什么味道。这一切都是天地自然运行不息的气体所形成的，又哪里能够得到而占有呢？"透过丞的解释，我们知道：人的形躯、生命都是大自然借由巧妙的撮合暂时借给人使用的，就连子孙、个人的进退行止、吃饭、睡觉等也都是配合着大自然的运行，因此，作为一个无自主性的傀儡，与其他万物又有何差别？又哪里能够拥有道呢？如果能够明白这一点，那么就不会特别看重自己，也不会因为己身的穷困贫贱而忧虑，或因显达富贵而欢乐了。

战国时期，惠施担任梁国宰相时，庄周去看他。有人却抢先对惠施说："庄周来了，他就要取代你的相位。"惠施听了很担忧，于是派人在国内搜索了三天三夜。庄周知道了以后，主动去见惠施说："南方有一种鸟，名叫鹓雏。你知道吗？那鹓雏从南海飞到北海，不是梧桐树不栖息、不是竹实不去吃、不是醴泉不去喝。这时有一只鸱捉到一只腐烂的老鼠，见鹓雏飞过，鸱抬起头看着它，喝道：'吓！走开，别想抢我的老鼠。'现在你想拿你的梁国相位来吓我吗？"比起惠施胆颤心惊地担心相位不保，庄周视名利权贵为无物的气度更显得宽宏豁达。

历久弥新说名句

战国时期，齐国的都邑无盐有个女子钟离春，她的长相奇丑无比，尽管她自我炫耀以求出嫁，不过直到四十岁仍然处处受排斥而嫁不出去，于是她便进宫谒见齐宣王请求将她纳入嫔妃。宣王说："你连在乡里平民间都找不到婆家，却想成为君王的妃子，难道你有什么特别的才能吗？"钟离春睁大眼睛、咬紧牙齿、举起手来拍着膝头，连说了四遍："危险啊！危险！"宣王问其缘故，钟离春回答："现在国家有四种危险：第一，外有秦、楚为患，内则民心不依归，且您已经四十岁了，不立壮年的太子，却喜欢美色，一旦您发生不幸，那么国家就不免动乱；第二，您大兴土木，建筑豪华殿阁，使百姓疲惫不堪；第三，贤人隐居，忠心进谏的人不能入宫上达意见，而佞臣却横行左右，玩弄朝政；第四，您耽溺酒色，放纵狂欢，对内不理国政，对外不行诸侯之礼。所以国家危险啊！"宣王听了，感慨地叹息说："无盐君的话，说得多么透彻畅快，我还是头一回听到啊！"于是宣王拆殿阁、罢女乐、退谄谀、选兵马、充实国库、广纳谏言，延揽贤人志士，并选吉日立太子，册立无盐君为王后。齐国因此大治。

钟离春虽然其貌不扬，但关心国家大事，勇于谒见齐宣王，并当面直斥他的奢淫腐败，令宣王幡然觉悟，使齐国得以兴盛，故元人郑光祖于杂剧《钟离春智勇定齐》中赞扬她这种以天下为己任的精神。

敦兮其若朴，旷兮其若谷，浑兮其若浊

夫唯不可识，故强为之容[1]。豫兮[2]若冬涉川，犹兮[3]若畏四邻，俨兮[4]其若客[5]，涣兮[6]若冰之将释[7]，敦兮[8]其若朴[9]，旷兮[10]其若谷，浑兮[11]其若浊[12]。

——第十五章

完全读懂名句

1. 容：形容、描述。2. 豫兮：犹豫而不敢妄进的样子。3. 犹兮：戒慎恐惧的样子。4. 俨兮：庄重拘谨的样子。5. 客：一本作"容"。6. 涣兮：离散的样子。7. 释：融化。8. 敦兮：敦厚质实的样子。9. 朴：未经雕刻的原木。10. 旷兮：开阔的样子。11. 浑兮：浑沌昏昧的样子。12. 浊：混浊的大水。

语译：正因为得道的人深远到不容易认识，所以只能勉强加以形容。他犹豫而不敢妄进，像在冬天要走过结冰的河川一样；

自知者明——立身待人的智慧

戒慎恐惧，像是畏惧着四方的强敌一样；庄重拘谨，像是在别处做客一样；放弃一切知觉的作用，像是冰块的融化一样；敦厚朴实，像是未经雕刻的原木一样；开阔包容，像是广大的山谷一样；浑沌昏昧，像是混浊的大水一样。

❧ 名句的故事 ❧

楚人卞和在荆山发现一块罕见的璞玉，便将它献给楚厉王。厉王命令玉工检视，玉工说那不过是一块普通的石头罢了。厉王很生气，就砍去卞和的左脚。厉王死后，武王即位。卞和再次将璞玉献给君王，想不到武王也认为他是骗子，于是砍去他的右脚。等到文王继位，卞和已不敢将璞玉献上，但想到这么好的璞玉竟然被埋没，于是在荆山山脚下抱着这块璞玉痛哭，一连哭了三天三夜，连眼里都哭出鲜血。文王听说这件事，就召见卞和，并让玉工加以琢磨，才发现这是一块上好的美玉。为了感谢卞和对专业的坚持，文王便将这块美玉命名为"和氏璧"。

能持守正道的人往往也像这块著名的和氏璧，乍看之下，并不能知道他的不凡之处。他就像质朴的原木，像空旷的山谷，就像混浊的大水，可是原木拥有雕成各种样貌的可能，山谷拥有开阔的空间，而大水的混浊，则是因为它汇聚了许多大大小小的水流。有道之士之所以看似平庸，是因为他把表现的机会让给别人。就像孔子，他在平常时候不太说话，但是该说话的时候，却显得辩才无碍。试想，孔子若自恃其能力，只顾着自己发表意见，别人又能提得出多少比他更好的意见呢？

老子曾说："下士闻道，大笑之。"普通人不仅嘲笑那玄虚的大道，往往也会轻视那有道的高人。不过，当老子骑牛西去，那关令尹喜竟能看出老子的不凡而求他写下五千字的《道德经》，这位守关的小吏应该也是像卞和一样，是位独具慧眼的人物吧！

☙ 历久弥新说名句 ❧

孔子曾说："以貌取人，失之子羽；以言取人，失之宰予。"子羽姓淡台，名灭明，因为外貌丑陋，所以孔子曾以为他是个没出息的弟子。但淡台灭明出任官职后，公正无私，展现了杰出的才能。至于宰予，则是孔门弟子中口才最好的，但是他在大白天睡觉，被骂"朽木不可雕也"，又和孔子争论三年之丧的问题，自认为父母死亡不到三年就吃好穿好的，一样可以心安，所以又被骂"不仁"，可说是孔子最头痛的学生之一。后来，孔子多次批评"巧言令色"的人，或许就因为对宰予感到失望。

其实以貌取人乃至以言取人并非全然不对，否则后世不会有那么多观人术。从三国时的诸葛亮到清代的曾国藩等，都有一套独到的观人术。就连孟子也曾说过："存乎人者，莫良于眸子。"以为从人的眼睛中可以看出他的善恶与否。只是，以貌取人时不该只注意到对方外表的美丑，还应该注意到他的态度举止等细节，以言取人时也该试着体会出对方话语中所隐藏的真意及他是否能付诸实现。更重要的是，外貌、言语都只能是参考。

老子说得道的人"敦兮其若朴，旷兮其若谷，浑兮其若浊"，这其实也可以算是一种观人术。真正了解道的人在外在的表现上应该有一个共同的特征：大智若愚。正如《菜根谭》所说："醲肥甘辛非真味，真味只是淡；神奇卓异非至人，至人只是常。"至于那些看似绝顶精明、事事一手包办的人，他们或许是"贤人"，是"能人"，但绝不是最高境界的"至人"，因为他们没有足够的雅量，以至于不懂得适时把表现机会让给别人。

夫物芸芸，各复归其根

名句的诞生

致虚极[1]，守静笃[2]。万物并作[3]，吾以观复[4]。夫物芸芸[5]，各复归其根[6]。归根曰静，是谓复命[7]。复命曰常[8]，知常曰明[9]。

——第十六章

完全读懂名句

1. 致虚极：完全达到内心空虚的境界。极，极点。2. 守静笃：彻底做到内心寂静的状态。笃，顶端。3. 作：生长活动。4. 复：循环反复。5. 芸芸：繁盛众多。6. 根：根源。7. 命：本性。8. 常：恒常不变。9. 明：明智。

语译：完全达到内心空虚的境界，彻底做到思想寂静的状态。万物生长活动，我以空虚寂静的心观察它们循环反复的原则。万物虽然繁盛众多，但最后还是要归返到它们的根源。归返到根源叫作虚静，就是所谓的回复本性。回复本性才是永恒不变

自知者明——立身待人的智慧

293

的常道，知道常道才是真正的明智。

名句的故事

　　《淮南子·说林训》中说："鸟飞反乡，兔走归窟，狐死首丘，寒将翔水，各哀其所生。"鸟飞得再久也要返回故乡，兔跑得再远也会回到窝里，狐狸死的时候会把头朝着洞穴所在的山丘，水鸟寒将在水面飞翔，各自都会依恋着所生的地方。不仅生物如此，古人也很重视"落叶归根"的观念，强调即使长久居住在外地，终究还是要回到自己的故乡。

　　禅宗六祖慧能在三十多岁时到黄梅跟随弘忍学习佛法。后来回到韶州，在曹溪的宝林寺里传授佛法。有一天他召集门徒，告诉大家说他不久就会离开人世，大家都非常难过，苦苦哀求慧能留下。慧能告诉门徒说："叶落归根，来时无口。"有来就有去，这是理所当然的道理，人的形骸，也该有所归宿，就像树叶凋谢以后，终究还是掉落到树根处。万物都是从无到有，所以"无"才是万物的根源。老子说："夫物芸芸，各复归其根。"既然如此，当万物归返根源时，即归返空无时，又何必介怀呢？所以老子又说："归根曰静，是谓复命。"意即万物终究要回复到虚无寂静的本性。

◎ 历久弥新说名句 ◎

　　庄子说："予恶乎知恶死之非弱丧而不知归者邪?"他以为人本来就是没有生命的，直到天地父母赋予个人生命，个人就像离开了故乡而展开另一种新的生活。"弱丧"指的是在年纪很小时就离开故乡的人。因为离开故乡时年纪太小，时间又太久，以至于忘了故乡而害怕回去。庄子认为死亡就像是回归故乡。他还认为死亡只是生命的一个历程："夫大块载我以形，劳我以生，佚我以老，息我以死。"自从天地赋予个人形体后，生命会使个人劳苦，年老会使个人清闲，死亡则会使个人得到休息。

　　王羲之《兰亭集序》引庄子的话说："古人云：'死生亦大矣。'岂不痛哉！"死亡固然令人伤感，但孔子、庄子等智者都看得很开。至于人们该如何面对生命中的最后一站，庄子的话或许可以当作我们的参考："善吾生者，乃所以善吾死也。"好好地活过生命中的每一天，就能好好地面对生命的最后一天。

自知者明——立身待人的智慧

道者，同于道；德者，
同于德；失者，同于失

名句的诞生

　　故从事于道者，同于道；德者，同于德；失[1]者，同于失。同于道者，道亦乐得之；同于德者，德亦乐得之；同于失者，失亦乐得之。

——第二十三章

完全读懂名句

　　1. 失：指失道、失德，也就是不道、不德的意思。

　　语译：因此按照大道做事情的人就会与道相同；按照大德处事的就和德相同；从事于不道不德的，就会失去道和德。得到道的，道也乐于和他在一起；得到德的，德也乐于和他相处；失去道和德的人，道和德也乐于失去他。

❦ 名句的故事 ❧

你的心朝向哪里，哪里就是你的家。同声相应、同气相求；水就湿、火就燥；云从龙、风从虎。有一句话说"物以类聚"，世界上的事情都是归了类的。与道相和，就能得到道的接纳，就能得到道的呵护。因为人类有自由意志，我们的意志可以选择，选择哪条路，便会走上那条路，俗话说"歹路不能行"，一旦跨入失道失德之路，那只好与败类成一途了。

2006 年诺贝尔和平奖得主尤努斯，他扭转了一亿人的命运。尤努斯是一位经济学博士，他曾获美国华顿商学院评选为 1979 年来全世界最有影响力的二十五位经济领袖之一。他放弃在美国的教授工作、放弃拥有豪宅的舒适生活，甚至离开妻女，回到孟加拉投入帮助穷人脱贫的生活。

他目睹一位贫穷的妇女苏菲亚跟富人借了五塔卡买竹子编织竹椅，只为了赚取零点五塔卡，相当于零点零二美元的利润糊口。尤努斯感到气愤，于是花了一周的时间调查这个村庄，到底有多少人过着像苏菲亚般的生活。答案令人震惊，有四十二位村民只借贷到二十七美元，尤努斯皱眉了，富人运用高利贷将贫穷捆绑在他们身上，他们根本无力脱离贫穷人生。而这群人，是拥有工作能力的人，于是他掏出二十七美元借给这些村民，村民看他的眼光像是看到神。

因为穷人没有担保品，银行不愿借钱给他们，尤努斯努力说

服孟加拉银行农业银行，成立了"乡村银行"，借钱给穷人。他挑战制度、挑战文化，违反宗教风俗，放款给妇女，最后让妇女拥有了知识与新观念，自食其力的思考种子发芽、苗壮。

尤努斯做到了，凭他一个人的力量，改变一亿人的命运；他不只见证了第三世界挣扎脱贫的历史，而且改写历史。数百年后，孟加拉人或许不会记住历任统治者的名字，但是，"尤努斯"这个名字将永远烙印在孟加拉人心中。

尤努斯可以选择一条轻松舒适的道路，但他走向改造之路，他成功了！"道者，同于道；德者，同于德"要迈向哪一条路，从足下那一步开始。

历久弥新说名句

范钦是明代嘉靖年间人，他是一位藏书家。他的藏书楼即是保有珍贵书籍文化的"天一阁"。藏书家遇到的麻烦大多在身后，若没有强大的意志力，藏书大多只延续几代就流散了。范钦深深了解这个问题，他面临要把维护藏书的意志力变成一股不可动摇的家族使命，于是当八十高龄的范钦快走到生命尽头时，把大儿子和二媳妇（二儿子已亡故）叫到跟前，安排遗产继承。他给后代出了一道难题，遗产分成两份，一份是万两白银，一份是藏书楼，让两房挑选。

这是一种非常奇怪的遗产分配法，万两白银可以立即花用，而藏书除了沉重的负担外并没有任何享用的可能，因为范钦早就告示后代藏书绝不能有任何一本变卖，为什么他要这么做？

这个不近情理的难题让立志继承藏书的一房完全无利可图，但也唯有如此，才能义无反顾、别无他求地承担起艰苦的藏书事业。大儿子范大冲立即开口，他愿意继承藏书楼，并拨出自己的部分良田，以田租充当藏书楼的保养费用。就这样，保存藏书楼的接力赛开始，一代接着一代，天一阁藏书对范氏后代来说几乎成了宗教式的朝拜，守了几百年。后来，黄宗羲登楼了，跨入天一阁，翻阅里面的藏书；乾隆决定编纂《四库全书》，天一阁更是进呈了珍贵古籍五百余种。

为保存藏书，需要一份坚持、一份固执，其中的牺牲与严苛如一首壮烈史诗，范氏家族坚韧地做到了！也为中华文化留下了庞大的珍贵财产。

为道、为德亦是如此，义无反顾后，将成为必达的使命，道与德也将乐于跟随。

重为轻根，静为躁君

重为轻根¹，静为躁君²。是以圣人终日行不离辎重³，虽有荣观⁴，燕处⁵超然⁶。

——第二十六章

完全读懂名句

1. 根：根本。2. 君：主宰。3. 辎重：行李。4. 荣观：表面丰富的物质享受。5. 燕处：日常的时候。6. 超然：超脱的样子。

语译：慎重是轻浮的根本，虚静是躁动的主宰。所以圣人整天行走却不离开行李，虽然有表面丰富的物质享受，日常的时候表现得都很超脱。

名句的故事

农业社会尊崇上天，重视土地。孔子说："天何言哉？四时行焉，百物生焉。天何言哉？"上天不言，而能生育万物；大地稳重，而能承载万物。农业社会的人们重视的是做事，而不是说话，这和商业社会有很大的不同。然而，时间进入春秋战国时代，传统价值观有了极大的改变。许多人为了谋求高官厚禄，于是凭借着他们的口才，四处游说诸侯，他们一切以利益为依归，论点可以一日数变，今日可以否定昨日的说法，明日又可以否定今日的说法，他们的外在表现就是轻浮，就是躁动。针对这样的情形，老子说："重为轻根，静为躁君。"以期人们能重新正视事物的本质。

🕸 历久弥新说名句

　　明代方孝儒在《家人箴》里说："惟重惟默，守身之则；惟诈惟佻，致患之招。"意即慎重和静默才是守身的法则，诈伪和轻佻，则是招祸的根源。《菜根谭》说："守静而后知好动之过劳，养默而后知多言之为躁。"意即持守清静的心境，才知道喜好躁动只会增加劳苦，培养沉默的态度，才知道多讲话只会造成烦扰。这些话显然都是顺着老子"重为轻根，静为躁君"的思路而来。但我们不禁要问，是否静默就是对的？

　　秦二世时，赵高专权。他为了测试大臣对自己的忠诚度，于是献给秦二世一头鹿，并说自己献上的是一匹马。秦二世笑着说："丞相弄错了，这是一头鹿，不是一匹马。"这时赵高回过头来问群臣："这是一头鹿还是一匹马？"大臣们畏惧赵高的权势，

纷纷附和他说："是马!"只有一些大臣保持沉默。赵高暗中记下这些保持沉默的人,不久就找借口杀掉他们。

面对恶势力,保持沉默当然是比颠倒是非来得高明一些,但也只是五十步与百步的差别,更何况这些保持沉默的大臣们,连自己的命都保不住,倒不如在殿上叱责奸臣,还能博得一丝美名。

叱责奸臣并不是道家人物的作风,保持沉默也不是,更甭提附和奸臣。道家人物会选择明哲保身,远离恶势力,因为他们不会白白地牺牲自己的生命。道家人物虽然能够轻松地看待死亡,但他们同时也重视生命,因为那都是天地的安排。所以老子西出函谷关,庄子拒绝楚威王的征聘,至于占着位子不说话不做事的人,那都只是一些完全不懂道家哲学的投机分子。

善人者，不善人之师；不善人者，善人之资

故善人者，不善人之师；不善人者，善人之资¹。不贵² 其师，不爱其资，虽智大迷，是谓要妙³。

——第二十七章

完全读懂名句

1. 资：在这里等同于"取"，取资、借镜的意思。2. 贵：重视。3. 要妙：精要奥妙。

语译：善人，是不善人的老师；不善的人，是善人的借镜。假若不善于向老师学习，又不重视并学习镜子所提供的借鉴，即使再有智慧，也是身陷大迷之中，这道理是非常精要玄妙的呀。

名句的故事

善人与不善人，在老子眼中，都是可以互相取资借镜，并从

自知者明——立身待人的智慧

而令双方都有所成长的。老子在阐述这个道理之前，先作了几个比喻。他说："善行无辙迹，善言无瑕谪，善数不用筹策，善闭无关楗而不可开，善结无绳约而不可解。"善于行走的人，走后不会留下车轮痕迹；善于说话的人，不会说出不该说的话，令言语使人难过或者受人指谪；善于计算谋划的人用不着竹策筹码来辅助运算；善于看守门户的人不必使用栓梢也能令盗贼无法进门；善于结绳的人不用绳索也能束缚人。各种有本领的人都能将他们的所长发挥到极致，于是老子说："圣人常善救人，故无弃人；常善救物，故无弃物。"圣人常常留心于关照、救护人，因此没有人是被遗弃的；善于利用、修复事物，也因而没有废弃的东西。老子称这样的作为是"袭明"。

圣人既然认为世间没有无用之人、无用之物，那么善与不善的人，自然也各有其长处。因此老子最后说出的要妙之道，乃是要人虚心就教于人，倘若不经由别人反省自己，还自以为聪明，这才是大大的愚昧糊涂啊！

历久弥新说名句

从《论语》中，可以发现孔子对于善的重视。好的榜样很重要，跟随模仿学习的对象也就需要特别在意，因此孔子曾经说了这样的话："见善如不及，见不善如探汤。"（《季氏第十六》）见到善者，应当见贤思齐，追慕而以之为榜样，还怕自己没办法与之相比。然而见到不善的，则应该畏避警惕，不要习染了不良的陋习，就像把手放到沸腾的热水当中，一定会急忙抽出，以免遭受更大的损伤。

孔子又说："三人行，必有我师焉。择其善者而从之，其不善者而改之。"（《述而第七》）每个人都有优缺点，善于学习的人会择优而从，鉴劣而改，三个人同行，比较容易比较出优劣好坏，进而可以发掘对方的善处与不善处，将对方作为自己的借镜，如同唐太宗所说："以铜为镜，可以正衣冠；以古为镜，可以知兴替；以人为镜，可以明得失。"

老子说："善人者，不善人之师；不善人者，善人之资。"相同的句型，孟子则是提出了："爱人者，人恒爱之；敬人者，人恒敬之。"（《离娄下》）在孟子的观念中，认为君子是最值得效法的对象，而君子之所以和一般人不同的地方，在于他们内心所怀抱的念头。君子的内心常想着"仁"、常想着"礼"，心中有仁就会友爱别人，心中存礼就会尊敬别人，如此一来，友爱别人的，别人自然友爱他；尊敬别人的，别人也自然尊敬他。就像照镜子，你是什么样子，镜子就会如实反映出来，这不也是一种"礼尚往来"吗？

兵者不祥之器，非君子之器

兵者[1] 不祥之器，非君子之器，不得已而用之，恬淡为上。胜而不美[2]，而美之者，是乐杀人。夫乐杀人者，则不可得志[3] 于天下矣。

——第三十一章

完全读懂名句

1. 兵者：兵器。2. 美：此作"得意"。3. 得志：达成心愿、得到成功。

语译：兵器是不吉祥的东西，不属于君子所有，迫不得已使用它时，最好抱持淡泊的心态。打了胜仗不要得意，得意的人，就是喜欢杀人。喜欢杀人的人，不可能在天下获得成功。

名句的故事

老子此章提出反对使用武力之说，直指喜好发动战争与侵略他人的尚武者，无法得到民心，自然不可能治理天下；相反地，万一为好战者所逼，迫于无奈而不得不出兵应战，也要用心平气和的态度面对。毕竟任何一场战事，无论谁输谁赢，都会造成无数生命的牺牲。

《六韬》相传是周朝之初姜尚（字子牙，即姜太公）所作，又名《太公兵法》，其中《兵道》述及周武王向姜尚请教用兵之道，姜尚先是告诉武王用兵的原则在于全神专一，接着又语重心长地说："圣王号兵为凶器，不得已而用之。"意指圣贤君主把军队称为凶器，只有不得已的时候才使用它！姜尚是辅佐武王伐纣、灭了建立六百多年殷商王朝的大功臣。

春秋时期，辅助齐桓公称霸诸侯的丞相管仲，其思想言论由后人编成《管子》一书。《管子·问》中有云："夫兵事者，危物也，不时而胜，不义而得，未为福也。失谋而败，国之危也，慎谋乃保国。"作战之事，如同危险的物品，不顺应时机而胜利，不循道义而获取，未必是有福的。忽略谋略便会失败，使国家产生危机，所以谨慎谋略才能保住国家。

战国秦相吕不韦及其门客合著《吕氏春秋》，其在《论威》写道："凡兵，天下之凶器也；勇，天下之凶德也。举凶器，行凶德，犹不得已也。"兵器，是天下间不吉祥的器物；好勇斗狠，

是天下间违背礼义的恶行。举着不祥之器，做出背离礼义之事，可说是不得已啊！综观以上诸子所言，无论是年代早于老子的姜尚、管仲，或是后出于老子的吕不韦，一致认同兴兵作战是不可取的危险行为，最好是能免则免！

历久弥新说名句

古来战火不断，引发人们对"兵者不祥之器"的共鸣，多部古籍都留有先人对发动兵事的看法。见《礼记·檀弓》记载，鲁穆公曾问子思说："为旧君反服，古欤？"为旧时君主服丧，不是自古之来的礼仪吗？子思回答："古之君子，进人以礼，退人以礼，故有旧君反服之礼也。今之君子，进人若将加诸膝，退人若将坠诸渊。"古时候的君主，用人以礼相待，不用人也是以礼相待；现在的君主，用人时好像要让对方坐在膝盖上，不用时好像要把对方推入深渊。这句话道出当时君主用人喜怒无常，被放逐在外的臣子，若能保住性命已是万幸。子思随后又对鲁穆公言道："毋为戎首，不亦善乎？"意在告诫鲁穆公，不要使自己成为挑起战争的主谋者，哪里会发生昔日人臣为旧君服丧之事呢？

在《荀子·议兵》中，荀子的弟子陈嚣向荀子请教："先生谈论兵事，常以仁义为本，具有仁心者是爱人的，行仁义者是遵循道理的，那还需要用兵吗？世界上之所以需要用兵，就是为了争夺吧！"荀子答道："这不是你所知道的啊！仁心者必定懂得爱人，因为爱人，所以厌恶别人来伤害；行义者必定遵循正道，因为遵循正道，所以厌恶别人来搅乱。仁心者用兵，是为了禁暴除害，并不是为了争夺。因此仁人的兵，所停驻之地都是平治的，所过往之处无不受到感化，如同时雨天降，没有人不欢喜的。比如尧伐欢兜、舜伐有苗、禹伐共工、汤伐有夏、文王伐崇、武王伐纣，这四帝二王，都是以仁义之兵行于天下。近处的人爱戴他们的善行，远方的人仰慕他们的德行，用兵不必刀刃染血，远近都来归顺，盛德施及于四方。"生于战国后期、致力弘扬孔子礼治学说的荀子，认为仁者用兵，纯粹是为了"禁暴除害"的目的，有别于好战者刻意制造杀戮，只为了满足贪婪私欲。

知人者智，自知者明

知人者智，自知者明。胜[1]人者有力，自胜者强[2]。知足者富，强行[3]者有志。不失其所[4]者久，死而不亡者寿。

——第三十三章

完全读懂名句

1. 胜：超越、胜过。2. 强：果决、坚强。3. 强行：勤奋努力去做。4. 所：恰当的位置、根基所在。

语译：了解别人的是聪明，了解自己的是悟性。胜过别人的是有力，胜过自己的是坚强。知道满足的是富有，勤奋不懈去做的是有意志。不离根基所在的才会长久，身死而精神与道同存，才是真正的长寿。

❧ 名句的故事 ❧

老子此章以"知人"、"胜人"来与"自知"、"自胜"作对比，强调认清他人与战胜他人者，虽可称得上是聪明勇武，然而懂得反视自己、战胜自己的人，才是超越聪明勇武的悟道者；纵使有形身躯，终将随着物类自然消长而朽坏，但具有"自知"、"自胜"、"知足"、"强行"的悟道者，其不朽精神将与天地并生共存。

战国末期，集法家之大成的韩非，在《韩非子·喻老》援引一则故事，借以说明老子"自知者明"之义。话说春秋楚庄王欲趁越国政治混乱时伐越，有一个名叫杜子的人，看见楚国内政纷乱不在越国之下，向前劝楚庄王说："智如目也，能见百步之外而不能自见其睫。"意指人的智慧跟眼睛一样，能看到百步以外的事物，却看不见自己的睫毛，暗喻楚庄王只看见越国的问题，却看不见楚国的问题。故事末了，楚庄王虚心接受杜子的劝告，打消征伐越国的念头，韩非为此下了一段结语："故知之难，不在见人，在自见。故曰：'自见之谓明。'"其意为，要做到"知"是很困难的，难的并不在看清别人，而是在看见自己，所以老子才会说看见自己就是明。这也是成语"目不见睫"的典故由来，用来比喻无自知之明的人。

自知者明——立身待人的智慧

⚬ 历久弥新说名句 ⚬

　　庄子擅长利用历史真实人物来虚构故事，以便说理更为生动。在《庄子·人间世》里，有一位名叫颜阖的鲁国贤士，受卫灵公之邀到卫国担任太子的老师，太子仗恃自己是未来国君，恣意妄为，眼中所见尽是他人的过失；颜阖不知如何教导这个无德的太子，又担心说了规劝的话恼怒太子，反而替自己招来杀身之祸，于是前去求助卫国大夫蘧伯玉。蘧伯玉对颜阖说："你没看过螳螂吗？螳螂挡在车道上，奋力举起它的双臂，想要阻挡行经的车轮，它不知道自己的力气不能胜任，自以为是本领高强呢！"蘧伯玉借"螳螂挡车"之喻，提醒满腹才学的颜阖，不要高估自己的能力，要有自知之明，认清现实情势，才是保身的上策。

上德不德，是以有德；

下德不失德，是以无德

上德不德[1]，是以有德；下德不失德，是以无德。上德无为而无以为；下德无为而有以为。上仁为之而无以为；上义为之而有以为。上礼为之而莫之应，则攘臂[2]而扔[3]之。

——第三十八章

完全读懂名句

1. 上德不德：第一个"德"字是名词，意指德行；第二个"德"字是动词，意指追求品德。2. 攘臂：高举手臂。3. 扔：牵引。意指伸手引人就范。

语译：具有上德的人，一切依道而行，并不刻意追求品德，所以品德高尚；具有下德的人，不想失去品德，努力追求，却反而没有办法拥有高尚的品德。具有上德的人，顺任自然不刻意作

为，也无心作为；具有下德的人，虽然表现自然无为，实际上却是有心作为。具有上仁的人，诚身而行，虽有作为，却是无所求的作为；具有上义的人，一切作为都是为了正义，凡事计较曲直是非，所以是有所求的作为。具有上礼的人，制作各种礼仪节度并身体力行，如果得不到回应，他便会伸出手臂，指引人们遵守礼节。

🌀 名句的故事 🌀

战国时期，阳朱前往宋国，住在旅馆里。旅馆的主人有两个妾，一个漂亮，一个丑陋，可是丑陋的妾却颇得宠爱，漂亮的妾反而备受冷落。阳朱觉得很奇怪，便问旅馆的人到底是什么缘故。旅馆的人回答说："因为漂亮的妾自以为漂亮，而表现得很骄傲，因此大家就不以为她很美了；而丑陋的妾因为自认为不美，表现得格外温柔顺从，因此大家反而不以为她丑陋了。"阳朱听了便对他的弟子说："大家要记住，具备贤德而能抛弃自以为贤德的举止，那么，到哪里会不受到人们的敬爱呢？"因此，庄周曾说："大道不称、大辩不言、大仁不仁、大廉不嗛、大勇不忮。"（《庄子·齐物论》）凡是落了痕迹，追逐形象，就背离了大道，故庄子以为："失道而后德，失德而后仁，失仁而后义，失义而后礼。礼者，道之华而乱之首也。"（《庄子·知北游》）礼是因为道德隐蔽，仁义失去后才出现，所以当社会普遍讲礼时，就代表是道的浮华与混乱的开始。

有一次，庄周拜见鲁哀公，哀公说："鲁国的儒士很多，却很少有与您谈论一样言论的人。"庄周说："鲁国的儒士很少。"哀公说："鲁国都是穿儒生服装的人，怎么说儒士很少呢？"庄周回答："我听说，儒士戴圆帽，代表知晓天时；穿着方鞋，是表示熟悉地理；佩带用五色丝绳系着玉玦，则遇事有决断。君子有了儒士的修养，却未必穿着儒士的服装；穿上儒士服装的人，未必有儒士的修养。您如果认为我所说的话不对，那么何不对全国发布命令？'没有儒士的修养，却穿着儒士服装的人，要处死罪。'"于是哀公发布命令，五天后，全鲁国只有一个人敢穿儒士服装。庄周说："全鲁国只有一个儒士，可以说是多吗？"虽然穿着儒服，却未必有儒士的修养；真正的德、仁、义、礼，不是口宣言传就可以达到的，而须发自内心且身体力行。

历久弥新说名句

春秋时期，鲁国贤人黔娄虽然家境清寒，却安贫乐道，一生品德端正，治学严谨，志向高洁，视功名利禄为粪土。齐威王敬仰他的品行，想请他做齐国的卿，鲁恭公也想请他为相，他都婉言谢绝，坚辞不受。当黔娄过世后，曾子前往吊唁，却见黔娄妻将他的遗体安放在下，头枕着土砖，身垫着草席，穿着没有罩面的旧絮袍子，盖着粗布被子，因为被子不够长，头和脚不能同时盖住，若盖了头就露出脚，若盖住脚就露出头。曾子说："若将被子斜着盖，应该就可以全盖住了吧？"黔娄妻却说："先生一生行事端正不贪邪，才会如此贫穷。既然他生前正而不邪，那么死后要他斜而不正，那就不是他的本意了。"故东晋隐逸诗人陶渊明于《五柳先生传》一文中称赞他："不戚戚于贫贱，不汲汲于富贵。"黔娄可以说是"上德不德"的代表人物。

西汉末年，王莽因父兄早逝，孝母尊嫂，结交贤士，故声名远播。当官居大司马的大伯父王凤生病时，王莽亲自服侍汤药数月，不眠不休，王凤临死前嘱咐妹妹（即汉元帝皇后）照顾王莽。汉成帝阳朔三年（公元前22年），王莽初任黄门郎，后升射声校尉。王莽谦恭下士，勤俭廉朴，常把自己的俸禄和皇帝的赏赐分给宾客，甚至卖掉车马，救济穷人，深受朝野上下爱戴，他的叔父王商甚至愿把封邑部分给王莽。汉哀帝即位后，王莽请辞大司马，退居新野，其间他的儿子王获杀死家奴，王莽逼其自杀而得到世人好评。哀帝死后，太皇太后（即汉元帝皇后）召王莽复为大司马，隔年王莽勉强接受安汉公的爵位，却将俸禄转封给两万八千人。后王莽长子王宇因吕宽案，被王莽逼其自杀，有人以为王莽是大义灭亲，公而忘私，于是声誉更隆。接着王莽被封为宰衡，大力宣扬礼乐教化，得到儒生的拥戴。平帝死后，王莽立年仅两岁的孺子婴为皇太子，太皇太后（即汉元帝皇后）命王莽代天子朝政，称假皇帝、摄皇帝，于是不断有人借各种名目对王莽劝进。隔年，王莽接受孺子婴禅让后称帝，改国号为"新"，此后做了十五年皇帝，推动改革，号为新政。可惜成效不彰，百姓未蒙其利，先受其害，于是各地人民纷起反抗，最后王莽在混乱中被商人杜吴所杀，新朝灭亡。新朝政权结束后，汉朝恢复了政权，后人评论时总认为是王莽篡汉立新朝，因此，相较王莽辅政时的谦逊形象，反而被视为伪君子的代表。

王莽可以说是"下德不失德"的代表人物。

大丈夫处其厚，不居其薄；
处其实，不居其华

名句的诞生

故失道而后德，失德而后仁，失仁而后义，失义而后礼，夫礼者忠信之薄¹，而乱之首。前识者²，道之华³，而愚之始。是以大丈夫处其厚⁴，不居其薄⁵；处其实，不居其华。故去彼取此。

——第三十八章

完全读懂名句

1. 薄：不厚。2. 识者：有见识的人。3. 华：同"花"字。相对"实"（果实）而言，此处意指虚华、末流。4. 厚：指"忠信"。5. 薄：指"礼"。

语译：所以，失去道然后才有德，失去德然后才有仁，失去仁然后才有义，失去义然后才有礼，而礼就是人性由忠诚信实趋于浇薄的表现，社会由安定趋于混乱的开始。有见识的人，有心去追求德、仁、义、礼，反而远离了道，成为道的末流，愚昧的本源。所以大丈夫立身处世以忠信为主，不受限于礼仪节度；凡事依道而行，而不任用智巧、刻意作为。因此，舍弃后者而采取前者。

名句的故事

尧治理天下时，伯成子高被立为诸侯，等到舜禅让天下给禹时，伯成子高却辞去诸侯职位而务农。禹前去看他时，他正在田里耕种，于是禹就站在下面，站着问他说："从前尧帝治理天下时，您担任诸侯，舜帝时依然如此。但现在舜帝将天下交给我后，您却辞去诸侯而情愿去耕种，这是为什么呢？"子高回答："从前尧帝治理天下时，不给奖赏而人民自然向善、不施刑罚而百姓自然畏威。如今你奖赏刑罚并施而百姓却还是不仁，我想，道德从此就要衰废，刑戮就要形成，后世的祸乱也从此开始了。请您离开吧，不要耽误我的农事。"说完，就继续耕种而不理他。

战国七雄之一的魏文侯，有一次路经退隐贤人段干木的居处时，特地伏在车前横木上向他致意。魏文侯的侍从问他："您为什么要凭轼致敬呢？"文侯回答："因为段干木就住在这里，所以向他表示敬意。"侍从又问："段干木不过是个平民百姓，您在他的住处前凭轼致敬，不是太过分了吗？"文侯回答："段干木不追求势利，怀抱君子之道，隐居在狭小的里巷中，却名声传播千里，就算拿我的君位和他交换，他也未必会答应，我又怎么敢对

他傲慢无礼呢？段木干富足的是德，我富足的是势；段干木富有的是义，我富有的是财。势没有德尊贵，财不如义高尚。你怎能轻视他呢？"后来，秦国起兵想要攻打魏国，秦大夫司马庚劝谏道："段干木是位贤人，魏国的君主魏文侯非常礼敬他，这件事天下无人不知。现在我们想起兵攻打魏国，恐怕不太妥当吧？"于是秦国便停止攻打魏国。

禹治天下，奖赏刑罚并施，智巧用尽，仍使贤人远离；段干木依道而行，志洁高尚，即使关门不出，却也能使魏国得以安定。

历久弥新说名句

东晋陶渊明，他的曾祖父陶侃是东晋开国元勋，官至大司马，祖父陶茂曾任武昌太守，但因父亲早逝，所以家道中落。晋孝武帝太元十八年（公元393年），二十九岁的陶渊明第一次出任江州祭酒，这是一个级别低微的小官吏，不久，他因不满官场上种种怪现象而主动辞职。后来州里来召他做主簿，他也不去。晋安帝隆安四年（公元400年），陶渊明来到荆州，在荆州刺史桓玄的手下当幕僚，不到一年，因母亲去世而辞职回乡。安帝元兴二年（公元403年）冬天，桓玄篡夺帝位，将安帝迁禁在浔阳，第二年，刘裕等人联合起兵讨伐桓玄，桓玄兵败被杀。安帝元兴四年（公元405年）陶渊明任镇军将军刘裕的参军，后转任建威将军刘敬宣的参军，不久即辞职回家。晋安帝义熙元年（公元 405 年）八月，陶渊明生活贫困，经叔父陶夔转介而被任命为彭泽县令，这是他最后一次任官，到任仅八十多天，便因"不能为五斗米折腰，去巴结乡里小人"，就以嫁给程氏的妹妹在武昌病死为奔丧借口，自动辞职归田。临行时，他写了一篇《归去来辞》表明心志："归去来兮，田园将芜胡不归？既自以心为形役，奚惆怅而独悲？悟已往之不谏，知来者之可追。实迷途其未远，觉今是而昨非。"从此安于隐居生活，不再出仕。

陶渊明性情恬淡，志节高尚，即使一生贫困，甚至在饥饿的驱使下向人乞食，却也不改率性而为、安贫乐道的志向。庐山东林寺慧远大师曾邀请陶渊明加入白莲社，陶渊明声称自己喜爱喝酒，不方便入社，慧远大师竟然破戒为其准备酒食，结果他酒也喝了，却依然不入社，和慧远大师始终保持朋友关系。南朝梁武帝时，诗评家钟嵘于《诗品》中称陶渊明为"古今隐逸诗人之宗"，故后世皆以陶渊明为隐者逸士的代表，然而宋朝大文豪苏轼盛赞陶渊明："欲仕则仕，不以求之为嫌；欲隐则隐，不以去之为高。"则更能展现陶渊明反璞归真、真实率性的一面。

贵以贱为本，高以下为基

贵以贱为本[1]，高以下为基[2]。是以侯王自谓孤、寡、不穀[3]，此非以贱为本邪？非欤？

——第三十九章

完全读懂名句

1. 本：根本。2. 基：基础。3. 孤、寡、不谷："孤"、"寡"、"不穀"三者都是侯王的谦称。不穀，不善。

语译：高贵以低贱为根本，高大以低下为基础。所以侯王自谦为"孤"、"寡"、"不穀"，这难道不是以低贱为根本？难道不是吗？

名句的故事

魏晋南北朝时，王僧虔是书圣王羲之的四代孙，书艺精湛，被当代的人称为"天下第一"。刚好那时的皇帝齐武帝萧道成也是个喜爱书法的人，受了大臣的奉承，也以为自己的书法是"天下第一"。听了王僧虔的大名，颇感不服，于是召见他，想要一较高下。

王僧虔上殿后，齐武帝劈头就问："人家都说我的书法是天下第一，但也有人说你的书法是天下第一，你倒是说说，谁才是真正的天下第一？"王僧虔不假思索，立刻回答："臣的书法是天下第一。"

听了王僧虔的回答，齐武帝脸色立刻变得很难看，满朝文武大臣都替王僧虔捏了一把冷汗。不过，王僧虔接着不慌不忙地说："陛下的书法也是天下第一。"

齐武帝说："天下怎么可能有两个第一？"王僧虔解释说："高贵的皇帝怎么可以和低贱的臣民放在一起比较呢？所以我的书法是臣民中的第一，而陛下的书法是皇帝中的第一。"听了王僧虔的话，齐武帝哈哈大笑，直说："答得好！答得好！"

若是仔细玩味王僧虔的话，会发现其中的奥妙。天下臣民何止千万，而王僧虔是千万人中的第一。皇帝只能有一个，在无人可供比较的情形下，齐武帝当然是第一。千万人中的第一，与一人中的第一，两人谁高谁下，自然不言可喻。

自知者明——立身待人的智慧

所以说，第一名之所以可贵，是因为有第二名，乃至最后一名的衬托。若是没有第二名、第三名，或是人人都是第一名，那么第一名又有什么了不得的呢？所以老子说："贵以贱为本，高以下为基。"

历久弥新说名句

古代的君王自称"孤王"，自称"寡人"。"孤"的原意是幼年丧父，"寡"的原意是老年丧妻，引申作孤单的意思，是世人所不喜的，但是君王以此自称，用来表达谦退的意思。

"孤"、"寡"只是一个名称，更重要的是要能够名实相符，以同理心来看待真正的"孤"、"寡"之人。《礼记·礼运》中形容大同盛世是"鳏寡孤独废疾者，皆有所养"，连这些弱势族群都能得到照顾，又有什么人不会受到照顾呢？

有一次，东郭子问庄子说："道在哪里？"庄子说："道无所不在。"东郭子不死心地追问："请你具体说出道所在的地方。"庄子说："在蝼蚁和蚂蚁里面。"东郭子说："怎么那么低贱呢？"庄子接着说："在稻田的杂草里面。"东郭子说："怎么更加低贱了呢？"庄子又说："在砖瓦里面。"东郭子不满地说："怎么愈来愈低贱了呢？"听了东郭子的话，庄子微微一笑，说："在屎尿里面。"东郭子一气之下，就没有再问下去了。于是庄子告诉他："要知道猪的肥瘦，就要看那最不容易长肉的小腿，那个地方的肉愈多，猪就愈肥。连最低贱的地方都有道，那么还有什么地方没有道呢？"

老子时常以"一"来称"道"，这是因为"一"是最小的数目，也是最基本的数字。再大的数字也是由众多的"一"积累而成，同样的，国家是由众多人民所组成，领导者的权力也是众多的人民所赋予的，领导者若是自以为高贵，背离民意，恐怕就难以逃脱败亡的命运了。

反者道之动；弱者道之用

名句的诞生

反[1]者道之动；弱者道之用[2]。天下万物生于有，有生于无。

——第四十章

完全读懂名句

1. 反：同"返"。反复、循环之意。2. 弱者道之用：道以柔弱为用。

语译：道的运行反复循环；道的作用柔弱谦下。天下万物都是从"有"产生的，而"有"是从"无"产生的。

名句的故事

汉文帝有一天做了一个梦，梦中想要升天，但是力气不够。这时有一个头戴黄巾的人在身后推他，居然让他顺利升到天上。

文帝回头一看，只见那个头戴黄巾的人所穿的衣服，在后腰部分破了一大块。汉文帝醒来后，对这个梦一直记忆深刻。后来有一天，他刚巧发现了头戴黄巾的邓通，衣服也和梦中所见相同。文帝心中很是高兴，从此就特别照顾他。

邓通本来就是个没有才能的人，但文帝还是屡次赏赐他，前前后后给了他几十万的金钱。有一次，文帝要相士论断邓通的命运，相士说："邓通以后会因贫穷而饿死。"文帝说："我是皇帝，要谁富谁就富。现在我要邓通富裕，他又怎么可能会贫穷呢？"于是把四川严道县北面三里处的一座铜山赐给邓通，并准许他可以自行铸造铜钱。一时之间，"邓通钱"遍行天下，邓通成了全国最有钱的人。

汉文帝过世以后，汉景帝继位。景帝对邓通的富裕感到极度不满，正巧有人检举邓通不法，于是景帝革了他的职，抄了他的家。于是邓通立刻变得一文不名，甚至还负债好几万。文帝的女儿馆陶公主可怜邓通，于是派人拿钱接济他，没想到那些钱又全部被小吏给侵吞，所以邓通到头来还是因贫穷而饿死了。

天道循环，没有永远的权势，也没有永远的富贵。即使是拥有最高权力的皇帝也无法改变天道，所以顺应天道的人懂得时常保有谦下柔弱之心，以免因满盈而招致失败，这就是老子所说的："反者道之动，弱者道之用。"

历久弥新说名句

庞涓和孙膑是同门师兄弟。庞涓因为妒忌孙膑的才能，于是设计陷害，使孙膑被削去膝盖，从此成了废人。为了保命，孙膑逃到齐国，并得到齐王的重用。不久，齐国和魏国发生战争。魏国任命庞涓为主将，而齐国方面则由孙膑担任军师。

因为齐国军队一向怯懦，所以魏国军队并没有把齐军放在眼里。孙膑就利用魏军的轻敌心理，设下了"减灶诱敌"之计。

齐军与魏军才一接触，孙膑就立即命令军队撤退。第一天，当部队休息用餐时，孙膑下令挖十万个煮饭用的灶，第二天，减少为五万个灶，到了第三天，又减少为三万个灶。庞涓发现齐军煮饭用的灶一天天减少，心想齐军已开始溃逃了，就放心地一路追赶。一路追到马陵附近，发现那儿的道路狭窄，而且树木茂盛，本是个适合埋伏偷袭的好地点。可是庞涓认为齐军毫不足惧，就放心进攻。

庞涓进入马陵后已是晚上，他遍寻不着齐军的踪影，后来隐约看到有棵树的树皮被剥去，树上仿佛有字。他下令举起火把检视树上的字，当他看到"庞涓死于此树之下"几个字时，大吃一惊。同时，齐国的埋伏部队早已接获命令，纷纷朝举起火把的地方射箭，庞涓就这样死在乱箭之中。

当庞涓占尽上风，使孙膑遭受刑罚时，其实也埋下自己后来败亡的种子。果然，日后形势逆转，庞涓的下场反而比孙膑更加凄惨，这是因为"反者道之动"，优胜劣败，循环反复，谁也无法永远占上风。而孙膑也善于将老子的"弱者道之用"理论发挥在兵法上，面对敌人故意示弱以骄敌之心，所以他才能得到最后的胜利，这也就是《孙子兵法》里所说的："能而示之不能，用而示之不用。"

不行而知，不见而名，不为而成

不出户，知天下；不窥[1]牖[2]，见天道[3]。其出弥[4]远，其知弥少。是以圣人不行而知，不见而名，不为而成。

——第四十七章

完全读懂名句

1. 窥：泛指见、观看。2. 牖：窗户。3. 天道：自然的规律。4. 弥：更加。

语译：不出屋子就可以了解天下的事理；不用望窗外，就能够了解自然的规律。愈是向外出去的奔逐，所知的道理愈少。所以圣人不用亲身去做就可以推知，不用窥望就能够明了，不妄为却能成就。

❧名句的故事❧

老子曾说"五色令人目盲，五音令人耳聋，五味令人口爽"，外在的花花世界充满各种诱惑，令人感到迷惑而失去方向；各种色彩缤纷绚烂让人眼花缭乱，而失去判断；纷杂的音调令人听觉不敏；五种味道扰乱了人的味蕾。所以，学道的人，要能清静自心，不受外界的干扰。如果一味向外驰求，反而会使思虑纷杂，而精神散乱。所以说"其出弥远，其知弥少"，愈是向外探索，反而了解的道理却愈少。

老子认为世界上一切事物都依循某种规律运行着，只要掌握这种规律，就可以洞察真实的情况。所以，有道的圣人是"不行而知，不见而名，不为而成"。

儒家的圣哲孟子也说："万物皆备于我，反身而诚，乐莫大焉。"意思是说：一切我都具备了，只要确实反躬自省，便是最大的快乐。不论是道家还是儒家，只要是"修道"都讲求内省自身的重要性。

明朝的理学家王阳明，年轻时受了朱熹的影响，为了履行"格物致知"的道理，每天坐在竹子的前面格物，即时刮风下雨都没有休息，希望能格出一些"道理"，连自己结婚拜堂的时间都忘记了。最后，终于格出病来，才知道这种方法行不通。多年以后，他受陷害遭贬官到贵州的龙场驿，在那里他领悟到理只在于人的心中，即所谓良知，不必向外求。

自知者明——立身待人的智慧

在思想史上，道德上的"知"，是不是人天生本有的，仍是争议未决的大问题。不过，可以确定的是，经验知识就不是"不行而知"的，而必须确实学习才能真正获得。

历久弥新说名句

"不行而知，不见而名，不为而成"是说修道的人，修养自己内心，以本明的智慧去观照外物，不用亲身去做就可以推知，不用窥望就能够明了，不妄为却能成就。以现代科技的观点来看，是有点神秘经验的成分，据说佛教经典《大乘阿毗达磨杂集论》里，记载着"六神通"的法力，所谓六神通者，即天眼通、天耳通、他心通、宿命通、神足通、漏尽通是也。以现代的语汇来说就是"特异功能"，只要运用法力，即使"足不出户"，也可以穿墙透壁而知千里之外的事物。

清末提倡经世致用的思想家魏源，他认为没有所谓的"不行而知"的事。他说："及之而后知，履之而后艰，乌有不行而知者乎。"《魏源集·默觚上·学篇》接触事物后，才能了解事物，亲自实践后，才能知道做事的艰难。哪有不经实践就掌握知识的道理呢？魏源当时面对中国救亡图存之际，撰写《海国图志》介绍西方的船坚炮利及世界史地，主张"师夷之长技以制夷"，以唤醒国人广开眼界。不过，他所说的"知"是指知识层面的东西，与老子所说的"知"不同。

现代化的国家社会，在上位的总统或领导者，面对庞大的国家机器，自然不能每件事都躬身参与，只要善于运用分工负责、分层管理的原理，很多基层事情，不需亲力亲为也可以"不行而知，不见而名，不为而成"，而将国家管理得井井有条。

"不出户，知天下"一词，是因应各种传播媒体的发达而成为当红的词汇。在资讯科技发达的时代，我们只要运用各种媒体，收看电视、看报纸，或在电脑前面动动鼠标，搜寻网络，即便"足不出户"也能同步掌握天下各地发生的大小事。

自知者明——立身待人的智慧

善建者不拔，善抱者不脱

名句的诞生

善建[1]者不拔[2]，善抱[3]者不脱，子孙以祭祀不辍。

——第五十四章

完全读懂名句

1. 建：本指建屋时竖立柱子，这里比喻建立"道"。2. 拔：动摇。3. 抱：搂持、守护。

语译：善于建立"道"的人不会随意动摇它，善于守护"道"的人不会任意松脱它，子孙如果能奉行这个道理，便能世世代代香火绵延不绝呀！

名句的故事

本章是从个人的"修身"来肯定"道"、"德"应用到政治公领域也就是众人共同关心的事务时，俾能创建永续且牢固的根基。从个人、家、乡、邦国到普天之下，老子希望这层层关系，都是由道德所建构，进而缔造大道归一的局面。

如老子所言："修之于身，其德乃真；修之于家，其德乃余；修之于乡，其德乃长；修之于邦，其德乃丰；修之于天下，其德乃普。"意即用"善建者不拔，善抱者不脱"这个道理来修养自身的人，他的德行是真切的；用这个道理来照顾家庭的人，他的德行是有余力的；用这个道理来治理乡里，他的德行会受到尊重；用这个道理来管理邦国，他的德行就会丰盛硕大；用这个道理来治理天下，他的德行就会普及到大众。

老子这番理论与《大学》的"修身、齐家、治国、平天下"是同样的信念呀。因为从身、家、乡、邦到天下，这层层关系都是用相同的道理所建构，只要其中一个结构产生错误，便能推测到其他层次的问题，所以老子更推演出"以身观身，以家观家，以乡观乡，以邦观邦，以天下观天下"的识见。

道德的功能在老子的立场中，从己身到天下，会为人们带来利益与幸福，后来的庄子也说："道之真，以治身，其余绪，以为国。"足见修身是治国的基础建设，个人一旦具备了立身处世的修为后，自然有余力可以治理国家。

❧ 历久弥新说名句 ❧

从老子说出"善建者不拔"后，世人对"善建"这个词演绎

出很多种解释，但已经很少会将之视为"善于建立'道'者"。

唐朝大诗人白居易，在贞观十九年的春天，因为科举考试及第，被授予校书郎的职务。白居易在长安借到了一个住所，住所的附近有着茂密的竹林，因此他有感而发写下《养竹记》。《养竹记》开宗便说："竹似贤，何哉？竹本固，固以树德，君子见其本，则思善建不拔者。"竹子就像贤才一样，为什么呢？因为竹根很牢固，凭着稳固的特性所以可以树立品德，君子看到竹子的这种本质，自然会联想到意志坚定不移的人。这里的"善建不拔"就是意志坚定的意思。

安徽建筑工业学院在 2007 年 7 月时，将"进德弘毅，博学善建"八个字，作为该校的新校训。"进德"是出于《易经》的"君子进德修业，忠信，所以进德也"，"弘毅"则是《论语》的"士不可以不弘毅，任重而道远"，即勉励学生培养忠信的品德、努力学习，培养宽阔的胸襟、远大的志向，方能肩负更多的责任。"博学"则是《礼记》的"博学而不穷，笃行而不倦"，"善建"则是出自本句名言，即勉励学生广泛学习、身体力行，要建立坚强的意志，就不会被击倒。

中国建设银行曾推出一企业形象广告，广告语为："守诚者实，为公者益，求变者通，善建者行，善者建行！"这是借用老子在本句名言的论述方式。其中的"善建者行"意思是说，善于建树者或善于做事者，能行得更远。该形象广告即比喻一个诚实、回馈社会、不断更新求变、脚踏实地做事的企业，方能具备永续经营的资格。

祸兮福之所倚，福兮祸之所伏

名句的诞生

祸兮福之所倚，福兮祸之所伏[1]。孰知其极[2]？其无正[3]。正复为奇[4]，善复为妖[5]。人之迷，其日固久。

——第五十八章

完全读懂名句

1. 伏：潜伏。2. 极：究竟。3. 无正：犹言不定；变化无端，没有一定的准则。4. 奇：邪。5. 妖：恶。

语译：灾祸啊！幸福依存在其中；幸福啊！灾祸潜伏在其中。谁知道它们的究竟？祸福没有一定的准则。正变成了邪，善变成了恶。世人看不透这样的道理而产生迷惑，由来已有长久的时日。

自知者明——立身待人的智慧

337

名句的故事

一般人总是惧怕面对灾祸，而喜欢得到幸福，老子直指祸与福实是充满互动与不定性，亦即灾祸中时常依附有幸福的因子，幸福里也经常含藏有灾祸的种子。祸与福之间相因相成的微妙关系，后代诸家多附议老子的说法，如年代稍晚于老子的辛钘，其在《文子·微明》云："利与害同门，祸与福同邻，非神圣莫之能分。"利益与伤害出自同门，灾祸与幸福互为邻居，不是神人与圣人是无法分辨清楚的。又如《庄子·则阳》："安危相易，祸福相生。"意指安逸与危险相互交替，灾祸与幸福相互衍生，彼此互为因果。

《吕氏春秋·制乐》叙述商汤执政之时，曾发生谷子在中庭生长的怪异现象，官吏找来卜人预测吉凶，成汤立即阻止官吏求神问卜的行为，并说道："吾闻祥者福之先者也，见祥而为不善则福不至；妖者祸之先者也，见妖而为善则祸不至。"我听说吉祥是在福的前面，看见吉祥而不行善则福不会到来；凶兆是在祸的前面，看见凶兆而行善则祸不会到来。从此成汤每天早出晚归，除了忙于国事之外，也慰问民间疾苦，虔敬祭拜亡者，极力安抚百姓，不过短短数日，长于中庭的谷子竟然自动消失。书中对此一事件下的结论是："故祸者福之所倚，福者祸之所伏。圣人所独见，众人焉知其极？"成汤因见谷生中庭的祸兆，促使他心生警惕，凡事皆为国家和百姓的立场设想，不但避开了厄运，也为他招来更多的善福。

韩非在《韩非子·解老》中对老子"祸兮福之所倚，福兮祸之所伏"一语有深入的诠释，其言："人有祸则心畏恐，心畏恐则行端直，行端直则思虑熟，思虑熟则得事理。"人们遇到灾祸就心生恐惧，行为就端正，思虑就成熟，自然明白行为处事的道理。其后又言："人有福则富贵至，富贵至则衣食美，衣食美则骄心生，骄心生则行邪僻而动弃理。"人们遇到了幸福，富贵就降临，衣食就丰富，骄傲的心理就产生，行为邪恶乖僻，就会做出违背常理的事。韩非透过他对人性的深入观察，体认到处于灾祸中的人，做事更为沉着熟虑，反而因此扭转逆势，化险为夷；然而处于幸福中的人，难免骄矜志满，视所得一切为必然，不知珍惜福分的结果，很快便将福分消耗殆尽，祸事自然随之而来。

🌀 历久弥新说名句 🌀

西汉文人贾谊谪居长沙时，看见一只鵩鸟飞入屋子，其从卜书中得知野鸟入室，预示着屋内的主人即将离去，一股不祥之兆油然而生，于是作《鵩鸟赋》安慰自己。文中写道："祸兮福所倚，福兮祸所伏，忧喜聚门兮，吉凶同域。彼吴强大兮，夫差以败。越栖会稽兮，勾践霸世。斯游遂成兮，卒被五刑；傅说胥靡兮，乃相武丁。夫祸之与福兮，何异纠缠，命不可说兮，孰知其极？"大意是说，祸中藏福，福因祸生，忧喜同聚一门，吉凶同处一处。好比当年春秋吴国强盛，吴王夫差却失败而亡国。越国

自知者明——立身待人的智慧

曾被吴国围困于会稽，越王勾践最后却能称霸于世。李斯靠着游说秦王登上相位，末了却身受五刑而死。傅说先前被囚为劳役，后来却成为殷高宗武丁的丞相。可见祸与福的纠缠不清，天命的不可言说，谁知道它的究竟呢？贾谊虽忧心大祸降临，但仍不忘借老子祸福相互倚伏之理及历史事例，宽慰自己疑惑不安的心。

谚语"塞翁失马，焉知非福"通常被用来比喻因祸得福，这则典故源自《淮南子·人间训》，内容描写一个住在边塞附近的养马人士，他所养的马某日忽然逃跑到胡地，邻居都前来安慰。养马人的父亲说："怎知马走失不是我们的福气呢？"过了好几个月，那匹走失的马居然带着胡人的骏马回来，邻居又上门来道贺。养马人的父亲却说："怎知带回骏马不是一件灾祸呢？"不久其子从骏马上摔了下来，跌断了腿，邻居莫不赶来慰问。这时父亲又说："怎知跌断了腿不是我们的福气呢？"一年后胡人入侵，住在边塞的年轻人全被征召，九成的人不幸战死，边塞老翁那个跌断腿的儿子，便是因跛脚的缘故才幸免于难。故文末写道："故福之为祸，祸之为福，化不可极，深不可测也。"从塞翁失马的故事可以发现，不只因祸可以得福，因福同样也可以得祸，祸与福来去反复，没有定数，令人难以捉摸。

天下难事，必作于易；
天下大事，必作于细

为无为，事无事，味无味[1]。大小多少[2]，报怨以德[3]。图难于其易，为大于其细[4]。天下难事，必作于易；天下大事，必作[5] 于细。是以圣人终不为大[6]，故能成其大[7]。

——第六十三章

完全读懂名句

1. 味无味：指恬淡无味本身就是一种味道。2. 大小多少：视小为大，视少为多。"小"、"少"虽都隐微不显，但不可只看表面，也不可轻易忽视。3. 报怨以德：即是以德报怨。4. 图难于其易，为大于其细：处理难事应从容易处着手；做大事要在细微处努力。5. 作：兴起。6. 不为大：不自以为伟大，意指圣人谦虚处下。7. 成其大：成就伟大功业。

自知者明——立身待人的智慧

语译：清静无为本身就是为，平安无事本身就是事，恬淡无味本身就是味。以小为大、以少为多，以德报怨。解决困难的事情要从容易处入手，处理大事要从细微处着眼。因为天下的难事，必是从容易处做起；天下的大事，必从细微处而来。所以圣人始终不会自以为伟大，因此才能够真正成就他的伟大。

❀ 名句的故事 ❀

扁鹊是春秋战国时的名医，是诸侯们争相邀请的座上宾。有一天，扁鹊去见田齐桓公（战国齐君，非春秋五霸之齐桓公），两人愉快地交谈，说着说着，扁鹊发现田齐桓公的身体有点不对劲，马上对他说："君侯您生病了，现在病还在表里，如不及时医治的话，恐怕会往深处恶化。"

田齐桓公大笑，觉得自己身体无恙，完全不理会扁鹊的忠告。扁鹊出去后，田齐桓公还对左右说："医生就是这样，没病治病，只为了炫耀医术高明，抬高自我的身价！"

过了十天，扁鹊又遇到田齐桓公，苦口婆心劝道："君侯的病已经发展到皮肤下的肌肉了，再不医治，病情会再加深。"一见面就说自己有病，田齐桓公一脸老大不高兴！

又过十天，扁鹊更急了，找田齐桓公说："君侯的病已深入肠胃，不马上医治，将发展到不可收拾。"田齐桓公怪扁鹊多事，脸一沉根本不理会。

再过十天，扁鹊一看到田齐桓公便转身逃跑，田齐桓公觉得奇怪，派人去询问他为何逃跑？扁鹊说："病在皮肤用热水烫一烫，涂上外敷药就行了；病在肌肉用针灸也不难治；病在肠胃，喝几服清火退热的汤药，也能慢慢治好；但病情恶化到骨髓，只有老天才能妙手回春，人力就无可奈何了。田齐桓公的病已深入骨髓，他要我医治，我也无能为力。"

果然，没过五天，田齐桓公全身发热、高烧不退，这时他差人四处寻找扁鹊，扁鹊已逃到秦国。又挨过五天，田齐桓公就一命呜呼了。

良医不会等到病入骨髓才要治病，同样的，聪明人不会等到大祸临头才处理难事。

历久弥新说名句

君子之能，可以见小知大，见青萍之动而知风起！箕子从"一双象牙筷子"看出商纣的改变！

商纣刚继任王位时，聪明伶俐，反应灵敏，并未显出荒淫之象，大家认为他是位明君。有天在庙堂之上，讨论完了国家大事，商纣忽然拿出一双请人精心制作的象牙筷子，这双筷子雕花镂云，精致大方，非常漂亮！众大臣看了赞不绝口，唯有箕子像是见了鬼一般，吓得牙颤口抖，一句话也说不出来。

退朝后，有人问箕子怎么一回事，箕子说："我担心纣王会变坏！"只不过是双象牙筷子，众人都笑箕子大惊小怪。箕子继续分析："这么棒的一双筷子，纣王不可能把它放在土制碗罐上，

它应该搭配上玉制的碗碟才显得高贵。有了象牙筷子、玉碗、玉碟、玉杯，接下来该吃些什么呢？不可能粗茶淡饭。纣王势必在饮食上更为讲究，饮食讲究了，衣着也会讲究，紧接着对房舍也会要求了，锦衣广厦，铺张浪费，为了满足无限的欲望而变得残暴，届时将造成人民的不满啊！"大臣们听了，都哈哈大笑，认为箕子多虑了。

但纣王真的渐渐变了，酒池肉林，荒诞不已，对于群臣的谏议感到厌烦，进而大加刑戮，弄得人心思散，众臣归周。比干多次直谏，纣王说："听说贤臣的心有七窍，让我看看你是否真有七窍！"就这样剖开比干胸膛！而箕子虽佯狂为奴，但终究无法逃脱被抓的命运。

唉！虽是双小小的象牙筷子，却能见得纣王的个性，箕子深懂得由小观大、天下大事必做于细的道理，然而纣王却无法察觉自己的改变，一步步愈陷愈深，愈来愈荒淫无道，最终被武王逼上鹿台，失去江山。我们对于自己的行事标准，又怎能因小事不慎呢？

千里之行，始于足下

名句的诞生

合抱之木，生于毫末[1]；九层之台，起于累土[2]；千里之行，始于足下[3]。为者败之，执者失之。是以圣人无为，故无败；无执，故无失。民之从事，常于几成而败之。慎终如始[4]，则无败事。

——第六十四章

完全读懂名句

1. 毫末：比喻极细微的部分。此指草木萌芽。2. 累土：一筐土、一堆土。3. 足下：脚下。4. 慎终如始：即使到了最后，还能像开始一样谨慎如一。

语译：合抱的大木，是从细小的萌芽生出的；九层的高台，是从一筐土堆起的；千里的行程，是从脚下跨出第一步开始的。有所作为便会失败，执守不放便会失去。圣人无所作为，因此不

会失败；不固持执守，因此也不会失去。人们做事，通常都是在快要成功时失败。事情将要完成时，也能像刚开始一样谨慎，就不会发生失败的事了。

名句的故事

"千里之行，始于足下"可谓老子的名言警句，比喻任何事情的成功，都是由小而大逐渐累积成的。老子此章一方面强调"慎始"，提醒人们处事必须深思熟虑，从一开始的细微小事便要注意，以防患于未然；一方面又强调"慎终"，直指做事的态度要和初始一样步步为营，不要以为成功近在咫尺，意念便稍有松懈，极可能落得功亏一篑、徒劳无功的下场。

倡导一切事在人为的战国儒学思想家荀子，其在《荀子·劝学》有言："不积跬（与"蹞"字通）步，无以至千里；不积小流，无以成江海。"不由半步开始累积，不可能达到千里的远程；不从小水流开始累积，不可能汇聚成江海的深阔。又见《荀子·修身》写道："故跬步而不休，跛鳖千里；累土而不辍，丘山崇成。"用半步不停止地走着，就像鳖走得慢又跛足，一样可以走千里的路程；一筐土不断地积蓄下来，也终会堆叠成一座丘山。

老子所说的"千里之行，始于足下"，意在表述"积少成多"与"慎终如始"的行事准则；然而，荀子的论述远比老子更富积极进取的精神，其深信即便如跛鳖般的驽钝之材，只要能够锲而不舍地努力学习，完成远大的目标并非不可能的任务。

历久弥新说名句

唐代文人白居易非常仰慕东汉崔瑗作《座右铭》，他也写了一篇《续座右铭》系于腰带上，随时策励自己的言行，其中两句为："千里始足下，高山起微尘。"行走千里是从脚下的第一步开始，高大的山是从微细的尘土堆聚而成。白居易简化老子"千里之行，始于足下"成一句，勉人一步一脚印地踏实而行，不可好高骛远；最后表明《续座右铭》死后还要传给后代子孙，如果子孙中有人违反铭文的告诫，便不是他白居易的子孙。后来"千里之行，始于足下"成了劝勉行事裹足不前之人的常用语，激励人们勇于跨出第一步。

虽说有好的开始是相当重要的，但若无法做到老子所言"慎终如始"也是无济于事。近人梁实秋《雅舍精品》收录《好的开始是成功的一半》，文中提到："我们国人做事擅长的一手是'五分钟热气'，在开始时候激昂慷慨，铺张扬厉，好像是要雷厉风行，但是过不了多久，渐渐一切抛在脑后，虽然口里高唱'贯彻始终'，事实上常是有始无终。参加赛跑的人，起步固然要紧，但最后胜利却系于临终的冲刺。最近看我们的一个球队参加国际比赛，开始有板有眼，好一阵子一直领先，但是后继无力，终落惨败。好的开始似乎无关最后的成败。"

梁实秋并非旨在推翻"好的开始是成功的一半"这句谚语，

而是叫人不可骄矜于起步时的辉煌成就，便天真地以为成功有如探囊取物，唾手可得，天下毕竟没有这等便宜事，成功只归于慎终如始的人。

慈故能勇，俭故能广，

不敢为天下先，故能成其器长

我有三宝，持而保之。一曰慈[1]，二曰俭[2]，三曰不敢为天下先。慈故能勇[3]，俭故能广[4]，不敢为天下先，故能成其器长[5]。今舍慈且勇，舍俭且广，舍后且先，死矣！夫慈，以战则胜，以守则固。天将救之，以慈卫[6] 之。

——第六十七章

完全读懂名句

1. 慈：慈爱。2. 俭：俭朴。3. 勇：勇武。4. 俭故能广：因为俭朴所以才能够宽裕。5. 器长：万物之长，意指成为人们的领导。6. 卫：护卫。

语译：我拥有三件珍宝，我持有它们而且珍惜它们。第一个称为慈爱，第二个称为俭朴，第三个是不敢为天下先。慈爱所以

产生勇武，俭朴所以能够宽裕，不敢为天下先，反而获得爱戴，成为人们的领导。如果舍弃慈爱去追求勇敢，舍弃俭朴去追求宽裕，舍去退让去追求争先，那么就将走向死亡之途了。三宝中，慈爱是最重要的，用慈爱之心来征战，能够得到胜利；用慈爱之心来进行防守，能够得到巩固。上天要来救助人，必先用慈爱来卫护他。

名句的故事

为政者若能勤俭爱民，体认到"俭故能广"的道理，将更能获得百姓的爱戴！唐太宗便是一个好例子。

唐太宗认为身为国君必须先以人民生活安定为念，压榨人民满足自己奢侈浪费的生活，无疑是割取自己腿上的肉来吃一样，虽然吃饱了，但是身体也糟蹋了。一个国家会灭亡的原因，不外乎是君王为了达成自身的欲望罢了。有了山珍海味，有了歌舞笙箫，欲望会愈来愈膨胀，需要的费用也会随之增加，这么一来将会陷人民于困苦之中。于是唐太宗自我提醒，不要掉入欲望的深渊。

一日，大臣们向唐太宗建议，"夏之月可以居台榭"，认为宫中湿气太重，对唐太宗的身体有所影响，因此希望唐太宗赶快建筑高殿。但是唐太宗婉拒了，他说："在湿气重的地方虽然对我的健康不好，但是建造一座宫殿需要一笔庞大的费用。从前汉文帝打算营造宫殿时，发现需要的费用相当于十户普通人家的资产，就打消念头了。而我的德行远远不及汉文帝，却要更多花费来建宫殿，这怎么行呢？如果这么做，将是身为百姓父母的天子失职的地方！"

唐太宗不愧为明君，他以俭朴自居，为百姓带来富足的生活，进一步缔造了大唐圣世！

历久弥新说名句

人生的价值不在于争夺到些什么，而是贡献了些什么！多少顶尖的风云人物在历史中淹没，然而让我们歌颂的，却是常常奉献自我、成就他人、不计较得失的耕耘者。

"提灯天使"南丁格尔，原是出身名门贵族，在十九世纪中叶的英国，护士的地位低下，只有穷人女孩愿意担任，而南丁格尔放弃了自身的享受，自愿担任护士。当时正值英俄战争，南丁格尔前往前线，她发现伤患们吃着发霉的面包，穿着血迹斑斑的肮脏衣裤，医护环境恶劣。她不嫌辛劳，亲自为伤患清洗伤口、消毒、包扎，并且按时换药，努力改善伙食。不但如此，她经常跪在地上擦洗地板，洗涤伤患带有血迹的衣物，维护环境的卫生。

南丁格尔每天晚上提着一盏油灯，在四公里的巡诊线上逐一看顾伤患的病情，为他们唱歌，给他们温暖与安慰。繁重的工作，她不以为苦，常常一天工作二十小时以上。也因为她的努力，伤兵的死亡率大为降低，从百分之六十下降至百分之零点

三，她一直坚持着，直到英、俄停战，最后一名士兵离开战场，她才回到家乡。

回国后，南丁格尔又把英国人民为鼓励她而募捐的五万英镑全部拿出来，创办了世界上第一所护士学校。因她的贡献良多，世界红十字会在她逝世后，将她的生日五月二十日定为"国际护士节"。

是什么力量让南丁格尔舍弃原有的名门地位？该是她对病患的慈爱，让她拥有更巨大的勇气，因为这份大爱，让这位柔弱女子成为勇敢的巨人！

善为士者不武，善战者不怒，
善胜敌者不与，善用人者为之下

善为士[1]者不武[2]，善战者不怒，善胜敌者不与[3]，善用人者为之下。是谓不争之德，是谓用人之力，是谓配天之极。

——第六十八章

完全读懂名句

1. 士：将帅。2. 不武：不逞勇武。3. 不与：不争。

语译：善于做将帅的人，不逞强勇武；善于作战的人，不轻易动怒；善于克敌的人，不用直接和敌人交战；善于用人的人，对人态度谦下。这就是不与人相争的操守，也就是善于运用别人的力量，正是所谓的符合天道的极致表现啊！

自知者明——立身待人的智慧

353

名句的故事

战国时期，韩国和魏国相互争夺边界上的土地。有一次魏国人华子拜见昭僖侯，昭僖侯正面带忧色。华子说："如果现在让天下的人都到你面前来立下约定契约，契约上写着：'只要左手拿到契约就砍掉右手，右手拿到契约就砍掉左手，而拿到铭约的人一定会拥有天下。'请问您愿意去拿契约吗？"昭僖侯说："我不愿意拿。"华子说："很好！由此看来，两只手臂比天下更为重要，而人的生命又比两只手臂重要。反观韩国比起整个天下来说，实在是微不足道，如今两国所争夺的土地，相较整个韩国而言，也是微不足道，那么，您又何必因为忧虑而损伤身体，却担心得不到那边界上的土地呢？"昭僖侯说："说得好啊！劝我的人很多，却从来没听过如此高明的言论。"（《庄子·杂篇·让王》）如果国君能够具备不争之德，不要为了争夺尺寸之地而轻启战端，那么两国百姓将可以避免无谓的伤亡。

历久弥新说名句

战国时期，秦昭襄王派许绾去诓骗魏昭王入秦朝拜。魏昭王正要动身去秦国时，大臣魏敬问魏王说："请问您：河内和大梁，哪个重要？"魏王回答："大梁重要。"魏敬又问："大梁和自己的生命，哪个重要？"魏王回答："自己的生命重要。"魏敬再问：

"假使秦国向大王索取河内，您会给吗？"魏王回答："不给。"魏敬于是说："河内，在刚才所论的三者中是属于最下等的，大王的生命是属于最上等的。假使秦国想索取最下等的河内，大王尚且不肯答应；可是秦国企图索取最上等的您的生命，大王却一口答应了。我心里以为大王决定出发到秦国是个不智的抉择呀！"魏王一听，恍然大悟，这才不去秦国。

魏昭王身为一国之君，却只因许绾的片面之词，就忘了珍惜自己的生命，那么在抉择国家大事时，能够深思熟虑，顾及百姓的利益，避免祸患吗？如果没有魏敬的提醒，那么魏国岂不是要先损失国君了吗？

汉朝开国名将韩信，年轻时因为贫穷而到处投靠亲友，却常遭受到白眼，于是为了维持生计，有时也会到城北的淮水钓鱼，那里有很多妇人在漂洗布匹。其中有位老妇人可怜韩信，经常给他饭吃，韩信十分感激地说："将来我一定会报答您。"老妇人却生气地说："我只是可怜你，所以给你饭吃，难道是指望你报答我吗？"

淮阴的屠户里，有些不良少年欺侮韩信："你长得虽然高大，喜欢带刀佩剑，其实只是个胆小鬼罢了！"还故意挑衅地说："如果你不怕死，就用剑来刺我；如果怕死，就从我的裤裆下爬过去。"韩信盯着不良少年看了半天，最后低下头趴在地上，从不良少年的裤裆下爬了过去，于是大家都耻笑韩信，认为他胆小。

后来韩信投效刘邦，建立许多战功，当刘邦与项羽两军对峙垓下时，韩信率领数十万大军，帮助刘邦围困项羽，逼迫项羽自

刎于乌江，使天下重归统一。韩信衣锦荣归后，没有忘记当年给他饭吃的老妇人，特别派人赠送千金给她，以表示谢意。至于那位逼迫韩信接受胯下之辱的不良少年，韩信不但不追究，还说："当他侮辱我时，难道我不能杀他吗？只是如果当时我杀了他，便不能有现在的成就；正因为当时我忍耐了，才会有今天的成就啊！"

正如宋朝苏轼于《留侯论》一文中所称扬："古之所谓豪杰之士者，必有过人之节。人情有所不能忍者，匹夫见辱，拔剑而起，挺身而斗，此不足为勇也。天下有大勇者，卒然临之而不惊，无故加之而不怒。此其所挟持者甚大，而其志甚远也。"可见，真正的将帅人才，绝不会无故逞强勇武。

知，不知，上；不知，知，病

名句的诞生

知，不知，上[1]；不知，知，病[2]。圣人不病，以其病病[3]。夫唯病病，是以不病[4]。

——第七十一章

完全读懂名句

1. 知，不知，上：知道却谦虚得以为不知道，这是最好的。2. 不知，知，病：不知道却自以为知道，这是缺失。3. 病病：上"病"是动词，下"病"是名词，意指知道毛病是毛病。4. 不病：没有毛病。

语译：知道明白了却仍虚心得以为不知道，这样是最好的。不知道却装成自以为是，什么都知道，这就是毛病。圣人之所以没有这个毛病，是因为他能够明白这个毛病是重要的毛病。唯有能够把这个毛病当作毛病，才没有毛病。

自知者明——立身待人的智慧

357

名句的故事

老子感叹人没有自知之明，所以劝人要丢掉自己的自以为是。

项羽曾以武力胁迫刘邦让出咸阳。他进入咸阳城后，有人建议他咸阳地势险要，外人不容易攻入；且咸阳境内土地肥沃，是一个建都称王的绝佳地点。项羽一口拒绝，他大言：我拥有荣华富贵却没有显赫返乡，就好像是穿着美丽的华服在夜晚行走，有谁看得到？因为项羽贪图富贵美名，自恃己见，坚持放火烧了咸阳，错失称霸的最好基业。项羽的自以为是，让他原本处于优势，最后终究失败，自刎乌江。

真正懂的人，不会轻易说自己明白；反而是懂皮毛的人，会大声炫耀自己懂了！

贝罗尼是十九世纪法国著名的画家。有一天他在瑞士的日内瓦湖畔写生，正好有三位英国女士经过，她们看着他的画，七嘴八舌地指指点点，说着这里画得不好，指着那里线条不对。贝罗尼礼貌地点头道谢，并按着她们的建议一一改过。第二天，贝罗尼又巧遇这三位女士，其中一位突然问他："听说大画家贝罗尼也正在瑞士度假，你知道他在哪里吗？我们仰慕他已久，想去拜访他。"贝罗尼微笑说道："我就是贝罗尼。"三位女士大吃一惊，脸红得不知如何是好！

把老子的"知，不知，上；不知，知，病"谨记在心，才不会大放厥词，闹笑话呢！

历久弥新说名句

伟大的科学家牛顿在 1676 年给友人的信中写道："如果说我看得比别人更远，那是因为我站在巨人的肩膀上。"牛顿的"巨人"指的是所有古代哲人所留下的经典智慧，站在巨人的肩上，视野才能更加辽阔！知识是一种力量，千万不要让狭隘的目光和偏见，遮蔽了视野，让自己丧失欣赏广大美景的机会。

俗话说"半瓶水响叮当"，如果瓶子里装满水，摇起来不会有什么声响，若只装了半瓶水，摇起来却会很大声。意思是说，有智慧的人通常谦虚内敛，安静地观察选择适当时机才出手；可是不懂装懂、一知半解的人，却容易犯了过度膨胀的错误，深怕别人觉得他不懂，会特别滔滔不绝，大放厥词，显示自己的"懂"，这时反而欲盖弥彰了。

春秋时的管仲和鲍叔牙是好朋友。年轻时，管仲家里很穷，两人一起做生意，有了盈余后，管仲总是多拿，而鲍叔牙并不在意。后来，鲍叔牙事公子小白，管仲事公子纠，公子小白和公子纠争国君之位，最后公子小白即位为齐桓公，而管仲成了阶下囚。这时，鲍叔牙向齐桓公荐举管仲，最后管仲成功辅佐齐桓公成为春秋霸王之一。

管仲对于鲍叔牙的知遇之恩，感慨地说："生我者父母，知我者鲍子也。"

鲍叔牙有知人之智，同时也有自知之明，他知道自己管理国家的才能比不上管仲，甘心居于管仲之下，这样的鲍叔牙，也让他赢得了善知人的美名。

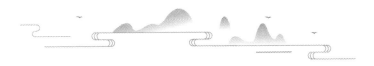

天道无亲，常与善人

名句的诞生

和¹大怨，必有余怨，安可以为善？是以圣人执左契²，而不责³于人。有德司⁴契，无德司彻⁵。天道无亲⁶，常与⁷善人。

——第七十九章

完全读懂名句

1. 和：调停、讲和。2. 左契：契约。古代的契约分为左右两券，双方各执其一，若有需要便将两张合而为一，作为凭据。3. 责：索取、要求。4. 司：掌管。5. 彻：是一种周代的田赋征税制度。6. 无亲：公正而无所偏袒。7. 与：亲近、帮助。

语译：调解了大的仇怨，之后一定还会有其余的小纠纷，怎么可以认为这样就是完美的调解了呢？因此圣人执拿着债券，却不向人逼求债务。有德者只是手拿债券却不追讨，无德者手拿着租税章例向人苦苦索逼，不善罢干休。自然天道不会徇私偏袒，

它永远帮助那心存慈悲的善人。

名句的故事

一切因为追讨而来的纠纷，即便再如何化解，心中的仇恨与怨怼，一旦生了种子，便再难拔除。因此老子认为，与其事后花费偌大的力气调停还不能将这种子斩草除根，倒不如一开始就不要让仇恨发生。

《老子》说："天道无亲，常与善人。"天道所表现出来的，恰恰与人道相反。人有喜怒好恶，但天道是公正的，不会偏袒任何人，只降福给为善之家。道所展现出来的特性是无善无恶，对于世上万物都一视同仁，它可以化育滋养万物，也可以摧残毁灭万物。《后汉书》中也有引用句型结构及意思近似的句子，在卷二十九中提到周成王年幼时，周公摄政辅佐，广纳进言，礼遇贤士，并且对于权贵或宠臣，"无旧无新，唯仁是亲"，一切都以"仁"为依归，有仁则能辅佐朝政，使国家强盛不衰。

《尚书大传》中也记载了，周武王伐纣灭商后入主殷商的国都，百姓们都很担忧，对新国君可能有的作为感到忐忑不安。然而周公说："各安其宅，各田其田，无故无新，唯仁之亲。"令百姓继续在各自的家中安住，继续耕作自家的田地，一切都不作做更动。而人事的方面，则无论故旧新交，只亲近有仁者。这样的举动显现了周公稳定社稷的作为，也展现他用人唯才的观念。

历久弥新说名句

　　"天道无亲，常与善人"这样的道理，与《太上感应篇》里所揭示的相同。《太上感应篇》是宋代李昌龄所传的一本善书，书中借着太上老君，即老子之口，宣扬奖善罚恶的天道，用以劝人为善，诸恶莫作，诸善奉行。而一开头就说："太上曰：祸福无门，惟人自召。善恶之报，如影随形。"祸和福，不会认得谁是好人、谁是坏人，也没有任何喜怒爱恶的标准，而是因为人的所作所为，而招致福、祸入门，而善报或者恶报都将如同影子随人，紧紧跟随在为善或为恶者身后。同样的意思，还有"祸福由人"这样的成语，人的遭遇是祸是福，皆由自己本身的行为所造成，而与外在一切无涉。

美言市尊

—— 诚恳说话的智慧

知者不言，言者不知

知者不言，言者不知[1]。塞其兑，闭其门[2]，挫其锐，解其纷[3]，和其光，同其尘[4]，是谓玄同[5]。

——第五十六章

完全读懂名句

1. 知者不言，言者不知："知"与"智"同。2. 塞其兑，闭其门："兑"、"门"都是情欲出入的孔道，塞兑闭门后，情欲就无法出入了。3. 挫其锐，解其纷：锐，锋芒。纷，纷扰。挫锐解纷，则可以收敛锋芒、消解纷扰。4. 和其光，同其尘：揉合了光芒，混同了尘污。5. 玄同：王道曰："玄同者，与物大同而又无可见也。"玄同即是指道。

语译：真正有智慧的人不会随便谈论，而随便谈论的人是没有真正智慧的人。堵塞耳目，关闭感官，收敛锋芒，消解纷扰，

美言市尊——诚恳说话的智慧

367

柔和耀眼的光芒，混同于尘俗，这就是"玄同"的境界。

名句的故事

在《世说新语》"品藻"门里有个故事：晋朝王羲之有三个儿子，分别是王徽之、王操之、王献之。有一天这三个人一起拜访当时的名臣谢安，徽之和操之两人，口若悬河，滔滔不绝地谈东论西，说尽了当时的世俗琐事。而献之仅仅寒暄数句，接着沉默不语，静静地听着哥哥的谈话。

三兄弟离开后，在座的宾客对这三兄弟品评一番，讨论这三兄弟哪一个最杰出？他们询问谢安的意见，谢安说："最小的儿子献之最好。"客人里有人好奇地追问："为什么呢？"谢安说道："我是从'吉人之辞寡，噪人之辞多'这个道理推论得来的啊！"

谢安视人，看中的是"吉人寡词"，与老子重视的"知者不言"有异曲同工之妙，正是话多不如话少，话少不如话好。一个真正有智慧的人，内心清明，懂得用简洁的话语表达自己，但放眼今日社会，人手一机，在广告的推波助澜下"没事电话讲，有事讲电话"，辞寡的人反而像是沟通不良、不善交际。但抱着电话喋喋不休的人，大多言不及义，除了电话费增高外，又有什么好处呢？

历久弥新说名句

智者的话，像钥匙、像密码，寥寥数语就能解开人们的疑惑；但是愚者说的话，却像噪音，聒噪烦人又无重点。

西汉刘向说："君子爱口，孔雀爱羽，虎豹爱爪。"认为人不该多话，品德良好的君子会珍惜自己所说的话，就像孔雀会爱护自己美丽的羽毛，老虎猎豹会重视它们猎食的利爪一样。珍惜说出来的言语，是一种修身养性的方法！

拿破仑更是警告："什么话都说的人是什么都不能的人。"提醒世人一个不能保守秘密的人，最后会被自己泄露出去的秘密给陷害！至于苏格拉底提醒我们："上天赐人以两耳两目，但只有一口，欲使人多见多闻而少言语。"苏格拉底叮咛他的门生，说话前要先经过"三个筛子"过滤。有一次，一位门生匆匆忙忙地跑来找苏格拉底，气喘吁吁兴奋地说着："有件事，你绝对想象不到——"

"先等一下！"苏格拉底不急着听话，反而毫不留情地制止，理性地说："你想要说的话用'三个筛子'过滤了吗？"门生不解地摇头。

苏格拉底不疾不徐继续说："当你要告诉别人一件事时，至少要经过三个筛子过滤！第一个筛子叫作'真实'，第二个筛子叫作'善意'，第三个筛子叫作'重要'。"

门生想了想，这件事是从街上听来的，不晓得它的真实性，

而且不是件好事，又不重要，于是低下头来，惭愧不语了。

　　如果我们的社会，都能学学老子的"知者不言"，说话前想想苏格拉底的"三个筛子"，相信将会减少许多纷扰！

治人事天，莫若啬

治人¹事天²，莫若啬³。夫唯啬，是以早服⁴；早服谓之重积德⁵；重积德则无不克；无不克则莫知其极；莫知其极，可以有国；有国之母⁶，可以长久。是谓深根固底，长生久视⁷之道。

——第五十九章

完全读懂名句

1. 治人：管理人民；犹言治国。2. 事天：保全天赋；犹言养生。3. 啬：此作爱惜、保养之意。4. 早服：提早准备。5. 德：此指禀赋、本性。6. 母：此指根本。7. 长生久视：生命长久活存，永不衰老。

语译：管理人民，修养身心，没有比爱惜精神更重要的。因为爱惜精神，所以提早准备；提早准备，就能不断累积禀赋；不断累积禀赋，就没有什么事不能克服；没有什么事不能克服，就

美言市尊——诚恳说话的智慧

无法知道他的究竟；不知他的究竟，才可以统治国家；掌握治理国家的根本，才可以持续长久。这就是扎深根本、牢固根底、长生不老的道理。

名句的故事

老子对统治者提出"治人事天，莫若啬"的建言，期待统治者涵养自己的天性禀赋，爱惜自己的内在精神，即便面对外在的利欲诱惑，也不须劳苦心神，竭力追求；亦即统治者若能不断累积禀赋，深厚根基，其国家必定可以长治久安，历久不衰。其中"啬"乃老子此章的重点观念，"啬"古通"穑"字，本意为耕作、收藏，后来衍生有爱惜、吝惜之意。

《吕氏春秋·先己》记载商朝开国君主成汤，曾问其宰辅伊尹说："欲取天下若何？"伊尹的回答是："欲取天下，天下不可取。可取，身将先取。"意指天下哪里是说取得便能取得的，想要取得天下，必须先治理自身才行。《吕氏春秋》针对成汤、伊尹这两位明主贤臣的对话，给了以下的评语："凡事之本，必先治身，啬其大宝。"治身是做到任何事情的根本，所以人要懂得爱惜自身这个珍贵宝物。伊尹所强调的"身将先取"，意在提醒成汤注重内在修养，不必浪费精神作无谓的追逐，只须遵循天理而行，这样不仅可以取得天下，甚至可以长久治理天下。

《韩非子·解老》对老子"治人事天，莫若啬"之"啬"的解释为："啬之者，爱其精神，啬其智识也。"啬在此含有爱惜精神、少用聪明睿智的意思。韩非又言："圣人之用神也静，静则少费，少费之谓啬。"圣人使用精神是平静的，平静才能减少思虑的损耗，减少思虑的损耗便是啬惜精神的表现。这正也说明"啬"是圣人无所不克，使人莫之其极，进而有国保身、安享天年的重要法则。

❧ 历久弥新说名句 ❧

老子所讲的"啬"，并非单指俭省外在物质方面，其着重的是充实内在精神，保全天赋本性，使人思虑清明，知道如何顺应自然规律来处理事情。孔子在《易经·系辞传》阐述学习《易》的作用是："圣人以此洗心，退藏于密。"圣人深究《易》理，可以借助它来洁净心思，使自己退藏于隐密之中。孔子的"退藏于密"与老子的"啬"都具有不外显自己所知所能，却足以贯通天下人的心意，完成治理天下大业的本事。

《庄子·徐无鬼》叙述原本隐居深山多年的徐无鬼，特地下山慰问魏武侯。魏武侯一见到徐无鬼，先是语带调侃地说道："先生居住山林，抛弃寡人已经很久了，现在是想念酒肉的味道吗？还是你可以帮助寡人造福社稷呢？"徐无鬼回答："我出生贫贱，不敢妄想饮食酒肉，我是前来慰问君侯的。"魏武侯不解其意，连忙问说："你要如何慰问寡人？"徐无鬼答道："我要慰问君侯的'神'与'形'。天地养育万物是平等的，登上高位不可自以为尊贵，屈居下位不可自以为卑贱，君侯独为万乘之主，却劳苦一国百姓，以满足个人耳目鼻口之欲，这是心神所不允许的！人的心神天生喜好和谐，厌恶偏私；偏私就会生病，所以我来慰问君侯。只是现在你的病该怎么办呢？"

魏武侯听了徐无鬼的话，惭愧地说道："那我今后爱护人民，为了仁义停止战争，这样做应该可以吧？"徐无鬼说："千万不可！爱民，正是害民的开始，为了仁义停止作战，更是造兵的起源。凡是人们公认美好的东西，都是作恶的工具，君侯所说的仁义，恐怕也是虚伪的啊！"最后徐无鬼给予魏武侯的忠告便是："停止一切有为之事，修养内在的真诚，顺应天地之情，不要扰乱自然现象，人民就可以摆脱死亡的威胁，那又何必谈论是否停止战争呢？"可见君主为了成就一己之私，不惜劳神伤形，使自己陷入险境，更赔上国家与人民的身家性命，因而徐无鬼提醒魏武侯修养心神，不可放纵形躯任意损耗，君主无为才能无所不为。

三国魏人嵇康，其在《养生论》写道："精神之于形骸，犹国之有君也。神躁于中，而形丧于外，犹君昏于上，国乱于下也。"精神之于形体，好像国家有君主一样。精神在体内躁动，损坏在外的形体，如同君主昏庸，造成国家的动荡混乱。嵇康以精神比喻君主，形骸比喻国家，借助君主与国家互为依存的关系，凸显保全精神，安静心神，方可达到形神相亲的养生成效。

美言可以市尊，美行可以加人

名句的诞生

美言可以市[1]尊，美行可以加[2]人。人之不善，何弃之有？

——第六十二章

❧完全读懂名句❧

1. 市：买或卖的意思。这里指获得。2. 加：增益、施的意思，在本句作动词，可解释为有益于。

语译：嘉美的言语可以获得他人的尊敬，良好的行为可以有益于他人。不善的人怎么能够舍弃它呢？

❧名句的故事❧

老子在本章开头便指出，"道"是万物间最精深、宝贵的，良善的人珍重它，不善的人也会想保有它，因此"故立天子，置三公，虽有拱璧以先驷马，不如坐进此道"。所谓的"三公"是人臣中的三个最高职务，周朝是以太师、太傅、太保为三公；"拱璧"是指双手捧着贵重的玉，"驷马"是四匹马拉的车。意思是说，设立皇帝、编列三公时，虽然有奉上宝玉、四匹马拉的座车为敬献礼，但是还不如用这个"道"来作为献礼呀！

那么，这个"道"有多尊贵到可以作为皇帝即位、三公任职的献礼呢？老子说："求以得，有罪以免邪？故为天下贵。"这个"道"有求就可以得到，有罪的人得到，还可以免去罪过，因此这个"道"为天下人所看重。

老子的"道"就是清净无为的信念，天子与人臣都抱有这样的"道"，自然是老子要推广"无为"的理念在政治领域上的发挥、应用。具备"道"的信念，所以在上位者会产生美好的谈吐、良好的行为，所谓"上行下效"，百姓自然会跟着学习，大道便能行于世。更重要的是，老子不放弃有罪的人，只要他们接受这个"道"的理念，提供他们一个改过的机会，这相当有积极的意义。

历久弥新说名句

"美言可以市尊，美行可以加人"，中国历史上最为人称道，并足以印证这句话的就是唐朝的魏征。魏征的"美言"在《贞观政要》有精彩的记述，例如"十思疏"：思知足以自戒、思知止以安人、思谦冲而自牧、思江海下百川、思三驱以为度、思慎始而敬终、思虚心以纳下、思正身以黜恶、思无因喜以谬赏、思无以怒而滥刑。这"十思"是提醒唐太宗作为一个人君，在每一个命令与动作之前，要懂得警戒、反省。

魏征的嘉言美行在当代堪称是一朝风范。魏征过世后，唐太宗感慨地说："夫以铜为镜，可以正衣冠；以古为镜，可以知兴替；以人为镜，可以明得失。朕常保此三镜，以防己过。今魏征殂逝，遂亡一镜矣！"（《旧唐书·魏征传》）魏征就是这面"人镜"，足见他所受到的肯定与尊重呀！

汉朝时，北海郡太守有次被汉武帝召唤，为他执掌文书的府吏王先生，自动请求与他一同前往，并说："我会对您有帮助。"然而太守府中的人却向太守禀告："王先生喜欢喝酒，话多且不踏实，恐怕不适合。"太守想想，还是带了王先生一同去面见汉武帝。在拜见汉武帝之前，王先生告诉太守，如果皇帝问起他如何治理北海郡，要说是陛下的神明威武发生的作用。太守虽然不解其意，但面对汉武帝的询问，还是按照王先生的吩咐说了。汉武帝听了之后大笑，便问太守怎么会这样回答，太守回说是王先生教的。汉武帝便下令召见王先生，任命王先生为水衡丞，北海太守做水衡都尉。史官记述此为："美言可以市，尊行可以加人。君子相送以言，小人相送以财。"意思是说，美好的言辞可以出卖，高贵的品行可以超越他人。君子用美言赠人，小人用钱财送人。（《史记·滑稽列传》）王先生的美言，为太守加官晋爵，也为自己找到更好的出路。

美言市尊——诚恳说话的智慧

轻诺必寡信，多易必多难

轻诺[1]必寡信，多易必多难[2]。是以圣人犹难之[3]，故终无难矣。

——第六十三章

完全读懂名句

1. 轻诺：轻易地允诺。2. 多易必多难：将事情看得愈容易必定会愈困难。3. 圣人犹难之：圣人遇到事情会先往困难的方向考虑。

语译：轻易地允诺，必定不足为信；把事情看得太容易了，反而会遭遇很多困难。所以圣人遇到事情不但不会轻忽，反而会先考虑它的严重性，因此到最后就不会有困难产生了。

⟡ 名句的故事 ⟡

随意开出的支票，反而不要轻易相信，也许有陷阱在里面呢！

春秋末期，弱小的宋国备受欺负。有一回齐国找宋国一起攻打楚国，但宋国没有答应，齐国非常生气，于是发兵攻打宋国。宋君接获情报后，紧急派臧孙子飞奔至楚国求援。

楚王一听到臧孙子是来搬救兵的，十分高兴！盛情款待，并且一口答应，马上会派兵援救。臧孙子完成任务，辞楚返国的路上却一直愁眉不展，长吁短叹。他的手下感到奇怪，楚国愿意出兵，应该要喜笑颜开，怎么反而忧形于色呢？

臧孙子长叹，说道："唉！我担心楚国不会出兵，我们宋国就完了。"

手下感到惊奇，追问："楚王不是很高兴地答允了吗?"

臧孙子分析说："正是因为楚王太过高兴了，我才感到可疑！我们宋国是如此弱小，齐国又是那么强盛，为了救助我们去得罪齐国，一般人应该会犹豫不决，而楚王却这么爽快，应该是他心里另有打算，他一定不是要真心救我们的。"

臧孙子返国后，如实告知宋君自己的看法，但宋君不相信他的话。结果真如臧孙子所料，齐军已经攻夺了宋国的五座城池，楚国的救兵仍然还没到！

老子言"轻诺必寡信"，重信用的人不会轻易许下承诺，一

旦答应的事就要去完成，才能赢得诚信的美名啊！

❧历久弥新说名句❧

"一言既出，驷马难追"，信守承诺，将代表一个人的诚信。

曾参的妻子为了哄小孩，随口开支票，只要孩子乖乖等她从市集回来，就把猪杀来吃。当曾参的妻子从市集回来后，曾参准备去杀猪。他的妻子急忙阻止，杀猪只是跟孩子说的玩笑话，何必当真！

曾参正色说道："就算是对孩子也不能随便开玩笑，孩子的一言一行都是向父母学习的，答应杀猪，却不去做，不就是教导孩子欺骗吗？你欺骗了孩子，孩子将不再信任你，以后该如何教育孩子？"于是，曾参和妻子真的把猪杀来吃。

在孩子面前，说话要谨慎，做不到的承诺或惩处，就不要随便说出口，以免无法建立父母威信。父母的威信一旦瓦解，孩子愈大将愈无法管教。

诚信不但是做人的道理，更是立国之本！

鲁僖公二十五年，晋国攻打一个小国原国，他命令部队仅带三天粮食，如果三天无法攻下原国就撤军。战况未如预期，第三天原国依旧未投降，晋文公下令撤退。这时探子回报说原国已经准备要投降了，统帅们请求晋文公再等一等，但晋文公说："诚信，是立国的根本，有了诚信，百姓才会信赖我们；如果为了得到原国而失去诚信，那么我们将失去百姓对我们的信赖，这是得不偿失的。"于是晋军按照原计划撤退了三十里，而原国也随之投降了。

在《论语·子路》当中孔子回答子贡说，身为"士"的第三等标准是"言必信，行必果"。但是又说这种人只能算是小人，而不是君子。真正的君子，还要能明辨是非。

"言必信，行必果"这句话后来又被引申为"说话算话，行为果断"的一种行为准则。

欲上民，必以言下之；欲先民，必以身后之

名句的诞生

江海之所以能为百谷王[1]者，以其善下之[2]，故能为百谷王。是以圣人欲上民，必以言下之；欲先民，必以身后之。是以圣人处上而民不重[3]，处前而民不害。是以天下乐推[4]而不厌。以其不争，故天下莫能与之争。

——第六十六章

完全读懂名句

1. 百谷王：百谷，指百川。王，指河流所归往汇集。2. 以其善下之：善于处在低下的位置。3. 重：累、不堪。4. 推：推崇、爱戴。

语译：江海之所以能够成为百川归流之地，是因为它善于处在百川地势之下，所以百川归往。所以圣人想要在民众之上，一定要在言辞上为其下；要想做人民的表率，一定要将自身利益放在大家之后。所以圣人虽然处在人民之上，人民却不觉得重压，作为人民的表率而人民不会感到有妨碍。这样天下的人都喜欢推举而不厌弃它。凭借它的不与民争，所以天下没有谁能与它争夺。

名句的故事

《老子》一书的文句虽然简单，但是运用譬喻却非常地生动。这一段是以江海为喻，用江海居于低下的位置，来比喻圣人因谦让而受到天下人所推崇。江海因为位势低下，所以才能广纳百川，汇聚众流，因而成就了大海的波澜壮阔。圣人也是如此，不与民争利，言辞谦下，凡事都让别人占先，结果自己反而得到众人的爱戴。

战国时代，有名的军事家吴起，他在担任将军时，和最下层的士卒同衣同食。睡觉时不铺席子，行军时不骑马、坐车，亲自背干粮，和士卒共担劳苦。士卒中有人生疮，吴起就用嘴为他吸脓。这个士卒的母亲知道这事后大哭起来。别人对她说："你儿子是个士卒，而将军身份多么崇高，却亲自为他吸取疮上的脓，你应该为他感到光荣才对呀，为什么还要哭呢？"那位士卒的母亲说："不是这样的。往年将军也曾为他父亲吸过疮上的脓，他父亲作战时就一往无前地拼命，所以就战死了。现在将军又为我儿子吸疮上的脓，我不知他又将会战死在何处了？所以我才哭呀！"

历久弥新说名句

"是以欲上民，必以言下之；欲先民，必以身后之"，是最符合群众心理的一种治人管理的法则。在楚汉相争的故事中，萧何月下追回逃亡的韩信，并执意要刘邦谨慎其事地为韩信举行登坛拜将的仪式；三国演义中，刘备不顾大风雪亲自三顾茅庐，拜请诸葛孔明，出茅庐，定三分，都是一种"礼贤下士"的作为，才能使得"士为知己者死"。

《孙子兵法》所云："视卒如婴儿，故可与之赴深溪；视卒如爱子，故可与之俱死。"（《孙子·地形篇》）对待士卒当作婴儿般爱护，所以士卒可同赴危险的溪谷；对待士卒当作自己的儿子般爱护，士卒可一同报效死命。

夫唯无知，是以不我知。

知我者希，则我者贵

吾言甚易知，甚易行。天下莫能知，莫能行。言有宗[1]，事有君[2]。夫唯无知，是以不我知[3]。知我者希，则[4]我者贵。是以圣人被褐[5]怀玉。

——第七十章

完全读懂名句

1. 宗：主旨。2. 君：依据、原则。3. 不我知：即"不知我"。4. 则：效法。5. 被褐：披着粗布做的衣裳。

语译：我的话很容易明白，也很容易实行，但天下人竟然没人能明白，也没人能实行。我的言论有宗旨，我做的事有原则，但因为你们的无知，因此无法明白我所说所做的道理。能明白我的人很稀少，能效法我的人很可贵。因此，圣人外面虽披着粗布

衣裳，但怀中却藏着珍贵的宝玉。

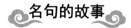

你够认识自己吗？

老子说："知人者智，自知者明。胜人者有力，自胜者强。"（第三十三章）认识自己以外的世界，不过是有"知识"而已；真正有"智慧"、明白事理的，是能够认识自己、坦然面对自己。能够胜过别人，不过是有力量而已，真正的强者，是能够不断战胜自己、超越自己的人。

但即使充分地认识自己，知道自己的优点与不足，却无法令他人也像自己一样明白，懂得自己的好。孔子周游列国，希望可以为天下尽一分心力，然而最后却困于陈、蔡，得不到重用。他的心里定是遗憾于自己的才能不被看见，但却还是抗颜疾呼："不患人之不己知，患不知人也。"（《论语·学而》）不忧虑别人不知自己的才干，而是担忧自己没有识人之明。又说："君子病无能焉，不病人之不己知也。"（《论语·卫灵公》）君子只恨自己没有能力，而不担忧别人不知道自己的才华。

相较于孔子反求诸己，将眼光放在发现别人的好处上，老子却是反过头来安慰不被看见的人，如何修养自己才是最重要。他说："不自见故明，不自是故彰，不自伐故有功，不自矜故长，夫惟不争，故天下莫能与之争。"（第二十二章）不固守成见才能看见明白透彻的事理，不自以为是才能彰显自己，不夸耀功劳才是真的有所成就，不炫耀骄傲才能不断进步。正因为与世无争，天下间反而没有人能够与他争胜。

孔子要我们去发现别人身上的光华；而老子却告诉我们，外在不重要，没有人发现也无所谓，但我们的内心确实守护着一颗光彩夺目的宝石，只有自己知道。

历久弥新说名句

《诗经》中记录了先民最诚挚深刻的感情，三百篇当中除了讴歌爱情的热情纯朴之外，也有反映当时因为战争使得百姓离乡背井、流离失所的哀痛莫名。在十五国风的《王风》中，有一篇名叫《黍离》的诗，是一首行役者伤时之诗。

诗人以一名因战争而远行的军人为主角，经过西周的都城镐京，看见因周幽王荒淫使得犬戎入侵，镐京饱受蹂躏的残破模样，田中苍凉荒芜，也无人看管收成，于是心中涌起许多感慨："彼黍离离，彼稷之苗。行迈靡靡，中心摇摇。知我者，谓我心忧；不知我者，谓我何求。悠悠苍天，此何人哉！"眼前那些黍米长得好茂盛，眼前那些小米刚抽出芽。然而我的脚步是那么沉重，我的内心是如此惶然不安。了解我的人定会知道我内心无穷无尽的烦忧，不了解我的人，还以为我在苦苦地追求什么。遥远的苍天我想请问，这到底是什么人造成的啊？

这首诗共有三章，以回环反复沓唱的形式重复。其中不断提及"知我者，谓我心忧；不知我者，谓我何求。悠悠苍天，此何人哉"，懂得的人应当同声哭泣，然而却有不解风情者不断询问，你究竟为何伤悲？这说不出的凄楚，仅能透过一次次地向天探问，借以宣泄出来。此何人哉！此何人哉！呼声一次较一次更加绝望，心中的沉重也伴随着呼声一寸较一寸加深，即便时间经过千年，也能令人同感伤痛。

信言不美，美言不信

名句的诞生

信言[1]不美，美言[2]不信。善者不辩，辩者不善。知者不博，博者不知。圣人不积，既以为人己愈有，既以与人己愈多。天之道，利而不害；圣人之道，为而不争。

——第八十一章

完全读懂名句

1. 信言：诚恳实在的话。2. 美言：浮华的言词。

语译：诚恳实在的话不动听，浮华动听的话不实在。善良朴质的人不雄辩，滔滔雄辩的人不善良。具有大智慧的人不会卖弄广博，卖弄广博的人并非真正的智者。圣人不会累积，以自己所有来帮助别人，自己反而更加富有；以自己所有来给予别人，自己反而更加富足。自然的规律是，有益而不会加以损害；圣人的准则是，有所作为而不与人争。

美言市尊——诚恳说话的智慧

名句的故事

语言是人活在世间的居所，朴素真实的"信言"与悦耳动听的"美言"，两者恰好互为对比。由于大部分的人喜欢听到动人的话，厌恶听到诚实的话，因而老子提出"信言不美，美言不信"，警告人们不要被谄媚奉承的言论所迷惑。

早见《诗经·小雅·巧言》："蛇蛇硕言，出自口矣。巧言如簧，颜之厚矣。"意思是，浅薄夸张的话，出自人的那张口。动听的话像是从簧片奏出，真是厚颜无耻的人啊！诗人以"巧言如簧"讽刺那些喜欢围绕在君王身边进谗言的小人。另外，在《论语·学而》里孔子曾语："巧言令色，鲜矣仁。"把话说得很动听、脸色装得很和善的人，其实内心一点也不诚恳。《诗经》和《论语》中所谓的"巧言"，即是老子口中浮华不实却又动人心扉的"美言"。

庄子亦认同老子"信言不美"的论述，其在《庄子·天道》写有："朴素而天下莫能与之争美。"意指素朴单纯是全天下最美的，没有任何事物可以与之媲美。再看《庄子·齐物论》有云："道隐于小成，言隐于荣华。"真理被小有见识的人隐蔽，言语被修饰华美的辞藻隐蔽；换言之，人善于运用巧智遮蔽真实，利用"美言"遮蔽"信言"。还有《庄子·徐无鬼》出现以下两句："狗不以善吠为良，人不以善言为贤。"狗不因为它很会吠叫，就算是好狗，人不因为他很会说话，就算是贤人；在此借"狗吠"

比喻"人言"，毕竟能言善道的"善言"，只能与"巧言"、"美言"归于同一类。由以上可知，庄子主张朴实无华为天下之至美，而人们总是喜欢浮夸巧饰之辞，亲信讲得天花乱坠的人，自然分辨不出事实的真假与虚实。

历久弥新说名句

老子虽言"信言不美，美言不信"，但看在南朝梁的文学批评家刘勰眼中，老子的文章堪称精彩美文，其于《文心雕龙·情采》提到："老子疾伪，故称'美言不信'，而五千精妙，则非弃美矣。"老子虽然憎恶虚伪的言论，故说出浮华的言词是不可信的，然观看老子的五千言，并没有抛弃美的标准。刘勰意在称许老子的著述情采兼备、信美并存，其言"情采"的"情"包含文章的思想感情，"采"泛指文章的辞采。

"信言不美"意近于"忠言逆耳"，此语源自《韩非子·外储说左上》其中一段："夫良药苦于口，而智者劝而饮之。知其入而已己疾也；忠言拂于耳，而明主听之，知其可以致功也。"意思是说，有效用的药虽然吃起来很苦，但有智慧的人会劝自己喝下它，知道之后疾病可以痊愈；诚恳的言论虽然听起来很刺耳，但英明的君主会接纳它，知道之后功业能有所成。

《史记·留侯世家》描述刘邦率兵入秦时，看到宫廷里满室的珍宝、犬马与美女，便想在秦宫住下来，樊哙出面劝阻，但刘邦听不进去。此时，张良对刘邦说道："因为秦皇无道，您才能

美言市尊——诚恳说话的智慧

够进入这里，代天下百姓消灭暴政，行事应该俭朴为宜；可是今天您一入秦宫便急于享乐，正是所谓'助桀为虐'，况且'忠言逆耳利于行，毒药苦口利于病'，希望您接受樊哙的建言。"刘邦这才同意回到霸上扎营。面对美色当前，张良的此番"忠言"想必极为不顺耳，所幸刘邦还愿意接受臣子的忠告，也算是不简单的人物。

清人俞樾在《俞楼杂纂》记载一则有关"美言"的故事。当时人们习惯把喜欢别人阿谀奉承的人，称为"戴高帽"，京城里有个在朝廷做官的人，被调往外地前先去拜别老师。老师对此人说："在外地做官，不比在京城，凡事宜谨慎。"此人回答："我已准备了一百顶高帽，逢人便送他一顶，应该不会有什么人为难我。"老师听了很生气地说："我们用正直之道对待人，有必要做到如此吗？"此人告诉老师："天底下像老师您这样不喜欢戴高帽的能有几个呢？"老师点了点头说："你这话也不是没有道理。"此人出来即对他人说道："我原有一百顶高帽，现在只剩下九十九顶了！"由此可见，对人"美言"似乎成了游走社会无往不利的工具，只是该如何在适度赞美与流于谄媚间拿捏分寸，看来也不是一件容易的事？